Q1.0住宅
設計・施工 マニュアル
2020

はじめに

　私達が在来木造住宅の高断熱工法を提唱したのは、1984年（昭和59年）のことです。そしてその普及と工法技術の改善を目指して「新在来木造構法普及協議会（新在協）」という団体を設立したのが1989年（昭和63年）です。それから30年以上の年月が流れ、その間、国は10年後の1999年（平成11年）に次世代省エネ基準を制定しました。そして現在の住宅省エネ基準は、この次世代省エネ基準とほぼ同じ基準です。

　5年ほど前に、2020年にはこの省エネ基準を義務化するという方針が打ち出されましたが、結局義務化は見送られ、新築住宅が省エネ基準を満たしているかどうかを、供給者、設計者が施主に告知する義務があるという、とても奇妙なことになりました。国は何を考えているのでしょうか、何を恐れているのでしょうか。何か、今年のコロナ騒ぎの国の無策と共通するものがあるような気がします。

　この30年の間、地球温暖化がはっきりと姿を現し、省エネは世界の趨勢になりました。ヨーロッパではドイツのファイスト先生が提案したパッシブハウス基準が広がり、各国が国の省エネ基準に取り込んできています。日本の住宅では、その間省エネどころか、夏は暑く冬は寒い住宅が大量に建設され続けてきたのです。

　私達の設立した「新在協」は、その後「新木造住宅技術研究協議会（新住協）」と名前を変え、NPO法人化を経て今では一般社団法人になりました。会員数は設立当初の150社から800社に増え、今もなお普及と技術開発を続けています。開発を始めた初期の頃、会員とともに色々なことを試し、実験で確認し改良するという過程を経て、会員の技術の理解はとても高いものになりました。これらの人たちも、今では殆どの人がリタイアして世代交代しています。そして会社も大きくなり、新入社員が大勢います。この若い人たちにこれまでの技術の履歴を伝えることが急務になっていることは、新住協の内部の課題です。

　しかし同時に、日本の住宅の状況を考えると、ようやく一般の方（施主）の省エネ快適化への意識が高まり、業界もそれに対応すべく全体としてようやく動き出してきた感があります。同時に、昔私達が開発した技術は忘れ去られ、30年前から行われた議論が蒸し返されています。そればかりか、間違った情報がネットや業界雑誌にあふれかえっていることに、危惧の念を強く感じています。

　国交省が省エネ基準義務化を目指して始めた省エネ技術講習会のテキストを見ると、30年前に開発し、2002年（平成14年）に「新在来木造構法マニュアル2002」としてまとめた内容の多くが、未だに載っています。しかし、開発した私達は、現在ではもっと改良された工法に移行しているのです。

　本書は、この改良された工法をマニュアルとしてまとめたものです。

　日本国民が、住宅の暑さ寒さを解消し、快適な暮らしを実現する住宅を、同時に地球環境と自分のフトコロも考えた省エネ住宅を望み始めています。国の省エネ基準はこうした希望を実現してくれません。本書を、住宅供給を担っている設計事務所、ハウスメーカー、工務店の皆さんに、これからの構法マニュアルとして提案したいと思います。そして、このような住宅が当たり前に建設されていく社会を目指して、住宅供給をこれから担っていく若い人たちに読んで欲しいと願っています。

一般社団法人　新木造住宅技術研究協議会　代表理事　鎌田 紀彦

目　　次

第1章

....

これからのGW高断熱住宅の標準工法〜GWS工法

1. これからの GW 高断熱住宅の標準工法～GWS 工法

1-1 GWS 工法の図解

　近年の在来木造構法は、大きく変貌しています。軸組木材や間柱などの下地材のほとんどがプレカット工場で加工されるようになり、床は 24 〜 28mm 厚の合板を土台、大引きや床梁に直接張る剛床工法が普及しました。外壁には構造用合板などの耐力面材を張ることが多くなり、また、長期優良住宅仕様、構造 2〜3 等級の耐震性、住宅の耐火性を高めた省令準耐火の仕様も広く採用されるようになってきています。こうした工法の変化に合理的に対応した高断熱工法の再構築が必要です。

　高断熱住宅の省エネ・快適性については、ユーザーの間にも広く認識されるようになり、省エネ 4 等級（省エネ基準対応）以上の性能も求められることも多くなってきています。

　これまで、グラスウールによる高断熱住宅工法は、施工が難しいと思われてきた面もありますが、上に述べたような在来木造構法の変化を取り込みながら、誰でも設計・施工が容易で、省エネ性能のみならず、耐震性や耐久性・防火性・耐火性などの性能も含めて高い性能が容易に実現できる、最適化された工法を、これからの標準工法として提案するものです。

（GWS 工法は、一般社団法人新木造住宅技術研究協議会の提案を元に、硝子繊維協会で GWS 工法と命名、加盟各社で共通標準工法として推進しています。）

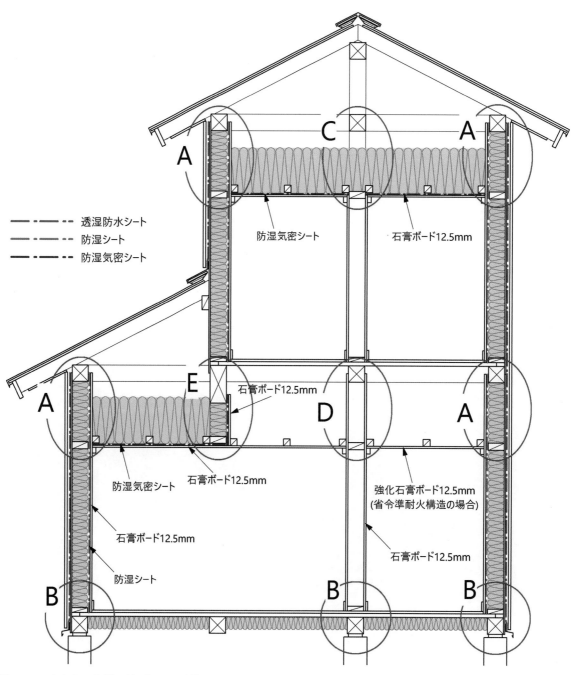

図 1-1　これからの標準工法（GWS 工法）

1-2　GWS 工法の特長

① 高断熱・高気密工法に必要な気流止めと、耐火構造に必要な、ファイヤーストップを、石膏ボードや木材で兼用させ、不燃断熱材であるグラスウールやロックウールを用い、高い耐火性能の住宅を、容易に実現します。また、省令準耐火仕様にも容易に対応できます。

② 壁外側の構造用合板と室内側の石膏ボードで、壁倍率 3.6 ～ 4.7 の耐力壁ができるため、筋交いや胴縁を廃止して、グラスウール等の断熱施工を容易にし、且つ断熱性能を高めることができます。また、水平剛性は剛床が負担し、耐震等級 2 ～ 3 の住宅も容易に実現できます。

③ 軸組は全てプレカットが可能となり、高い断熱・気密性能の住宅を、誰でも容易に建設することが可能になります。

1-3　GWS 工法の各部詳細説明

Ⓐ 外周壁は基本的に、気流止めとファイヤーストップを兼ねて石膏ボード 12.5mm 厚を桁まで張り上げます。階高寸法と石膏ボードの寸法によっては、石膏ボードの継手として 45 × 105 の木材を、天井下地レベルの柱間に入れます。下端部を B のように納めることによって、石膏ボードも耐力面材として働き、0.9 ～ 1.1 の壁倍率となります。
階高を石膏ボードの寸法にうまく合わせると、継手木材は不要になり、石膏ボードを現場で切断する必要も少なくなり、より合理化されます。

Ⓑ 壁下部は、図のように 30 × 105mm の間柱受け材を入れ、これに石膏ボードを留め付け、石膏ボードを耐力面材とします。耐力壁の規定では、この受け材は 30 × 45mm 以上の木材で可能ですが、間仕切り壁下部では、この受け材が、省令準耐火仕様で防火区画として働くために 30 × 105mm の木材を必要とされるため、この納まりに統一します。また、柱廻りでの床合板廻りの気密や気流止めとしての働きでも、この方が有利です。

Ⓒ 間仕切り壁上部で、上階床のない箇所では、天井下地レベルに 45 × 105mm のファイヤーストップ材を、柱間に入れます。ここは、壁両面の石膏ボードを上部の横架材まで張り上げる必要はありません。ただし、間仕切り壁を耐力壁としたいときは、上部

の梁や頭つなぎまで張り上げます。このとき、天井より上の間仕切りには断熱材を施工する必要があります。

Ⓓ 間仕切り壁上部の、上階に床のある天井との取り合い部は、省令準耐火の仕様でこの天井裏間仕切り壁が防火区画として働く納まりが要求されます。そのため、天井下地レベルには必要に応じて継手木材を入れ、石膏ボードを上部の横架材まで張り上げます。他に、石膏ボードを張り上げる代わりに、天井裏の間仕切り壁にグラスウールを充填する方法も可能です。また省令準耐火の仕様では、上階に床がある天井には強化石膏ボード12.5mm 厚が必要とされます。

Ⓔ 下屋部は、図のように二階外壁下に天井下地面までの下がり壁を設けます。
下屋部の天井断熱部の下面から下がり壁室内側にかけて、気密・防湿シートを張ります。この気密シートと外壁内側の石膏ボードの突きつけ部は、隙間が生じる恐れがあるため、先張りシートや野縁を気密シーリングを挟んで止めつけるなどして、気密化します。下がり壁の 2 階床下側には、12.5mm 厚の石膏ボードを張り、防火区画とします。

他 ■床断熱の場合は、床の 24 ～ 28mm 厚合板が気密層となるため、合板の突きつけ目地部には気密テープを貼ることが望ましいのですが、乾燥材を使用している場合は省略しても構いません。床合板と柱廻りに大きな隙間ができますから、この隙間は市販の気密部材を用いるなどしてきちんと塞ぎます。

■外壁は、外側の構造用合板などの耐力面材が気密層となります。このため、壁の防湿層は気密・防湿シートのような厚い PE シートを使う必要性は必ずしもありません。（図の緑色一点鎖線）

■天井部は基本的に気密・防湿シートが気密層となります。（図の青色一点鎖線）したがって、厚い気密・防湿シートをを用い、シートの重ね目は必ず木部で 10cm 以上重ねて、石膏ボードで押さえつける納まりとします。また、天井と外壁の取り合い部では、シートが外壁石膏ボードに突きつけられることになるので、気密化処理が必要になります。

1-4　GWS 工法における気密層の連続と気密層の接合部

　従来の一般的なグラスウール（GW と表記します）の高断熱工法は、気密防湿層を GW の室内側にもうけ、連続的にシートを張り、更に壁の気流止めもこのシートを利用して作ってきました。このため床と外壁の取り合い部においては、先張りシートが必要になり床廻りの施工手順が変わったりして、ある程度の慣れが必要とされました。

　GWS 工法では、外壁と床に張る構造用面材を気密層とすることが大きく違う点です。気流止めは床合板を利用したり、柱間に気流止めの木材を配置します。この気流止め木材は、最近の全国のプレカット工場でシステムに取り入れられています。防湿シートは、本来の防湿の役目しかありません。気流止めをしっかり施工した外壁に対しては、防湿層は、気密シートの施工ほどの厳密な連続性は必要なく、多少の欠点があっても壁内の水蒸気は、通気層を通して排出されます。

　住宅全体の気密層の連続性は、右図の赤い線のようになります。各部位毎の詳細は各部位毎の解説に示します。天井断熱、屋根断熱では、従来の防湿気密シートが気密層となりますから、壁の防湿層の施工とは区別して、気密層としての施工が必要とされます。

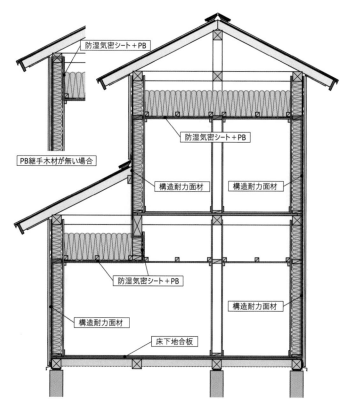

図 1-2　GWS 工法住宅の気密層の連続

1-5　GWS 工法に使用される材料

1. グラスウール断熱材

　GWS 工法では、色々な断熱材の中で安価で不燃のグラスウール断熱材（GW）を中心に使います。GW と言えば施工時に手や体にチクチクして決して施工しやすい材料ではなかったのですが、近年は、従来の GW に比べて繊維径が半分程度の細繊維 GW が中心になってきました。チクチク感もなく、弾力性や剛性が高くなり施工し易く、このため、木枠間への充填の信頼性も高くなりました。更に、従来の GW に比べて同じ密度で 15% も性能が向上しています。20 年ほど前、このような細繊維の GW について、発がん性が疑われたこともありましたが、その後の国際機関の評価が 10 年後ぐらいに発表されて、発がん性はコーヒーと同じレベルという結果になりました。

　本書では、このような高性能 GW（HGW と表記します）を、PE シートなどの袋に入れていない裸の HGW を主として使用する工法を解説していきます。袋入り HGW に比べて木枠間の形状がでこぼこしても対応しやすく、袋がないため防湿層の確保などを気にせずに長さのカットが簡単にできます。

　最近は、HGW の更に高性能品も開発され同じ厚さで断熱性能の向上が期待できます。表 1-1 ～ 4 には GW メーカー各社の製品の内、本書で取り上げられているもの、即

表 1-1　本書で取り上げている GW 製品（在来木造 3 尺モジュール）

パラマウント硝子工業株式会社

商品名	密度 kg/m³	寸法(mm) 厚さ	寸法(mm) 幅	寸法(mm) 長さ	入数 枚	施工面積 坪	熱伝導率 W/mK	設計価格 円/坪
SUN	高性能 16kg	200	420	1,370	8	≒1.5	0.038	¥12,000
		180						¥10,800
		155						¥9,300
		105	390	2,740	8	≒3.3		¥6,300
			425					
		105	810	1,370	8	≒3.0		¥6,300
			810	11,000	1	≒3.0		¥6,300
			910	11,000	1	≒3.0		¥6,300
		50	265	2,740	24	≒6.0		¥3,000
			410	2,740	16	≒6.0		¥3,000
		50	810	1370	16	≒6.0		¥3,000
			910	22000	1	≒6.0		¥3,000
SUNR (SRJ)	高性能 20kg	105	390	2,740	6	≒2.2	0.035	¥8,400
			425					
SUNR (SRG)	高性能 38kg	53	390	1,370	12	≒2.2	0.032	¥8,000
			425					
SUNボード	高性能 32kg	50	910	1,820	5	≒2.5	0.035	¥6,000
		45						¥5,400
		45	410	1,820	10	≒2.5		¥5,400
フェザーグラス	32kg	50	910	1,820	5	≒2.5	0.036	¥4,455
露断プレミア	32kg	80	805	1,820	4	≒2.0	0.036	¥6,000
露断ピンレス	32kg	80	805	810	6	≒1.5	0.036	¥7,200
ニューダンブロー	18kg	–	–	–	15kg		0.052	
サンブロードライ	32kg	–	–	–	12kg		0.038	

　北海道在庫品

ち在来木造構法の 3 尺モデュールに使われる製品のリストをまとめました。また、各部位の詳細で熱貫流率を表示して、その性能の違いを示します。

2. 発泡プラスティック断熱材

高断熱住宅構法の一つとして、壁や屋根の外側に発泡プラスティック断熱材を張り付ける外張り構法があります。この工法は、住宅の火災時に断熱材が激しく燃焼したり、断熱材を木材で挟んで長いビスで留め付ける施工法に信頼性が乏しかったりするため、本書では取り上げていません。しかし、断熱材自体の物性については、燃焼の問題を除けば、とても性能の高いものがあったり、吸水性が小さいため地中に埋設したりできるので、部位や条件によってはこれらの断熱材も GWS 工法の材料として使います。本書では、表 1-5 に示すような断熱材を取り上げます。

この中で、EPS（ビーズ法 PSF）や、XPS（押出法 PSF）は、基礎断熱ではよく使われます。特に無機系薬剤（ホウ酸系）で防蟻処理をした EPS は世界的にも広く使われていて、効果が半永久的に持続すると言われます。XPS の中に性能が特に高いものが最近開発され、これを付加断熱に取り込むと全体の壁厚が小さくなるため、防火性の高い構成を開発して使われ始めています。これについては、3-15 節で解説しています。

フェノール発泡のネオマフォームやウレタン系の中でもポリイソシアヌレートフォームと呼ばれる断熱材は、難燃性が高く、EPS や XPS 系断熱材とは燃焼性状が大きく異なり、防火的な工夫をすれば、火災時でも燃えにくい工法とすることができそうで、断熱性能の高さから、壁厚を薄くするためには効果があります。これについては、工法的な条件を 3-16 節で解説します。

表 1-5 本書で取り上げている発泡断熱材

商品名	密度 kg/m³	厚さ(mm)	λ (W/mK)	透湿係数	価格＊5 /10mm
EPS1〜2号＊1 (防蟻加工品有)	30		0.034	145以下	
スタイロエース-Ⅱ ＊2	25 以上	20/25/30/35/40/45/ 50/55/60/75/90/100	0.028	145以下 25mm厚	¥620
スタイロフォームEX		30/15/50/55/60	0.024		¥680
スタイロフォームFG		40/50/75	0.022		¥750
ネオマフォーム ＊3	27	20/25/30/35/40/45/ 50/60/66/80/95/100	0.020	42	¥1,218
ネオマゼウス	30	25/30/45/60/65	0.018	31	¥1,462
サーマックスα ＊4	35	−	0.022	−	−

＊1：EPS1〜2号品を製造している会社は少ない。最大は東北資材工業(株)
＊2：スタイロデュポン(株)の商品名、他にカネライトフォーム、ミラーフォーム等の同等品がある
＊3：旭化成建材の商品名、他にフクビ化学のフェノバボードがある
＊4：(株)INOACの商品、現在市販されている製品は透湿抵抗が高く付加断熱には使用できない透湿抵抗が小さな製品を開発中
＊5：価格は910×1820版で厚さ10mm当たり。ネオマフォームは45mm厚の時の10mm当たりの価格

表 1-2 本書で取り上げている GW 製品（在来木造 3 尺モデュール）

旭ファイバーグラス株式会社

商品名	密度 kg/m²	寸法(mm) 厚さ	寸法(mm) 幅	寸法(mm) 長さ	入数 枚	施工面積 坪	熱伝導率 W/mK	設計価格 円/坪
アクリアウール	高性能 16kg	140	375 425	1,370	10	≒1.9	0.038	¥10,010
		120	380 425	2,880	8	≒2.3		¥8,580
		105	395 430	2,740	8	≒3.3		¥7,520
		105	810 910	11,000	1	≒3.0		¥7,510
		50	910	22,000	1	≒6.0		¥3,580
アクリアウール	高性能 24kg	105	390 430	2,880	4	≒1.5	0.036	¥11,990
アクリア ウールα	高性能 20kg	105	395 425	1,370	12	≒2.2	0.034	¥8,750
	高性能 36kg	105	390 425	1,370	6	≒1.1	0.032	¥9,700
アクリアジオス	高性能32	45	410	1,820	10	≒2.5	0.035	¥7,240
アクリアU ボードピンレス (36kg：α)	高性能 24kg	80	805	805 1,820	8 4	≒2.0	0.036	¥7,700
	36kg	105	805	805	6	≒1.5	0.032	¥9,700
アクリア UボードNT	高性能 24kg	80	805	1,820	4	≒2.0	0.036	¥6,320
		120	805	805	4	≒1.0	0.036	¥9,970
アクリア Eブロー	10kg <	−	−	−	15kg		0.052	
	20kg <	−	−	−			0.040	
	22kg <	−	−	−			0.038	

表 1-3 本書で取り上げている GW 製品（在来木造 3 尺モデュール）

マグ・イゾベール株式会社

商品名	密度 kg/m²	寸法(mm) 厚さ	寸法(mm) 幅	寸法(mm) 長さ	入数 枚	施工面積 坪	熱伝導率 W/mK	設計価格 円/坪
コンフォート	高性能 16kg	155	425	1,370	10	≒1.7	0.038	¥9,000
		140	425	2,350	7	≒1.9		¥8,100
		120	425	2,740	7	≒2.3		¥7,000
		105	805	1,370	6	≒2.2		¥6,200
		105	395 425	2,740	8	≒3.0		¥6,200
		50	265 410	2,740	18 14	≒4.5 ≒5.2		¥2,900
		50	910	22,000	1	≒6.0		¥2,900
		105		11,000		≒3.0		¥6,200
コンフォート	高性能 24kg	105	395 425	2,740	6	≒2.2	0.035	¥9,900
	高性能 28kg	105	390 425	1,370	6	≒2.2	0.033	¥12,000
床トップ剛床	32kg	80	805	805 1,820	6 4	≒1.5 ≒2.0	0.036	¥5,800
マグボード	32kg	50	910	1,820	5	≒2.5	0.036	¥4,600
付加断ボード	高性能32	45	410	1,820	10		0.035	¥5,500
マグブロー ライト	10kg <	−	−	−	10kg		0.052	
	22kg <	−	−	−			0.038	
マグブロー	18kg <	−	−	−	15kg		0.052	

表 1-4 本書で取り上げている GW 製品（在来木造 3 尺モデュール）

株式会社ワンワールド

商品名	密度 kg/m²	寸法(mm) 厚さ	寸法(mm) 幅	寸法(mm) 長さ	入数 枚	施工面積 坪	熱伝導率 W/mK	設計価格 円/坪
テクノ Eセーブ	高性能 16kg	90	430 395	2,740	8	≒3.0	0.038	
		105	430 395	2,880	8	≒3.1		
			910	11,000	8	≒3.0		
	高性能 24kg	100	425	1,370	10	≒1.8	0.036	
		120	430		9	≒1.6		

2. 防湿・気密シート

裸の HGW を使用することで、防湿シートは別に張る必要があります。又、天井断熱や屋根断熱ではその防湿シートが気密層にもなります。このため、防湿気密シートには低密度ポリエチレン製の厚さ 0.2mm 程度の製品が使われます。シートのジョイント部で木下地の上で重ね、その上から PB などを釘打ちで押さえますが、その厚さと弾力性がジョイント部をしっかり維持します。この重ねをとるために必要な巾の製品が販売されています。暖房機やレンジ廻りで温度が高い状態が続いても熱劣化を起こさないように添加剤を入れて 30 ～ 50 年の寿命を確保しています。

気密層の役目を持たない防湿シートには、これより薄い製品で構わないのですが、厚いシートの方が施工性が良いため、防湿気密シートが使われることも多く、気密シートの施工と同程度の施工をすることにより、より高い気密性能を目指す人も多いようです。

3. 防水気密テープ

工法上生じる各部の隙間を塞いだり、サッシ廻りで透湿防水シートとのジョイント部などに使われます。粘着剤としてブチルゴム系とアクリル系のものがあります。粘着力はアクリル系の方が高いのですが、木材など表面の凹凸が大きい材料に対してはブチルゴム系の方が食いつきが良いようです。いずれも 30 年以上の耐久性を持つ製品を使う必要があります。

4. 土台気密パッキン

基礎断熱では、基礎上面と土台の間を気密にする必要があり、弾力性の高いパッキンが使われます。基礎天端を完全に水平にすることは難しく、このパッキンには高い追随性が要求されますが、色々な試行錯誤の結果、現在のような製品になりました。それでも、基礎天端の精度を±2mm 程度に抑える必要があるようです。

この隙間を大きくとり、現場発泡ウレタン充填で気密にする工法は、ウレタンの硬化後収縮や木材の乾燥収縮により、必ず隙間が生じるので行ってはいけません。

5. 気密パッキン

GWS 工法では、外壁では、外側に張る構造用面材が気密層になります。沢山の釘で面材を留めますが、柱などの木材の乾燥が悪いと、その後の乾燥収縮で隙間が生じます。このような場合、合板と柱の間に発泡テープを挟んだり、目地の上から防水気密テープを貼ります。乾燥木材を使うときは不要ですが、気密性をより高く、気密性能の耐久性などを考慮して使う人もいます。

図 1-3　防湿気密シートの製品例
低密度ポリエチレン製の厚さ 0.2mm　巾　1,000　2,100
2,400　2,500　2,700　3,000mm　長さ 30 ～ 50m のロール製品。
半分の巾に折ってロールにしたものもある。

図 1-4　防水気密テープの製品例
上段：アクリル系粘着剤によるもの、厚さ 0.2mm
中段：ブチルゴム系粘着剤によるもの（両面）、厚さ 0.5mm
いずれも、巾 50mm、75mm、100mm があり、片面粘着、
両面粘着の製品がある。
下段：片面テープにはアルミ箔張りのものもある。

図 1-5　土台気密パッキンの製品例
基礎断熱工法で使われる、基礎と土台の間に敷き込む気密パッキン。
基礎の水分を遮断するシートと、チューブ状の気密パッキンが張り合わされている。

図 1-6　合板などの面材と柱の間に使い、気密性を高めるパッキン。
他にも窓廻りや色々な部位で使われる。合板の気密パッキンには
2mm 程度の薄いものが使われる。

（上記商品の写真は、日本住環境株式会社、北海道気密販売株式会社のカタログからお借りしました。）

1-6 GW による高断熱工法をよりよく 理解するためのポイント

1. 在来木造構法の一般住宅で、断熱材が効かない 理由

在来木造工法は天井・床に対して壁勝ち工法であるため、壁の上下が開放されています。

2×4工法のように壁の上下が木枠で密閉される工法とは大きな違いがあるのです。

室内を暖房すると、外壁、間仕切り壁内の空気も暖められ上昇気流が生じ、その空気により、熱と水蒸気が天井裏に抜けます。同時に室内や床下から冷気と水蒸気、室内の熱が大量に流れ込んできます。その結果、外壁断熱材の室内側に冷たい気流が生じ、断熱材がその効果を発揮できなくなります。また、小屋裏や外壁内には多量の結露が発生し、木材にしみ込みます。住宅の南面や東西面は日中太陽が当たるため、この結露水は蒸発しますが、北面では、日射が当たらず、結露水は蓄積して、木材腐朽をもたらすことになるのです。

2. 気流止めが高断熱化のポイント

在来木造構法では、壁の上下が開放されていることと、断熱材を壁外側に押しつける施工が問題なのです。室内側に、胴縁を施工するため、断熱材を内側に寄せた施工は困難だったのです。この結果上に述べたような欠陥が生じました。

これを改良する工法として、次の二つの工法が考案されました。

● シート気密工法：先張りシートで気流止めを造り、防湿層を気密層として連続させる工法。この工法は施工に手間がかかり施工手順が変わるため、温暖地では嫌われました。

● ボード気密工法：根太を落とし込みとして、床合板を土台、大引きに留め付け気流止めとし、上部は柱間に木材を渡して気流止めとする工法。外側ボード張りとし、これが気密層になります。現在では剛床工法（根太レス工法）として一般化しています。

3. 気流止めのない通気工法では内部結露は止まらない

気流止めがないと、冬は壁内に温度差換気により壁内気流が発生し、大量の水蒸気が気流によって流入します。断熱材と通気層との間が透湿防水シートだけなら結露は生じないのですが、合板など透湿抵抗の高い面材では大量の結露が発生します。通気層があっても、気流止めがないため、多量の水蒸気が浸入し、通気層からの排出が間に合わないのです。

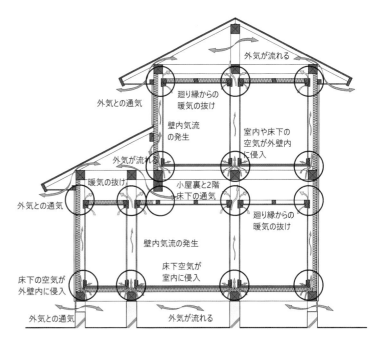

図 1-7 日本の在来木造住宅の断熱・気密上の欠陥

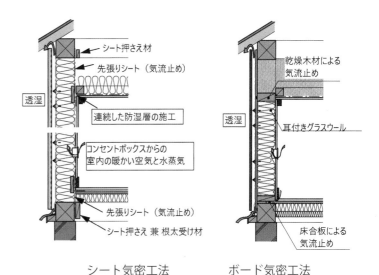

シート気密工法　　　ボード気密工法

図 1-8 改良され提案された高断熱住宅工法

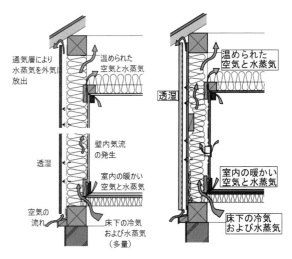

図 1-9 合板などを張った気流止めの無い通気工法（右）

4. 気流止めがあれば外側にボードを張っても結露しない

気流止めによって、壁内に流入する水蒸気は大きく減り、防湿層が効果を発揮し、ボードを張ってもほとんど結露は生じなくなります。コンセントボックスカバーがなくても、配線等によって気流止めにあいた穴がシールしてあれば、結露はほとんど生じません。

5. 夏型結露はそれほど問題にはなっていない

夏は、室内を冷房して外気より室内の方が温度が低くなり、冬とは逆になります。

壁に日射が直接当たると、外壁材や木材などは大量の水蒸気を放出します。また、外気の方が温度、湿度が高く、外から水蒸気が流入して、PE シートに結露が生じます。しかし、この結露は一時的なもので、数時間経過後乾燥する。冬期のような蓄積がないため、ほとんど被害は起きていません。

この結露を防ぐためには、防湿層として透湿抵抗の小さいシートを使うことが有効です。このシートは「調湿シート」等という名前で販売されています。このシートの透湿抵抗は構造用合板より少し高いのですが、冬の室温では透湿抵抗が多少高くなり、夏の室温では低くなります。このようなシートを使うことは、必ずしも必要とはいえませんが、温暖地ではより高い安全性を得ることができます。

6. GW 高断熱・高気密工法の 3 つのポイント

GW 高断熱工法は、整理すると次の 3 つのポイントが工法として実現していることが必要です。特に、気流止めがとても大事です。

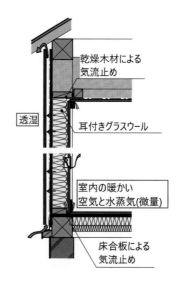

図 1-10　気流止めを設置した合板張りの通気工法

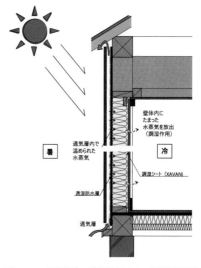

図 1-11　調湿型の防湿層を用いた夏型結露止工法

（1）　気流止めの設置

高断熱工法では気流止めが最も大切です。これにより断熱材の性能が 100% 発揮され、同時に壁内に浸入する水蒸気が激減します。また、室内側から見て、存在する隙間（幅木廻り、額縁廻り、廻り縁廻り）が外気と遮断され、住宅の気密性が著しく向上します。

（2）　通気層工法の採用

気流止めによって、壁内に浸入する水蒸気量が激減するため、高断熱工法では通気層による水蒸気の排出量がそれほど多くなくても良くなります。これにより、透湿抵抗の高い合板や OSB などでも結露は問題になりません。通気層は、結露防止よりは、むしろ、安全性の高い防水工法としての役割が重要となります。

（3）　気密、断熱層の連続性の確保

気密層は、気流止めによる気密化を補完するために用いられます。長期の安定的な気密性能を目指すために重要です。PE シート、合板、PB ボードなどを気密層として、住宅全体を覆うように施工します。同時に断熱層も、隙間なく住宅全体を覆うように施工します。

1-7 省エネ基準を超える高性能住宅 Q1.0 住宅について

1. これからの GW 高断熱住宅の標準工法

日本の省エネルギー住宅は、2020 年には義務化されると言われた省エネ基準のレベルで建設されることが多いようです。この省エネ基準は 1999 年（平成 11 年）に制定された次世代住宅省エネ基準と殆ど変わっていません。この 21 年の間に、地球温暖化が進行し誰もが省エネの必要性を感じるようになりましたが、住宅の省エネ基準が引き上げられることは無かったのです。この間ヨーロッパでは非常に厳しいパッシブハウス基準の導入が進んでいました。日本の省エネ基準は義務基準では無かったため、この 21 年間普及は遅々として進みませんでした。現在も義務化は見送られ、供給者に施主への告知義務しか無く、省エネ基準以下の住宅を建設することは可能で、実際に多くのそうした住宅の建設が続いています。

現在の省エネ基準の水準がどの程度のレベルかを示すのが図 1-12 です。この中で青色の棒グラフが省エネ基準住宅で、20℃ 全室暖房をしたときの暖房エネルギーです。住宅は 120㎡ の国の省エネ基準の解説書に載っているモデルプランです。日本の多くの温暖地域 5 地域の一部から 6、7 地域では 6,000 から 8,000kWh の暖房エネルギーがかかります。エアコンで全て暖房したとすると、エアコンの実際の運転効率 COP は温暖地で 3.0、寒冷地では 2.5 位ですから、昼間電力約 30 円 /kWh とすると、温暖地で 1,000kWh 当たり丁度 1 万円ぐらいになります。つまり、6〜8 万円かかるのです。こうした地域での一般住宅の暖房費は、ばらつきが大きいとは思いますが、ストーブを各部屋に設置し、こまめに付けたり消したりの節約生活で、足もとが寒いため、床暖房絨毯を敷いたりコタツを使ったりで月 1 万円以下になるように我慢している家庭が多いのでは無いでしょうか。一冬で 4〜5 万円というところでしょうか。省エネ基準住宅で、寒さを解消し全室暖房の快適な暮らしを始めると、暖房費は今までの 1.5 倍ぐらいもかかってしまうのです。これでは省エネ基準では無く、増エネ基準住宅です。

確かに、国が主張するように、今まで通りのコタツとストーブで付けたり消したりの生活をすれば省エネにはなると思いますが、日本人は長い間冬の住宅の寒さに我慢してきました。ようやく省エネ基準という高断熱住宅を建てたら、今までより寒さ知らずの快適な暮らしが実現出来ると誰もが思っていて、殆どの人がそうした暮らしを始めています。結局省エネは実現せず、暖房費の増分はそれほど大きくはありませんから、渋々受け入れられているようです。

このような状況が始まったのは 21 年前の次世代省エネ基準からなのです。私達は、少なくてもこれまでの暖房費より少ない金額で全室暖房の快適な暮らしを実現する住宅を建てるべきとの主張から、断熱レベルを色々検討しました。私が暮らしていた北海道では、北海道庁が、同じ思いから北方型住宅基準の策定を始め、私達もそれに協力しました。この北方型住宅基準をそのまま次世代省エネ基準に持ち込んだため、図 1-12 では、北海道だけが、一般住宅の暖房費より若干少ないレベルになり、青森などの東北の地域より少ない暖房エネルギーになっているのがわかります。

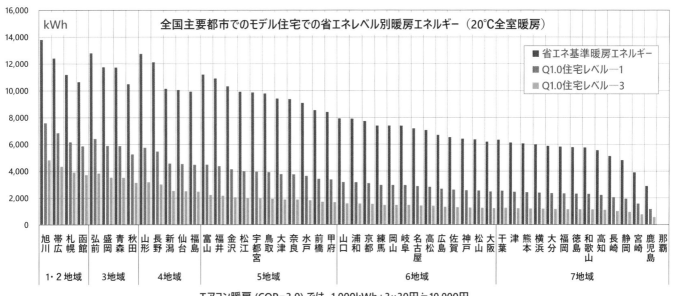

エアコン暖房 (COP=3.0) では、1,000kWh÷3×30円≒10,000円
(COP=2.5) では、1,000kWh÷2.5×30円≒12,000円
灯油暖房(効率0.85)では、1,000kWh÷(10.14×0.85)×90円/ℓ≒10,000円 （10,440円、116リットル）

図 1-12 モデル住宅での省エネレベル別暖房エネルギー〔20℃ 全室暖房〕

その後、私達は暖房エネルギーを更に少なくする住宅の開発を進めてきました。

このような住宅を造るには、断熱レベルを上げる必要があり、それによるコストアップをできるだけ抑える工法の開発や、断熱材、サッシなどの開発、太陽熱を効率的に取り込み暖房エネルギーを下げる手法の開発、熱交換換気設備の改良をメーカーに働きかけ容易に換気による熱損失低減の工夫などですが、それらの開発が一応めどがつき始めた2005年（平成17年）に、Q1.0住宅と名付けて新住協の会員に建設を呼びかけ始めました。

目標とする住宅の省エネレベルは、「一般住宅の暖房エネルギーを半分にして全室暖房を可能にする」というものでしたが、一般住宅の暖房エネルギーについては、北海道ではおよそ灯油1,500ℓ～2,000ℓという調査結果がありましたが、日本全体では木造一戸建て住宅の暖房エネルギー調査データは全くありませんでした。そこで省エネ基準住宅の半分以下という目標を立てました。

最初にこうした住宅を作り始めた北海道では、一般住宅の暖房エネルギーの半分と言うことで始め、そうした住宅のQ値が丁度1.0 W/㎡K前後になったので「Q1.0住宅」という名が生まれました。日本全体でもこのような住宅を造ると、Q値は2.0を超えることが無いため「Q1.0住宅」という名前を全国で使っています。あくまでもQ値で住宅の性能を規定するのでは無く「QPEX」という暖冷房エネルギー計算プログラムを使って、住宅を建設する地点の気象条件の下で、20℃全室暖房時の暖房エネルギーが、省エネ基準住宅の半分、或いはそれ以下になることで、住宅の性能を規定しています。

現在の省エネ基準ではUA値で性能を規定していますが、UA値が小さければ省エネ住宅であると言うことは必ずしも言えないようです。以前のQ値の方がまだ、住宅の省エネ性能との相関がありましたが、UA値になって、ますますかけ離れた数値になってしまいました。

Q1.0住宅の目標暖房エネルギーはレベル－1で前述のモデルプランの省エネルギー基準住宅の暖房エネルギーを基準として、1～2地域で55％、3地域で50％、4地域で45％、5～7地域では40％以下と決めています。一般住宅の現在の暖房エネルギーの半分には少し足りませんが省エネ基準住宅の半分以下を達成しています。1～2地域だけが55％と半分を超えていますが、これは省エネ基準がすでに一般住宅より少なくなっていることから、一般住宅の半分以下というレベルで決めたものです。レベル－2～4はレベル1より10％ずつ少なくなる設定です。これを表1-6に示します。

このための具体的な設計手法については、本書の続編である、「Q1.0住宅計画・設計マニュアル」（2021.1刊行予定）にて詳細に解説する予定です。

現時点でQ1.0住宅のコストアップは、地域によって、また立地や設計によって異なりますが、レベル1～2では坪1～2万円で実現するようです。Q1.0住宅を建設し始めて、各地に断熱厚さが200mm級の住宅が建設され、快適性が更に向上するという発見がありました。また暖冷房負荷が小さくなるためエアコン1台での全室暖冷房システムが実現し、寒冷地ではストーブ1台の全室暖房システムも復活してきています。暖冷房費も概ねQPEXによる計算に近い結果が得られ、新住協全体ですでに1万棟以上の建設が行われたと推計しています。

本書では、このようなQ1.0住宅を建設するための各部工法の解説に中心を置いています。省エネ基準に対応するだけならもっと簡単な解説書になるのですが、私達の願いは、日本中にQ1.0住宅が当たり前に建設される社会になることなのです。そのために、本書は断熱工法についても解説しています。

表1-6　Q1.0住宅レベル－1～4の省エネ基準住宅に比べた暖房エネルギー

	1地域	2地域	3地域	4地域	5地域	6地域	7地域
QPEX気象データ収録地点数	116地点	92地点	107地点	136地点	156地点	101地点	111地点
省エネ基準住宅	1,483	1,142	1,105	1,055	843	599	391
Q1.0住宅 L1	816	628	553	475	337	240	156
	55％以下		50％以下	45％以下	40％以下		
Q1.0住宅 L2	667	514	442	369	253	180	117
	45％以下		40％以下	35％以下	30％以下		
Q1.0住宅 L3	519	400	332	264	169	120	78
	35％以下		30％以下	25％以下	20％以下		
Q1.0住宅 L4	371	286	221	158	84	60	39
	25％以下		20％以下	15％以下	10％以下		
代表的な地点名	旭川 江別 北見 名寄	岩見沢 帯広 札幌	青森 盛岡 弘前 秋田	山形 仙台 郡山 福島	金沢 松江 水戸 前橋 京都 大阪	練馬	千葉 横浜 福岡 宮崎

表の数値は20℃全室暖房時の灯油消費量で、全て地域毎の全地点の平均値。
パーセントの数値は省エネ基準住宅に比べての数値。

第 2 章

床の断熱工法とその施工

2. 床の断熱工法とその施工

2-1 床の断熱工法の概要

　床が剛床工法になることで、床の断熱工法は大きく変わりました。これまでは、＠303〜＠455mmの根太間に断熱材を充填する工法でした。耳付きのGWを充填し、耳をタッカーで根太に止めつける工法が一般的でした。床のきしみを押さえるため接着剤が使われるようになると発泡断熱ボードをはめ込む工法も一般化しました。根太間が狭いため、比較的簡単に施工ができました。しかし、簡単な施工だけに、いい加減な施工も多く、根太間の断熱材の垂れ下がりも多く起こり、クレームの多い箇所でもありました。

　剛床工法になり、大引き間に断熱材を充填することになり、断熱材の支持工法を十分検討する必要が生じました。現在、一般的な工法は、GWボードなどの剛性の高い断熱材を充填する工法です。その剛性を利用して、大引き廻りだけで支持する工法です。そのための金具などもメーカーから提供されています。また、GWボードに不織布を貼り付けこの不織布を大引にタッカー止めする製品もあります。省エネ基準の見なし仕様に対応して、専用の32kgGWボード80mm厚を用いた工法が、GWメーカー各社から販売されています。

　大引間断熱では、大引がヒートブリッジになります。外壁と違って床は足で直接触る部位ですから、大引部と断熱部との表面温度の違いが問題になるかもしれません。この大引の下面も断熱材で覆う工法の効果はとても高くなります。

　床の熱貫流率は、熱損失係数の計算の時は、床下温度が外気より高くなることを考慮して、0.7の係数をかけることになっています。これは、断熱材の厚さを1÷0.7≒1.43倍したことと同じことになりますから、床の断熱材の厚さを増やすことは、1.43倍の効果があると言うことになります。

■基礎断熱工法との比較

　基礎断熱工法は、床下の基礎コンクリートや地盤の熱容量を利用して室温を安定させる工法として紹介されましたが、それよりも床下で水道配管や設備配管の凍結を防ぐ工法として、寒冷地で普及しました。この寒冷地から基礎断熱を標準とする「外張り高断熱工法」が本州に紹介され、この基礎断熱が、配管凍結の心配が無い、即ち基礎断熱が不要な、本州の温暖な地域でも普及したという経緯があります。GWS工法のようなGW断熱の住宅では、一般的な外周断熱の基礎断熱に比べて床断熱の方が、ローコストに熱損失を減らすことができます。

　2-12節　新しい床断熱工法の考え方、及び7-2節　基礎断熱工法の熱損失を参照してください。

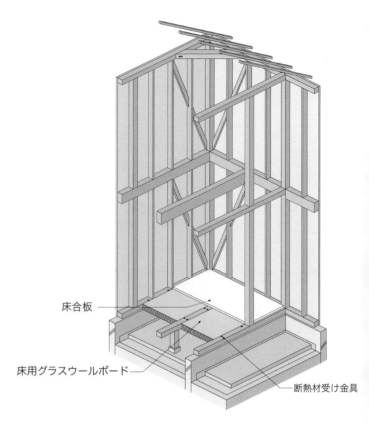

床合板

床用グラスウールボード

断熱材受け金具

表 2-1　床断熱工法に用いられるグラスウール製品

パラマウント硝子工業株式会社

商品名	密度 kg/㎡	寸法(mm) 厚さ	幅	長さ	入数 枚	施工面積 坪	熱伝導率 W/mK	設計価格 円/坪
露断プレミア	32	80	805	1,820	4	≒2.0	0.036	¥6,000
露断ピンレス	32	80	805	810	6	≒1.5	0.036	¥7,200
				1,820	3			
SUNボード	高性能 32	50	910	1,820	5	≒2.5	0.035	¥6,000
		45			5			¥5,400
フェザーグラス	32kg	50	910	1,820	5	≒2.5	0.036	¥4,455
SUN	高性能 16	105	425	2,740	8	≒3.3	0.038	¥6,300
			810	1,370	8	≒3.0		
				11,000	1	≒3.0		
			910	11,000	1	≒3.0		
		50	410	2,740	16	≒6.0		¥3,000
			910	22000	1			

北海道在庫品

旭ファイバーグラス株式会社

商品名	密度 kg/㎡	寸法(mm) 厚さ	幅	長さ	入数 枚	施工面積 坪	熱伝導率 W/mK	設計価格 円/坪
アクリアU ボードピンレス (36kg：α)	高性能 24kg	80	805	805	8	≒2.0	0.036	¥7,700
				1,820	4			
	36kg	105	805	805	6	≒1.5	0.032	¥9,700
アクリア UボードNT	高性能 24kg	80	805	1,820	4	≒2.0	0.036	¥6,320
		120	805	805	4	≒1.0	0.036	¥9,970
グラスロンウール	32kg	50	910	1,820	5	≒2.5	0.036	¥12,650
アクリアウール	高性能 16	105	810	11,000	1	≒3.0	0.038	¥7,510
			910					

マグ・イゾベール株式会社

商品名	密度 kg/㎡	寸法(mm) 厚さ	幅	長さ	入数 枚	施工面積 坪	熱伝導率 W/mK	設計価格 円/坪
床トップ剛床	32	80	805	805	6	≒1.5	0.036	¥5,800
				1,820	4	≒2.0		
コンフォート	高性能 16	105	805	1,370	6	≒2.2	0.038	¥6,200
		50	910	11,000	1	≒6.0		¥2,900
		105	910			≒3.0		¥6,200
マグボード	32	50	910	1,820	5	≒2.5	0.036	
付加断熱ボード	高性能32	45	410	1,820	10		0.035	¥5,500

2-2 床の気密・防湿施工

1. 合板目地部の気密化

剛床工法では、床合板が気密層になります。最近では、大引きやその他の木材も乾燥木材を使うことが多く、木材の乾燥収縮も小さくなっており、大引きや合板受け材に打ち付けられた合板は、継ぎ手部分の気密処理をしなくても、十分気密性は保たれています。住宅の C 値を 0.5㎠/㎡以下の極めて高い性能を目指すときや、乾燥木材を使わないときは、継ぎ手目地部に気密テープを貼る必要があります。

合板の継目部に下地木材がない場合は、気密テープを張るなどして隙間を生じないようにします。（図 2-1）

2. 外壁下端部の納まり

外壁下端部の壁石膏ボード下地を、図 2-2 の①、②のようにすると、石膏ボードが耐力壁とは見なされません。③、④の納まりにする必要があります。

③の納まりで、柱と床合板との取り合い部の隙間が充填されていないと、柱廻りで床下から壁断熱層に向かう隙間が生じます。間仕切り壁では、①、②の納まりではもっと大きな隙間になります。又、間仕切り壁では、省令準耐火では防火区画となるため④の納まりが必要になります。柱廻りの合板との隙間をきちんと塞ぐ必要がありますが、図2-3 のように、①～③の納まりでは、隙間の処理が不十分だと、床下からの空気が直接壁内に浸入します。施工上のミスがあっても④の納まりの方が安全です。

こうした理由から、外壁下端部は、全ての壁について④の納まりとします。

3. 床合板と柱廻りの気密化

床合板は、プレカットで柱部の欠き込みがされますが、現場施工での合板敷き込みをし易くするため、大きなクリアランスがとられます。この隙間はきちんと塞ぐ必要があります。これはとても重要で、床の気密に大きな穴が空くばかりでなく、壁の中に床下の冷たい空気を導入することにもなり、外壁の断熱性低下や内部結露、間仕切り壁面の温度低下などをもたらします。

この隙間は、巾 10mm 程度、深さが 24 ～ 28mm もありますから、コーキング材を充填したり、気密テープで塞ぎます。気密テープを入隅に張るのは手間がかかりますから、この気密化を能率良く施工できる気密部材も販売されています。（図 2-4、5）

図 2-1　床合板目地の気密化

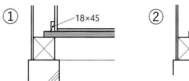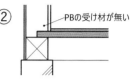

図 2-2　外壁下端部の納まり

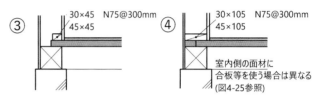
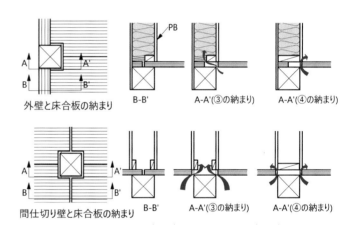

図 2-3　外壁下端部の納まりによる柱廻りの隙間の影響

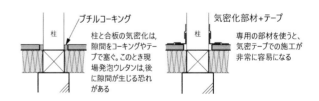

図 2-4　床合板と柱廻りの気密化

気密柱バリアー
日本住環境株式会社

図 2-5　床合板と柱廻りの気密化専用部材の例

4. 設備配管の床貫通部の気密化

断熱材を施工した床を、給排水管などの設備配管が貫通する箇所は、施工が難しく、丁寧な施工が必要です。一般的にはグラスウールは先に施工しているので、床合板やグラスウールへの丁寧な穴開け施工が必要です。又その周囲は隙間を塞ぐ必要があり、ここを気密テープなどで塞ぐのは手間がかかります。気密テープを使う場合は、伸縮タイプの気密テープを使うと良いでしょう。（図 2-6）

丸い配管廻りを、容易に気密化する部材が、やはり販売されています。

図 2-7 に例を示します。EPDM 性のゴムシートは、穴の空いていない厚さ 1mm ぐらいのシートですが、これに配管の外形より 20 ～ 30% ぐらい小さな穴を開けて、これを引っ張りながら配管にかぶせます。配管に 2cm ぐらいの巾でぴったり張り付き隙間がなくなります。穴の大きさは適当で良いので、シートを四つ折りにしてはさみで切って穴を開けると簡単です。

もう一つは、ポリプロピレン製の成形品で下段中央のような形状です。これに切り込みを入れて、配管にかぶせ、気密テープを図のように貼ります。これなら、長い配管で、ゴムシートをかぶせられないときでも、横からはめることができます。

5. 床の防湿施工

床の断熱施工では、基本的には防湿層の施工は省略します。防湿層を施工したときで床の断熱材がグラスウール 50mm など薄い場合に、畳の下で結露を生じる事故が起きたりしました。又、床仕上げ材が透湿しにくいプラスチックタイルや塩ビ床材などを用い、その目地から床にこぼれた水が浸入して合板に吸収され、合板は上下両面が非透湿材料に挟まれ、合板の水分が抜けず、合板の腐朽を招いたりしたこともあったのです。これらの理由から、防湿層の施工をしなくてもよいことになったのです。

床断熱材の下面は、基本的には床下に開放されており、受け材にも透湿材料が使われていれば、防湿層がなくても、水蒸気が結露する恐れはありません。この意味からも、グラスウールを支持するための受け材として、非透湿材料を使ってはいけません。過去に、ダンプレートなどの面材を受け材として用い、大量の結露を招き、根太、大引などの腐朽の被害が生じたこともあります。（図 2-8）

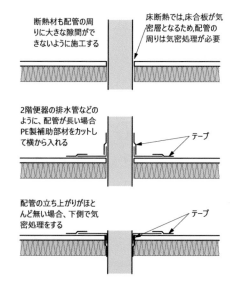

図 2-6 設備配管の床貫通部の気密化

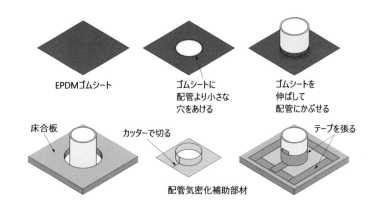

図 2-7 設備配管の床貫通部の気密化補助部材の例

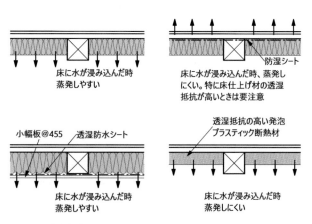

図 2-8 床断熱材の防湿

2-3 床の水平剛性、床倍率

GWS工法では、一階、二階とも床は剛床工法を前提としています。剛床工法の厚物合板は、四周釘打ちで床倍率が3倍もありますから、一般の住宅の二階床構面で必要とされる床倍率が1.0前後ですから、普通は何も問題にはなりません。しかし、吹き抜けを設けたりすると、突然厳しいことになります。こうした場合の床倍率計算は構造設計事務所に依頼してしまう傾向があります。確かに、床倍率のチェックは、壁量計算よりはかなりやっかいです。しかし、設計段階で持ちそうかどうかの勘を養うことはとても重要です。また、構造等級2〜3等級を目指すのでなければ、床倍率チェックは不要ですが、基準法レベルではより構造安全性を確保する意味からも、きちんとチェックして、2等級を満たさないまでも、近い値を確保した方が良いと考えます。

確かに床倍率チェックはやっかいですが、概略、次のような手順になります。

1. 一階のプランで耐力壁線を想定し、耐力壁線としての要件を満たしているかをチェックします。（図2-10）

$$\text{想定耐力壁線の存在壁量} \geqq \text{想定耐力壁線の床の長さ} \times 0.6 \text{ と400cmの大きい方の数値}$$

2. 一階プランの地震及び風に対する必要壁量を求めます。（基準法レベルよりやっかいで、Rf：床面積の上下階比、これを使ったK1,K2、等を求める必要があります。この詳細は3-7節で解説します。）

3. この耐力壁線で一階の床区画を設定し、X方向、Y方向毎の床区画を設定する。（図2-11）

4. X方向、Y方向の床区画の地震、風に関する必要床倍率を計算する。

$$\text{地震に関する必要床倍率} = a \times \text{耐力壁線間距離} \ell \times \text{必要壁量(cm/m}^2\text{)} \times 1/200$$

$$\text{風に関する必要床倍率} = a \times \frac{\text{耐力壁線間距離} \ell}{\text{壁線方向距離 L}} \times \text{風圧力の係数}$$

（aは、床を支える両側耐力壁線の壁が1.の条件を満たしていればa = 1.0とする）

5. X方向、Y方向の床区画の平均存在床倍率を求める。

6. 平均存在床倍率＞必要床倍率ならOK

注意すべきは、2階の床倍率チェックは図2-9の一階平面図で耐力壁線を設定し（図2-10）、その上にある床をチェックすることです。従って、下屋部分を含めての水平構面をチェックすることになります。2階平面図は、その上の屋根構面のチェックに使います。それについては、本書では5〜8章で解説します。このあたりの詳細は、2015年版「木造住宅のための住宅性能表示」（日本住宅・木材技術センター刊）を参考にしてください。

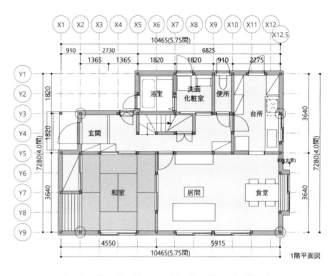

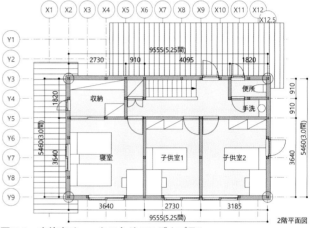

図2-9 床倍率チェックのためのモデルプラン

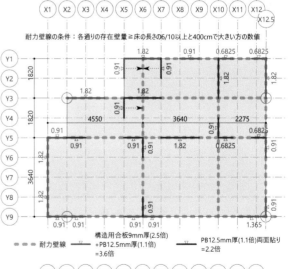

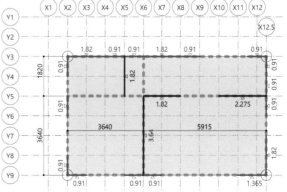

図2-10 耐力壁線による床区画の設定

15 頁の図 2-9 のモデルプラン住宅について、図 2-9 のように耐力壁線を設定し、手順 1 〜 5 によって計算された 2 階床面の必要床倍率を、表 2-2 に示します。一般地の軽い屋根では最大が図 2-11 の Y 方向の D ゾーンで 1.05、このゾーンが一番厳しく、積雪 150cm では、1.72 にもなります。

これに対して、存在床倍率を計算します。図 2-10 の A 〜 F のゾーンで床工法などを想定しながら計算します。2 階の床は剛床ですから床倍率 3 倍になります。しかし、下屋部分は普通火打梁を入れることになります。表 2-3 から、番号 23 の桁 105 角では、負担面積 2.5㎡ 以下で床倍率 0.5 ですから A ゾーンでは床倍率 0.5 になります。また、番号 16 の垂木屋根構面 0.7 も加えると床倍率 1.2 になります。C ゾーンのように下屋と 2 階床が混在するゾーンは、C-1 が 0.5 〜 1.2、C-2 が 3.0 で床長さをかけて平均をとります。床倍率 =（0.5 × 0.91 + 3.0 × 9.555）/10.465 = 2.78 となります。B ゾーンのように階段室があって床構成が異なる場合は、耐力壁線と平行にさらにゾーンを分けて、B-1 と B-2 それぞれで計算し、小さいほうをとります。階段室は当然床倍率 0 です。一番厳しい D ゾーンでは、D-1 〜 D-3 に分かれますが、一番小さいところになりますから当然 D-1 で決まります。ここは最大 1.2 になりますから、一般地の重い屋根 2 等級までしかクリアしません。それ以上の条件では、桁上に合板を張るなどの補強が必要になります。

モデルプランとは異なりますが、図 2-12 のような吹抜けがある場合を検討してみましょう。吹抜けは C、E ゾーンに関係します。C ゾーンは C-1 〜 C-4 の長さによる加重平均になりますから、計算すると 2.06 となります。C-2 と C-4 が十分補っています。E ゾーンは、E1 と E2 に分かれて、当然 E1 のほうが弱いですから、E1 を計算します。ここには、北側の下屋部分と中央の廊下しかありません。下屋部が 1.2、廊下が 3.0 としても

床倍率 =（1.2 × 1.82 + 3.0 × 0.91）/7.28 = 0.675
となり必要床倍率をクリアできません。下屋部を桁上に合板を張って番号 4 の床倍率 1.4 と番号 16 の屋根構面 0.7 を加えて 2.1 とし、廊下の床を認定ビス止めとして床倍率 5.0 とすれば、床倍率 =（2.1 × 1.82 + 5.0 × 0.91）/7.28 = 1.15 となり、一般地重い屋根 2 等級まではクリアすることができそうです。

このように吹抜けは床倍率 0 となるか、火打梁を入れても大きな床倍率は得られませんから、注意が必要となります。建物の幅いっぱいの吹抜けは、床剛性としては不可となる場合も生じてきます。

構造設計事務所任せではなく、たまには自分で計算してみることも必要でしょう。

表 2-2　モデルプラン住宅の 2 階床の必要床倍率

立地 屋根の重さ	構造 等級	二階床面の必要床倍率					
		X方向			Y方向		
		(A)	(B)	(C)	(D)	(E)	(F)
一般地 軽い屋根	2等級	0.445	0.348	0.696	1.050	0.696	0.435
	3等級	0.445	0.418	0.835	1.050	0.835	0.525
一般地 重い屋根	2等級	0.449	0.449	0.897	1.122	0.897	0.561
	3等級	0.534	0.534	1.067	1.334	1.067	0.667
積雪100cm 軽い屋根	2等級	0.494	0.494	0.987	1.234	0.987	0.617
	3等級	0.600	0.600	1.199	1.499	1.199	0.750
積雪150cm 軽い屋根	2等級	0.566	0.566	1.133	1.416	1.133	0.708
	3等級	0.686	0.686	1.372	1.715	1.372	0.858

▨ 風に関する必要壁量が地震よりも大きいため、必要床倍率も風で決まっている。

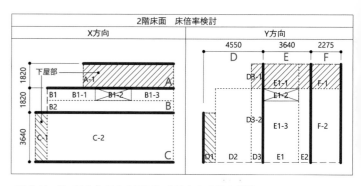

図 2-11　X、Y 方向毎の床区画による存在床倍率検討

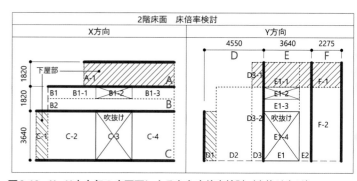

図 2-12　X、Y 方向毎の床区画による存在床倍率検討（吹抜け有り）

表 2-3　品確法による認定床倍率

	番号	水平構面の仕様	床倍率
床構面	1	構造用合板12mm、根太@303 落とし込みN50@150以下	2
	4	構造用合板12mm、根太@455 落とし込みN50@150以下	1.4
	7	構造用合板24mm、根太なし直貼り 4周釘打ちN75@150以下	3
	8	構造用合板24mm、根太なし直貼り 川の字釘打ちN75@150以下	1.2
屋根構面	16	5寸勾配以下、構造用合板9mm以上、垂木@500以下転ばしN50@150以下	0.7
	17	矩勾配以下、構造用合板9mm以上、垂木@500以下転ばしN50@150以下	0.5
火打構面	21	火打ち梁、平均負担面積2.5㎡以下、梁せい240以上	0.8
	22	火打ち梁、平均負担面積2.5㎡以下、梁せい150以上	0.6
	23	火打ち梁、平均負担面積2.5㎡以下、梁せい105以上	0.5
	24	火打ち梁、平均負担面積3.3㎡以下、梁せい240以上	0.48
	25	火打ち梁、平均負担面積3.3㎡以下、梁せい150以上	0.36
	26	火打ち梁、平均負担面積3.3㎡以下、梁せい105以上	0.3
	27	火打ち梁、平均負担面積5.0㎡以下、梁せい240以上	0.24
	28	火打ち梁、平均負担面積5.0㎡以下、梁せい150以上	0.18
	29	火打ち梁、平均負担面積5.0㎡以下、梁せい105以上	0.15

構造用合板24mmは、28mmも可、火打ち梁は、金物、木製（90×90mm）のどちらも同じ

2-4 床断熱工法①〜 32kg/㎥ 80mm 厚 GW ボードはめ込み工法

　大引間に 32kg/㎥ GW ボードをはめ込む工法です。省エネ基準の 4 〜 7 地域の仕様に合わせた厚さ 80mm の商品が用意されています。1 〜 3 地域、及び 4 〜 7 地域の外気に接する床では、同じ GW ボードで 120mm 厚が必要になりますが、この場合は違う工法を採用することも考えられます。

　GW ボードを床合板に密着して施工するために、大引、土台に掛ける金属製の金物（WG フック）が用意されています。又、GW ボードの下面に不織布を全面張りしてこの不織布を大引上面に引っ張り上げ、タッカーで留めるようになった製品もあります。断熱工事が全部床上からできるように考えられた工法です。

　24 〜 28mm の剛床用の合板を、床の水平剛性が確保される工法で張る場合は、フラット 35 の仕様書では、一階床の火打土台を省略することができますから、火打ち土台廻りの断熱施工の面倒がありません。

　構造等級 2 〜 3 等級で求められる床の水平剛性は、一階床では不要になりますが、フラット 35 の仕様で火打ち土台を省略するため貼り方が規定されています。大引に対して直交方向に合板を千鳥に張ります。合板の継ぎ手には合板受けを入れます。このとき、合板受けとして大引と同材を使うことも多いのですが、これは熱橋の面積が 2 倍になるため、あまりおすすめできません。規定では、合板受け材は 45 × 60mm 以上となっていますから、45 × 90 〜 105mm を平に入れます。GW ボードの上面をこの材の分欠き込んで施工します。実付き合板を使うと、合板受け材は省略できます。この工法が一番断熱性能が高くなります。しかし、この本実のジョイント部は、多少の隙間を生じる恐れがありますから、気密テープを張る方が望ましいといえます。（図 2-13）

　表 2-4 に、この工法の U 値を示します。UA 値を計算する際、床の U 値には、0.7 を掛けることになっていますのでその値も示します。

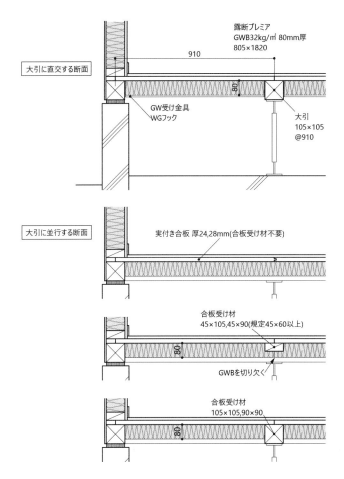

図 2-13　32kg/㎥ 80mm 厚 GW ボードはめ込み工法

表 2-4　32kg/㎥ 80mm 厚 GW ボードはめ込み工法の熱貫流率

商品名	熱伝導率 (W/mK)	厚さ mm	熱貫流率 (W/㎡K)	×0.7 (W/㎡K)
GWボード 32kg相当	0.036	80	0.430	0.301

フローリング12mm厚、剛床28mm厚で計算

2-5　床断熱工法②〜 16kg/㎥ 105mm 厚グラスウールはめ込み工法

　32kg80mm 厚の GW ボードは、大引間にはめ込んでもたわみを生じないだけの剛性がありますが、大引を利用して GW の受け材を渡せば、16kg105mm 厚の HGW でも施工が可能になります。大引の下面に小幅板を打ち付けてこの上に HGW16kg105mm を敷き込みます。製品としては810 × 1370 又は、810mm 巾のロール品がそのまま施工できます。GW ボードより少し性能が悪い HGW16kg でも厚さが厚くなるため、U 値が 16% も小さくなります。小幅板を下から打ち付ける作業が、少しやりにくいですが、コスト的には GW ボード 32kg80mm を施工するのと同程度か、安くなります。

　GW 受け下地の小幅板は@ 455 程度では HGW16kg が多少垂れ下がる恐れがあるため、小幅板の上にタイベックなどの透湿防水シート 1000mm 巾を箱状に敷込み小幅板にタッカーで留め付けます。外壁の土台廻りは、タイベックを土台にも打ち付け、土台の換気スペーサーからの冷たい外気が、グラスウールにあたるのを防ぎます。小幅板を@ 303 程度で施工すれば、HGW16kg の製品で硬めのものなら、タイベックの施工は不要になります。この場合でも外壁の土台付近だけはタイベックを防風シートとして敷き込んだ方が良いようです。（図 2-14）

　表 2-5 に、この工法の U 値を示します。

2-6　床断熱工法③〜金物を使った 32kg/㎥ 50mm 厚 GW ボード付加断熱工法

　剛床工法で、大引き寸法 105mm 以上の断熱厚を実現するには、大引きの下面に付加断熱するしかありません。この断熱材を受ける下地を作る作業はどうしても下からの作業になります。これをできるだけ上からの作業にして施工性を良くするために、大引から下地の木材をぶら下げる金物を工夫した工法です。（図 2-15）50mm 厚の GW ボードで大引下面を覆う付加断熱により、80mmGW ボードの工法のほぼ半分の U 値となります。（表 2-6）

　これにより、床表面温度は平均 1℃ 以上上昇します。

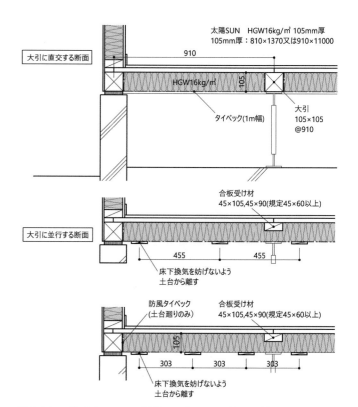

図 2-14　16kg/㎥ 105mm 厚グラスウールはめ込み工法

表 2-5　16kg/㎥ 105mm 厚グラスウールはめ込み工法の熱貫流率

商品名	熱伝導率 (W/mK)	厚さ mm	熱貫流率 (W/㎡K)	×0.7 (W/㎡K)
HGW16kg	0.038	105	0.362	0.253

フローリング12mm厚、剛床28mm厚で計算
GWは大引間の幅に合う製品を選択

表 2-6　HGW16kg105mm ＋ 32kg/㎥ 50mm 厚 GW ボード付加断熱工法の熱貫流率

大引間断熱			付加断熱層			熱貫流率 (W/㎡K)	×0.7 (W/㎡K)
商品名	λ	厚さ	商品名	λ	厚さ		
HGW16kg	0.038	105	GWボード32kg	0.036	50	0.234	0.164
HGW16kg	0.038	105	高性能GWボード32kg	0.035	50	0.232	0.162

フローリング12mm厚、剛床28mm厚で計算
GWは大引間の幅に合う製品を選択

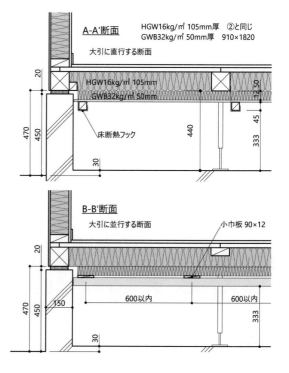

図 2-15　HGW16kg105mm ＋ 32kg/㎥ 50mm 厚 GW ボード付加断熱工法

図 2-16 に大引下の付加断熱工法を構成する下地木材と断熱材の伏図を示します。910 × 1820mm の 50mm 厚 GW ボードを、若干切り詰めてそのまま敷き込むことができます。又土台下換気スペーサー付近は隙間を空けて床下換気を妨げないように納めます。

金物の姿図、工法イメージ、施工手順については、図 2-17 〜 19 に示します。

この工法では、大引下に 45 × 45mm の木材がぶら下がりますから、長期優良住宅で要求される床下のクリアランス 330mm を確保するために、基礎高を GL+450mm としたり、土間コンクリートの高さを若干下げる必要があります。（図 2-15）

（商品名：床断熱フック（日本住環境株式会社））

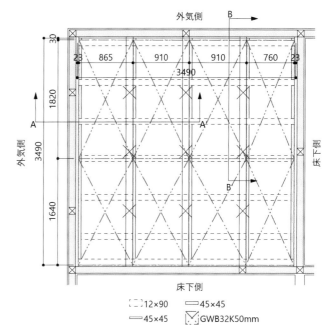

凡例：　□ 12×90　　□ 45×45
　　　　□ 45×45　　⊠ GWB32K50mm

図 2-16　床下地木材、断熱材伏図

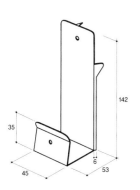

図 2-17　床断熱フック姿図

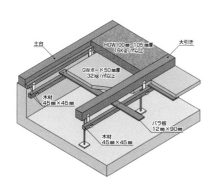

**図 2-18　床断熱フックによる付加断熱工法
　　　　　イメージ**

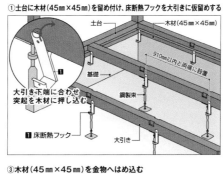

①土台に木材（45㎜×45㎜）を留め付け、床断熱フックを大引きに仮留めする

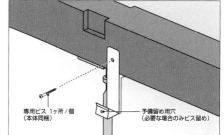

②ビスにて本留めする

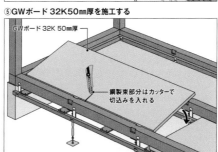

③木材（45㎜×45㎜）を金物へはめ込む

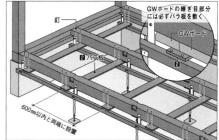

④バラ板（12㎜×90㎜）を敷き、釘留めして下地完成

⑤GWボード 32K50㎜厚を施工する

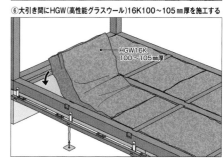

⑥大引き間にHGW（高性能グラスウール）16K100〜105㎜厚を施工する

図 2-19　床断熱フックによる付加断熱工法　施工手順

2-7 床断熱工法④〜 GW ボード 32kg/㎥ 45 〜 50mm 厚付加断熱工法

　大引下の付加断熱下地を、金物などを使わずに構成する工法です。大引下に下地木材を下から留め付ける作業が多くなりますが、施工可能範囲に納まっていると思います。（図 2-20）

　施工手順は
① 　大引下に 45 × 45mm 又は 50 × 45mm の木材を@ 955mm で打ち付けます。
② 　その下面に小幅板を図のように基本は@ 455mm ですが、GW ボードを両端部とその中央で支えるように打ち付けます。
③ 　GW ボードを、基本 910mm 角に切断、大引下に滑り込ませます。基礎に接する部分は GW ボードの寸法は 910mm より短くなります。
④ 　外周基礎周辺は、換気基礎パッキンの床下換気を妨げないように適当な隙間をとります。
⑤ 　外周基礎周辺に、土台から GW ボードに載せるように、L 型に、透湿防水シートをタッカ - 止めします。
⑥ 　大引間に、105mm 厚巾 810mm の HGW16kg をはめ込みます。

　この工法の熱貫流率を表 2-7 に示します。基本的には、2-6 節の金物工法とほぼ同程度の熱貫流率になります。大引下に打ち付ける木材が 45 × 45mm のときは、45mm 厚の GW ボードを使います。GWOS 工法用 GW ボードで、普通の GW ボードより少し性能の高い製品があります。

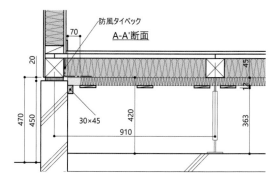

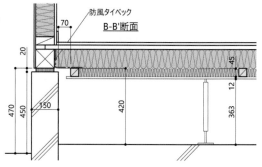

図 2-20 HGW16kg105mm ＋ GW ボード 32kg45 〜 50mm 厚付加断熱工法

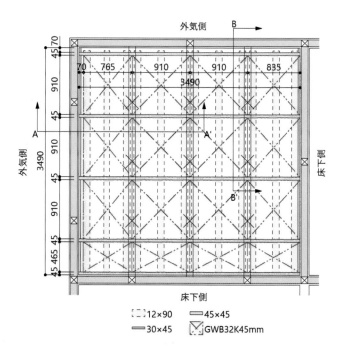

図 2-21 床下地木材、断熱材伏図

表 2-7 HGW16kg105mm ＋ GW ボード 32kg45 〜 50mm 厚付加断熱工法の熱貫流率

大引間断熱			付加断熱層			熱貫流率	×0.7
商品名	λ	厚さ	商品名	λ	厚さ	(W/㎡K)	(W/㎡K)
HGW16kg	0.038	105	高性能GWボード32kg	0.035	45	0.240	0.168
HGW16kg	0.038	105	GWボード32kg	0.036	50	0.234	0.164
HGW16kg	0.038	105	高性能GWボード32kg	0.035	50	0.232	0.162

フローリング12mm厚、剛床28mm厚で計算
GWは大引間の幅に合う製品を選択

2-8 床断熱工法⑤～根太工法による 付加断熱工法

大引上に断熱を付加する工法では、剛床工法の最大の利点である、床のきしみを押さえることができなくなります。大引の上に根太を敷き込むため、ここから生じるきしみを極力抑えるためには、根太の乾燥やビス留めするなどの配慮が必要になります。また、床の水平剛性もとれないと見なされ、フラット35の仕様では、火打ち土台は省略できません。しかし、図のように2×4工法のプラットフォーム工法と同じ構成とし、根太を十分な強度の釘止めとすれば、実際は水平剛性が期待できます。したがって、フラット35以外では火打ち土台は省略しても良いでしょう。また、図では@303mmまたは@455mmの根太配置とし床下地合板を12mmとしていますが、根太を@910mmとして、24mm合板を使えば、床のきしみの原因がより少なくなります。（図2-22）

性能的には、2-6節、2-7節の150mm級工法と、ほぼ同じ熱貫流率が期待できます。（表2-8）

表2-8 45×45mm 根大による付加断熱工法の熱貫流率

大引間断熱			付加断熱層			熱貫流率	×0.7
商品名	λ	厚さ	商品名	λ	厚さ	(W/㎡K)	(W/㎡K)
HGW16kg	0.038	105	HGW16kg	0.038	45	0.261	0.183

・フローリング12mm厚、剛床28mm厚で計算
・GWは大引間及び根太間の幅に合う製品を選択

この工法で、根太を45×90、45×105mmを使えば、200mm級工法も可能になります。このとき、床の強度からすれば、大引は@1820mmとすることも可能ですが、大引間の断熱材を支持することが難しくなるため、@910mmとした方が良いと思います。根太を45×90mm、45×105mm@455mmとすると、GWは、巾425mmしかないため、15mm大きくなります。これは少し大きすぎ、GWを無理にはめ込むと表面にしわが寄ります。45×105mm根太を使って、910mm巾のロール品から切り出す方が良いかもしれません。上と同じように、根太@910mmとして、24mm合板を張る方法もあります。（図2-23、表2-9）

表2-9 45×90～105mm 根太による付加断熱工法の熱貫流率

大引間断熱			付加断熱層			熱貫流率	×0.7
商品名	λ	厚さ	商品名	λ	厚さ	(W/㎡K)	(W/㎡K)
HGW16kg	0.038	105	HGW16kg	0.038	105	0.192	0.134

・フローリング12mm厚、剛床28mm厚で計算
・GWは大引間及び根太間の幅に合う製品を選択

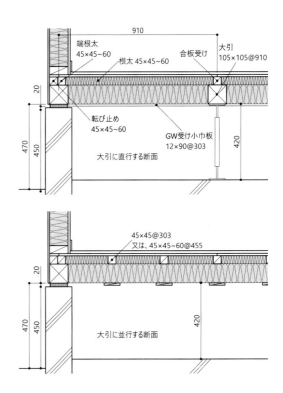

図2-22 45×45mm 根大による付加断熱工法

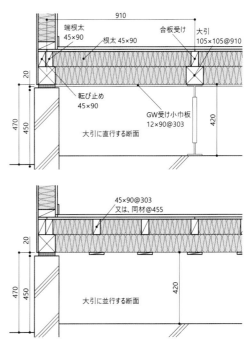

図2-23 45×90～105mm 根太による付加断熱工法

2-9　外気に接する床の断熱施工

　二階床が一階よりせり出した、オーバーハング部分や、一階の車庫などの上になるところでは、二階の床に十分な断熱材を施工する必要があります。この場合、床の下は外気と見なして断熱設計を行います。省エネ基準でもこの外気と接する床については一階の床とは別に断熱厚が定められています。省エネ高断熱住宅では、4〜7地域でもGW210mm程度、1〜3地域ではこれ以上とする必要があります。（図2-24）

　施工上の注意点は、GWの厚さに対応したしっかりした支持下地を作り、GWと床下地合板の間に隙間ができないような施工をすることが重要です。もしここに隙間が生じると、GWの継ぎ目などから冷気が浸入して、二階床表面温度が極端に低下して、寒さの原因となります。

　床下の天井との間にできた空間は、密閉せず、換気口や、換気スリットを設け、換気します。熱貫流率の計算では、GWの外気側の熱伝達抵抗を、外壁通気層と同様の考え方で、0.15㎡K/Wとすることが出来ます。

2-10　玄関廻りの基礎断熱施工

　玄関は、居住空間から仕切られることも多く、その場合玄関戸と玄関土間廻りの断熱が不十分だと、意外に玄関の室温が低下し、玄関戸や玄関土間が多量の結露を生じることになります。

　省エネ基準では、図2-25のように、玄関部と浴室の基礎断熱を省略しても良いことになっていますが、これは極力避けたいことです。

　断熱材を施工することとしても、玄関戸や上がり框、横の壁への立ち上がりとの取り合いで、図2-26のように随所に熱橋が生じてしまいます。玄関の室温低下にはある程度効くが、結露を完全に防ぐことはできません。

　図2-27は、玄関戸と土間モルタルとの間に、靴ズリとして堅木の木材を入れ、上がり框、両側の壁の立ち上がりにも、きちんと断熱施工しています。立ち上がりなどの断熱材を厚くすると納まりがみっともなくなるので、ここは、25〜30mm程度とし、熱損失を押さえるためには、土間コン下の断熱材だけを厚くすると良いと思います。

　見栄え良く納めるにも施工上も、玄関部の基礎断熱は難しいので、この後、2-12節で述べるように、剛床を利用して木床、床断熱とする方法もあります。これにより玄関床廻りからの熱損失を大きく削減でき、結露などのトラブルも全くなくなります。

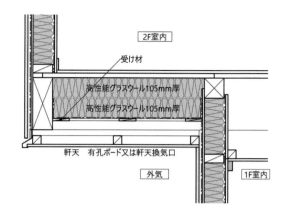

図2-24　外気に接する床の断熱施工

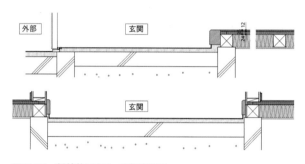

図2-25　断熱施工無しの玄関廻り

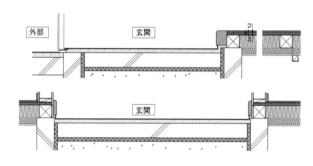

図2-26　断熱施工をしたがモルタルが熱橋になっている例

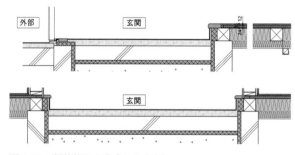

図2-27　断熱施工を完全にした例

2-11　バスユニット廻りの基礎断熱施工

　図 2-28 のように、基礎壁と土間上に断熱材をしっかり施工します。発泡プラスティック断熱材を打ち込んだり、後張りします。後張りする場合は、接着モルタルで空隙ができるので、断熱材の四周は接着モルタルを連続させ、空隙が密閉されるようにします。住宅全体が床断熱なので、基礎には換気土台パッキンが使われると思われますが、ここだけは気密にする必要があります。土台の内側の基礎天端は熱橋になるので、図のように現場発泡ウレタンを施工します。基礎パッキンによる気密がとれないときは、ブチルテープなどで気密処理をした後、ウレタンを吹き付けます。最近はバスタブだけではなく洗い場の床も断熱された製品もあります。この場合は基礎断熱は省略できますが、ここで大事なのはバスユニット四周に渡って、床下から上部に隙間ができないように気密処理をします。基礎断熱をした場合はこの気密処理は不要で、基礎断熱をした方が、バスタブや床の保温効果が高くなります。

2-12　新しい床断熱工法の考え方

　床断熱工法では、玄関の土間廻りの断熱が難しかったり、サニタリーや台所設備配管が床を貫通する箇所で、断熱材のくりぬきや床の気密処理に手間がかかったりします。

　玄関廻りは、ユニバーサルデザインでマンションなどのようにできるだけ段差を少なくする設計をすることも増えてきています。それなら、剛床の厚い合板を利用してコンクリートを使わない設計が十分可能です。こうすれば厚い床断熱が可能になり、基礎が不要になり、大幅にコストダウンします。

　逆にバスユニット廻りは基礎断熱がそれほど難しくはないことを利用して、基礎断熱をサニタリーから台所廻りまで広げると、設備の床貫通箇所の施工がとても容易になります。幸い、サニタリーと台所は設備廻りと言うことで、近くにまとまっていることも多いのです。

　図 2-29 ～ 31 は色々なプランでの基礎断熱部と床断熱部を区分した例です。浴室だけの基礎断熱に比べると面積が大分増えますが、施工は難しくはありません。図 2-31 のように 2 カ所になる場合もあります。この図では、納戸にボイラーを設置することになっています。ここから、台所への給湯配管は、断熱して床下を通します。寒冷地では、床断熱層の中を通すことを検討しても良いと思います。玄関ホールも木床で基礎断熱とすることも出来、この場合はこの床下で配管を通すことが出来ます。

　外側断熱の基礎断熱工法では、ベランダやポーチ、勝手口などの RC 部分と基礎の間に断熱材を入れる必要があり、苦労しますが、床断熱ではこうした面倒なことも無くなります。

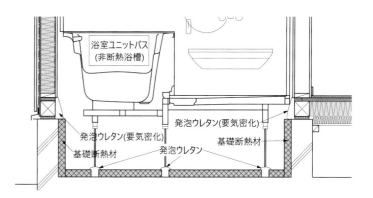

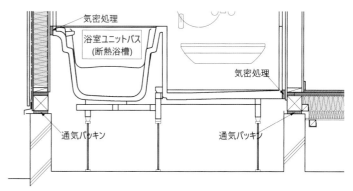

図 2-28　バスユニット廻りの基礎断熱施工

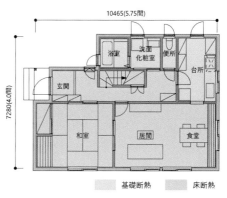

図 2-29　自立循環 120㎡ モデルプランの例

図 2-30　2.5 × 6 間細長プロトタイププランの例

図 2-31　4 × 4 間プロトタイププランの例

日本では、基礎断熱工法は外周部のみを断熱する手法がとられてきました。床下の基礎コンクリートと床下地盤の大きな熱容量を室内の環境に利用しようとしたのです。しかし熱容量の利用はその後あまり行われてきていません。外周部のみの断熱で、比較的コストが安くすむため、床下での設備凍結防止効果から寒冷地では広く普及しています。

しかしこの、外周部のみの断熱は、熱損失が大きくなるという欠点を持っています。表2-10～11に前ページ図2-29の120㎡モデルプランの熱損失を色々な断熱厚さで計算した結果を示します。

温暖地で一般的なPSF50mmの基礎断熱では、布基礎、ベタ基礎ともにスカート断熱をしても基礎全体の熱損失は30W/㎡K以上になりますが、床断熱ではGWボード80mmでも25W/㎡K程度で済みます。ベタ基礎内断熱で土間上全面断熱をして、ようやくHGW105mm床断熱と同じ程度で、150mm級の床断熱はベタ基礎で断熱厚を75mmにした場合よりも良くなります。このように、床断熱の方が熱損失を小さくする上では圧倒的に有利なのです。

これまでの床断熱工法は、玄関部と浴室を基礎断熱にする方法です。それに対して新しい床断熱工法は、玄関部は木床床断熱とし、浴室を含むサニタリー全体、さらにはキッチン、ユーティリティ周りまで広く基礎断熱とします。このスペースの床の断熱材が、基礎の内側にコの字に配置されたようなものです。床の断熱材より基礎断熱の方が薄いため、新しい床断熱の方が熱損失は多少増えますが、配管等の施工が遙かに容易になります。それでも基礎断熱住宅よりはずっと熱損失が小さくなることは、表2-10と表2-11の比較からわかるでしょう。表2-12には、図2-30の2.5×6間細長プロトタイププランの床断熱での比較を示します。表2-11より1階の床面積が小さいため、表2-11よりは熱損失が小さくなっていますが、同じような傾向です。

基礎断熱は熱損失的には不利ですが、床下暖冷房がとても快適で、このために基礎断熱を採用しようという人も少なくありません。この場合、基礎断熱は土間全面断熱が是非とも必要になります。詳しくは7章の基礎断熱の項を参照ください。

■基礎断熱部の施工

前ページのバスユニット部の基礎断熱とほぼ同様です。図2-32では土台廻りの気密を基礎パッキンで行い、土台の断熱を補強する意味もあって、発泡断熱材を土台と基礎上端に貼り付けています。

表2-10　基礎断熱工法住宅の断熱厚さ毎の熱損失比較（自立循環120㎡モデルプラン）

			外スカート450巾	土間下全面
基礎断熱	布基礎外断熱	PSF3種　50mm	31.66	27.38
		PSF3種　75mm	28.58	23.79
		PSF3種　100mm	26.51	21.21
			内スカート450巾	土間上全面
	ベタ基礎内断熱	PSF3種　50mm	34.75	22.13
		PSF3種　75mm	30.28	17.70
		PSF3種　100mm	27.24	14.88
	ベタ基礎両側断熱	60mm×2　全面50mm	16.39	
		60mm×2　全面100mm	14.31	
	ビーズ法 PSF1号	50＋60mm×2 全面100mm	13.05	

表2-11　これまでの床断熱と新しい床断熱工法の熱損失の違い（自立循環120㎡モデルプラン）

			基礎断熱部		
			PSF3種 50mm	PSF3種 75mm	PSF3種 100mm
旧床断熱	床断熱部	GWB32kg 80mm	24.53	23.23	22.24
		HGW16kg105mm	21.57	20.27	19.29
		同上＋GWB32kg50mm	16.01	14.71	13.72
新床断熱	床断熱部	GWB32kg 80mm	24.78	22.68	21.12
		HGW16kg105mm	22.34	20.24	18.68
		同上＋GWB32kg50mm	17.74	15.64	14.08

表2-12　これまでの床断熱と新しい床断熱工法の熱損失の違い（2.5×6間細長プロトタイププランの例）

床断熱部 従来床断熱：43.89㎡ 新床断熱：31.46㎡	基礎断熱部（5.79㎡）従来の床断熱工法 玄関・浴室のみ基礎断熱			基礎断熱部（18.22㎡）新しい床断熱工法 広く水回りを基礎断熱		
	PSF3種 50mm	PSF3種 75mm	PSF3種 100mm	PSF3種 50mm	PSF3種 75mm	PSF3種 100mm
Gwボード32kg 80mm	18.86	17.58	16.63	19.25	17.04	15.39
HGW16kg105mm	16.77	15.49	14.54	17.75	15.54	13.90
HGW16kg105mm＋GWボード32kg50mm	12.83	11.56	10.61	14.93	12.72	11.08

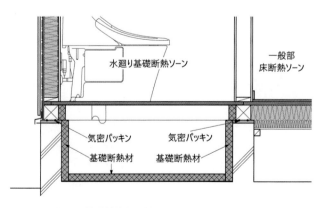

図2-32　水回り基礎断熱部の施工

■床断熱による木床玄関部

床断熱による木床玄関部の設計例を、図2-33に示します。玄関戸は最近大手サッシメーカーからも熱性能の高い玄関戸が販売されています。その多くは、コンクリート基礎の上に設置することを想定しているようで、土台の上に設置して玄関土間を木床の上に作るには、工夫が必要です。上図は、下枠立ち上がりが小さい木製サッシの例です。床仕上げは、家庭用タイルカーペットを使っています。ぬれたり泥が付いても乾けば掃除機できれいになります。交換も容易で、このような玄関は住んでみると意外に快適です。ビル用のタイルカーペットは、厚い樹脂が裏打ちされ、目地部から水がしみこむと乾きにくく、合板が腐る恐れがあります。水を気にする人は歩行用クッションフロアを仕上げに使います。

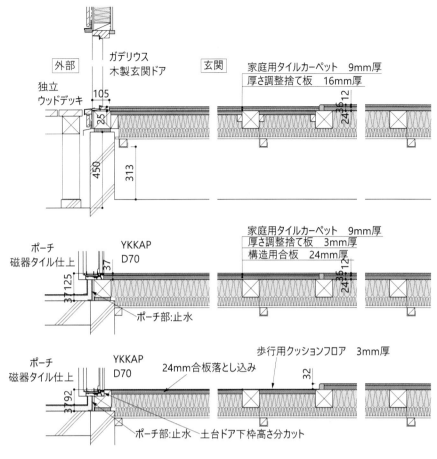

図2-33 木床玄関部の設計例

第3章

外壁の断熱工法とその施工

3. 外壁の断熱工法とその施工

3-1 外壁の断熱工法の概要

外壁の構成は、これまでの一般的な在来木造構法から大きく変わります。

1) 筋交いは基本的に設置しません。
2) 石膏ボードを 12.5mm 厚のものを使うので、胴縁は施工しません。
3) 外側は耐力面材として構造用合板などを必ず施工します。
4) この耐力面材が気密層となるため、室内側の気密シートは不要になります。しかし防湿層は必要です。
5) 外側の構造用合板や内側の石膏ボードの継ぎ目には、45 × 105mm の下地木材が必要になります。したがって間柱は、柱間で 910mm 毎に 45mm 厚となります。石膏ボードを上下でつなぐ場合も同様です。

こうした構成の外壁を造ると、断熱材の施工はとても容易になります。高性能グラスウールは、繊維の径が細く、その分これまでの普通グラスウールに比べて繊維の量が約4倍もあり、これらが相互に接着されるため、剛性・弾力性がとても高くなります。また、近年は木材がプレーナー掛けされているため、表面がなめらかで、グラスウールはとてもスムーズに施工できます。このほかのいくつかの注意点を守れば、断熱性・気密性の非常に高い外壁を造ることができます。

住宅の断熱材が施工される床、壁、天井の中で、普通の住宅では外壁の面積が一番大きくなります。天井は省エネ基準で壁の 2 倍程度の 200 ～ 300mm 程度の断熱厚さが設定されています。床の熱貫流率には、床下の温度が外気より高くなることを考慮して、0.7 倍の係数を掛けます。これは床の断熱材の厚さを 1.4 倍に見なしていることになり、105mm ならほぼ 150mm に相当します。外壁で、壁一杯の 105mm の断熱で設計することは、一番面積の大きい部位を一番薄い断熱で構成していることになります。従って、外壁の断熱材を更に厚くすることは、省エネ効果を得るためには、他の部位よりとても一番効率が良く、その効果も大きいのです。一方で外壁の断熱厚さを増やすためには、ほかの部位よりもコストがかかります。そのためには、この付加断熱をスムーズに施工でき、コストが安くなる工法を習得することが大事です。

本章では、柱の太さを超えて断熱する付加断熱工法について詳しく解説します。

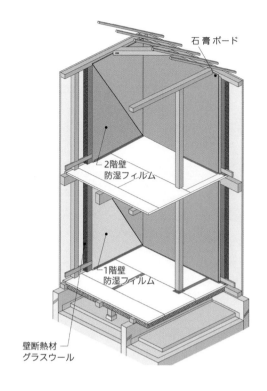

表 3-1 外壁断熱工法に用いられるグラスウール製品

パラマウント硝子工業株式会社

商品名	密度	寸法(mm)			入数	施工面積	熱伝導率	設計価格
	kg/㎥	厚さ	幅	長さ	枚	坪	W/mK	円/坪
SUN	高性能16	105	390	2,740	8	≒3.3	0.038	¥6,300
			425					
			910	11,000	1	≒3.0		¥5,400
		50	410	2,740	16	≒6.0		¥3,000
			910	22000	1			
SUNR (SRJ)	高性能20	105	390	2,740	6	≒2.2	0.035	¥8,400
			425					
SUNR (SRG)	高性能38	53	390	1,370	12	≒2.2	0.032	¥8,000
			425					
SUNボード	高性能32	50	910	1,820	5	≒2.5	0.035	¥6,000
		45						¥5,400
		45	410	1,820	10			¥5,400

北海道在庫品

旭ファイバーグラス株式会社

商品名	密度	寸法(mm)			入数	施工面積	熱伝導率	設計価格
	kg/㎥	厚さ	幅	長さ	枚	坪	W/mK	円/坪
アクリアウール	高性能16	105	395	2,740	8	≒3.3	0.038	¥7,520
			425					
アクリアウールα	高性能20	105	395	1,370	12	≒2.2	0.034	¥8,750
			425					
アクリアウールα	高性能36	105	390	1,370	6	≒1.1	0.032	¥9,700
			425					
アクリアウール	高性能16	50	910	22,000	1	≒6.0	0.038	¥3,580
		105		11,000		≒3.0		¥7,510
アクリアジオス	高性能32	45	410	1,820	10	≒2.5	0.035	¥7,240

マグ・イゾベール株式会社

商品名	密度	寸法(mm)			入数	施工面積	熱伝導率	設計価格
	kg/㎥	厚さ	幅	長さ	枚	坪	W/mK	円/坪
コンフォート	高性能16	105	395	2,740	8	≒3.0	0.038	¥6,200
			425					
	高性能24	105	395	2,740	6	≒2.2	0.035	¥9,900
			425					
	高性能28	105	390	1,370	6	≒2.2	0.033	¥12,000
			425					
	高性能16	50	910	22,000	1	≒6.0	0.038	¥2,900
		105		11,000		≒3.0		¥6,200
付加断ボード	高性能32	45	410	1,820	10	≒2.5	0.035	¥5,500

3-2　外壁の気密・防湿施工

1. 合板等の耐力面材目地部の気密化

　柱、間柱などを乾燥材や集成材を使う場合には、面材は基本的には釘でしっかり留め付けられ、その後の木材の乾燥収縮も少ないと予想されるので、気密化の処理は不要です。特に105mm断熱で、面材の外側に透湿防水シートを張り、更に通気胴縁で押さえますから、面材目地部からの漏気は、ほとんどないと考えられます。しかし、特に高い気密性能の住宅を目指し、その高い気密性能が長期にわたって保持することを目指す場合は、この面材目地部に気密処理をすることは効果があると思われます。その場合は、目地部に気密防水テープを貼る方法と、面材を打ち付ける前に、目地がくる柱や間柱に気密パッキンを貼る方法があります。（図3-1）

　防水テープを張る場合、縦横の目地部及び合板の最下端部、最上端部に、気密テープを貼り、その後ローラーでしっかり押さえます。サッシ廻りも同様に防水テープで処理すれば、透湿防水シートは、特に張る必要はなくなります。合板などの面材が特に吸水率の高いもので無ければ、防水層として働きます。多少ぬれても、通気層で速やかに乾くので十分でしょう。

　気密パッキンは薄いものでよく、厚さ1～2mm程度、幅20～30mmのもので十分です、面材の継目は突き付けですから、面材に10mm程度かかればよいのです。

2. 防湿層の施工

　外壁の防湿層は、高断熱住宅の施工で使われてきた防湿気密シートのような厚いシートを使う必要はありません。もっと薄いシートでもよく、防湿層付きの袋入り断熱材でも構わないのです。

　しかし、裸のGWを施工するのであれば、どうせ別に防湿シートを張ることになるから、厚手の防湿気密シートを使う方が、シートがしっかりしているため施工性が良く、施工精度も良くなります。外側の面材の気密性を補助する意味からも、従来の防湿気密シートの張り方に準じて張る人も多いようです。（図3-2）

　この意味から要注意なのは、付け胴縁を使う工法です。従来のシート気密工法で、柱の内側に胴縁を面付けして、ここを電気の配線や薄型コンセントボックスを使う工法が見られました。気密層である気密シートに穴を開けることなく施工できるのがメリットでした。この際注意すべきは、シートの重ね目は必ず縦に胴縁を入れて押さえる必要があります。防湿層の施工についても同様で、シートの端部や重ね目を木材などで押さえる必要があります。

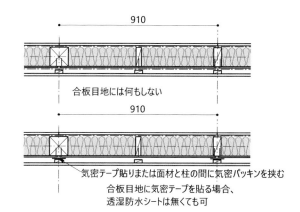

合板目地には何もしない

気密テープ貼りまたは面材と柱の間に気密パッキンを挟む
合板目地に気密テープを貼る場合、
透湿防水シートは無くても可

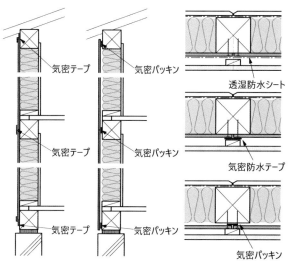

図3-1　耐力面材気密層の気密施工

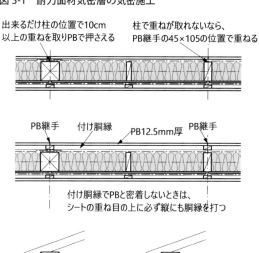

出来るだけ柱の位置で10cm
以上の重ねを取りPBで押さえる

柱で重ねが取れないなら、
PB継手の45×105の位置で重ねる

PB継手　付け胴縁　PB12.5mm厚　PB継手

付け胴縁でPBと密着しないときは、
シートの重ね目の上に必ず縦にも胴縁を打つ

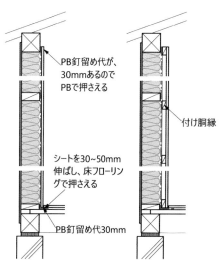

PB釘留め代が、
30mmあるので
PBで押さえる

付け胴縁

シートを30～50mm
伸ばし、床フローリングで押さえる

PB釘留め代30mm

図3-2　外壁の防湿層の施工

室内側から見て、外壁の入り隅部と間仕切り壁との交差部では、図3-3のようにボード受け材の寸法に注意する必要があります。GWS工法では、室内の12.5mm厚石膏ボードを耐力面材として張っています。この要件として、石膏ボードの張り代を30mm確保する必要があります。この部位では石膏ボードが交差するため後から張る石膏ボードは、先に張った石膏ボードの厚みも考慮して下地木材を大きくしておく必要があるのです。先に張る石膏ボードの受け材は30mm厚で良いが、後から張る方の受け材は45mm程度必要になります。後先を問わず張るためには、どちらも45mmのボード受け材を打ち付けておく方が良さそうです。防湿層の施工としても、このようにしっかりした下地を造って、この木材の箇所で重ねをとったり、しっかり木材に挟み付けることによって気密性を補助的に向上させたり、確実な防湿性が得られます。

3. 袋入りHGWを外壁に施工することもできる

外壁の防湿層が、気密層の役割を担わなくなり、ある程度の簡易な施工が可能になったことで、外壁の断熱材には、袋入り（耳付き）GWの施工も可能になりました。

高性能GW16kg（HGW16kg）が袋に入った製品なら、熱伝導率も同じで高性能住宅の施工に十分使えます。これまでのように、壁に筋交いや胴縁が設置された状態では、袋入りGWはいい加減な欠陥施工しかできませんでしたが、GWS工法ではこうした部材がなくなり、精度の高い施工が可能になりました。

袋入りのHGWは、四周に30mm以上の耳が付いていて、これを上下左右の木枠にかぶせ、間柱では耳を重ね合わせます。長さ方向はカットする場合は、図3-4のように、片側20mm程度長くカットし、GWを袋の中に押し込むようにして、20mmの耳を作って施工します。

図3-5のような入り隅部は端部の袋を切り込み、内側の防湿シートを剥がし、GWを押し込む施工をします。図3-6のように天井貫など中間に木材がある場合は、防湿シートを大きく剥がし施工します。このように多少面倒な部位もありますが、袋入りHGW16kgを使うことで、防湿シート貼り工事が不要になります。

防湿シートを外側の面材気密層を補助して、気密シートと同様な施工をする場合は、裸のGWを施工した方が、遥かに簡単になります。

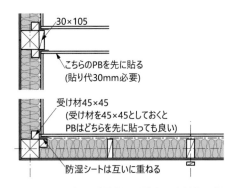

図3-3 入り隅部及び間仕切り壁との交差部の施工

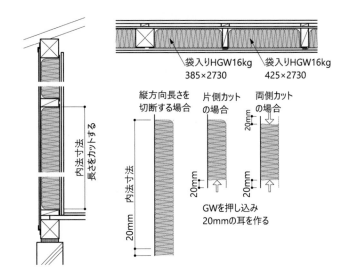

図3-4 袋入りHGWの施工と長さ方向の切り詰め

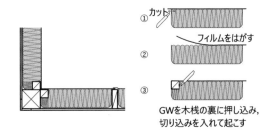

図3-5 袋入りGWの入り隅部の施工

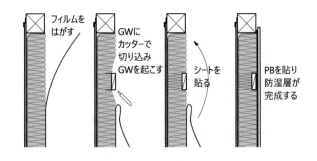

図3-6 袋入りGWの室内側に木桟がある場合の施工

3-3　外壁の断熱材の施工

　壁にはめ込む HGW16kg の製品は、普通品の GW10kg や 16kg の製品に比べて、弾力性、剛性が遙かに高いため、施工は容易です。間柱などの木枠も今ではプレーナー掛けしてあり、スムーズにはめ込むことができます。ただし、軽くはめ込み室内側の面を平らになるように押し込んだだけでは、端部で奥に空隙ができることがあります。端部を奥までしっかり押し込み、その後、GW の両端部をドライバーや長い釘などで起こし、室内面が平らになるように施工します。（図 3-7）

　GWS 工法では、胴縁は省略するため、あまり多くはありませんが、図 3-8 や図 3-9 の右のように壁空洞部の室内側に木下地があるときは、GW を圧縮して押し込み、へこんだ GW と木下地との境界にカッターで切り込みを入れます。その後、引っ込んだ GW をドライバーや長い釘で表面が平らになるように起こします。図 3-9 の入り隅部のようなところで、図の左のように間柱材を使うことが良くありますが、こうすると木部の熱橋が増えるだけでなく、GW の既製品の寸法と合わなくなり、GW を幅詰めする必要が生じるので右図のように納めた方がよいようです。

■ GW の切断

　GW の切断は普通定規を当ててカッターで切断します。

　この際、カッターの刃が短いので、定規で GW を圧縮して切断するのですが、切断面を直角に切るのは意外に難しいようです。図 3-10 の充電式レシプロソーを用意して、GW 切断用の刃を取り付けて、これで切断すると、GW をあまり押し込まずにきれいに切断できます。専用の刃は、ウルトジャパン、マキタなどで販売されています。厚い GW に対応する刃もあります。

　HGW16kg の製品には幅 810、910mm、厚さ 50mm、105mm のロールになった製品があります。これは付加断熱で使用されますが、これを定尺に切る台を現場で工夫して作ると、作業の効率が上がります。GW のロールを部屋の隅に置いて、そのそばにこの台を設置し、GW をこの台の上に引っ張り、定尺に切るための治具を台に取り付けてあれば良いだけです。窓の横など、GW の巾が既製品と全く合わない箇所も、このロール品から切り出せば簡単です。

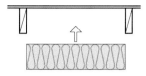
GW ははめ込む木枠の内法寸法と同じか数ミリ大きくカットする

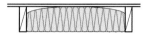
表面を平らになるようにはめ込むだけでは上下左右の奥の隅まで入らないことが多い

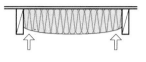
端部を置くまで押し込んだ後ドライバーや長い釘などをさして表面が平らになるように起こす

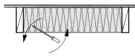

図 3-7　外壁の断熱材のはめ込み施工

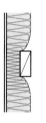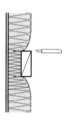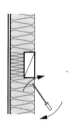
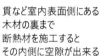

貫など室内表面側にある木材の裏まで断熱材を施工するとその内側に空隙が出来る

カッターで GW に切り込みを入れる

GW を起こして表面を平らにする

図 3-8　壁の室内側に木桟がある場合の施工

こうすると GW の寸法が合わず幅を詰める必要を生じ、木材のヒートブリッジが大きくなる

図 3-9　入り隅部などの納め方

図 3-10　GW 切断用レシプロソー

3-4 ダクトなどの外壁貫通部の施工

外壁では、色々な設備的な配管が貫通します。第3種換気の換気扇からの排気ダクトと室内自然吸気口、熱交換換気であれば換気扇の給気ダクトと排気ダクト、台所のレンジフードの排気ダクトや、トイレ、浴室の排気ダクト、エアコンの冷媒配管のスリーブ、電気の引き込み、FFストーブやボイラーの吸排気煙突のスリーブなど、多種多様な配管が貫通します。

この中で、換気系の穴は直径がある程度決まってVU管を使うことが多いので、図3-11のような部材をあらかじめ作っておくと簡単です。この部材を外壁の所定の場所に取り付け、GWの施工後室内側は防湿シートを木枠真ん中あたりで四角く切り抜き、テープで留めます。外側の透湿シートについても同様の施工をします。

この貫通孔は、基本的には、2-2-4項で解説した床の貫通部と同じように納められますから、ダクトを壁に取り付けやすくする四角のフランジ付きのダクト部材や等を使って、ゴムシートなどで気密に納める方法もあります。

また、電気の幹線の引き込みも、太い電線が貫通します。特にオール電化住宅では太くなりますから、この引き込み箇所が気密層を貫通する場合、太い電線を束ねてしまうと気密化が難しいので、いくつかに分けるなどの配慮が必要です。

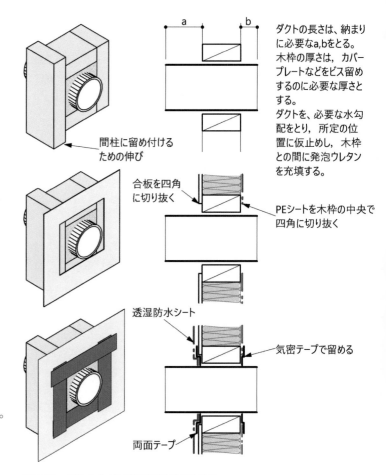

ダクトの長さは、納まりに必要なa,bをとる。
木枠の厚さは、カバープレートなどをビス留めするのに必要な厚さとする。
ダクトを、必要な水勾配をとり、所定の位置に仮止めし、木枠との間に発泡ウレタンを充填する。

間柱に留め付けるための伸び

合板を四角に切り抜く

PEシートを木枠の中央で四角に切り抜く

透湿防水シート

気密テープで留める

両面テープ

図3-11　ダクトなどの外壁貫通部の納め方

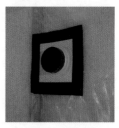

図3-12　ダクトなどの外壁貫通部の納め方〜実例写真

3-5　コンセントボックス廻りの気密化

これまでのシート気密工法では、防湿シートが気密層で、これにコンセントの穴を開けると気密層に穴が空くことになり、色々問題が生じました。極端には、壁の外側には透湿防水シートしかなく、気密にはなっていませんから、コンセントの穴から外気に直接室内の空気が抜けてしまうこともあったわけです。

GWS 工法では、外壁は、外側の構造用面材が気密層になっていますから、コンセントの穴はこれまでとは異なる働きをすることになります。基本的には、壁は外側は構造用面材で気密化され、室内側も石膏ボードで隙間なく張られています。壁の上下も気流止めによって密閉されています。ここにコンセントを設けると穴が空くわけですが、この穴一カ所だとコンセントの隙間から壁内に空気は入っていきません。ところが、コンセントには必ず電気配線が行われ、この通線の穴が上部の気流止めなどに開けられると、空気が流れ出します。（図 3-13）

したがって、この上部の通線廻りの隙間を塞ぐことが重要になります。上部の隙間を塞げば気流は生じませんから、コンセントのわずかの隙間は、カバーを付けなくても、住宅の気密性は変わらなく、ここから浸入する水蒸気の量はわずかですから、外壁などでも内部結露はほとんど生じません。

図 3-14 に外壁の場合を示します。電線が気密層を破らない場合は、上部の穴を処理しなくてもあまり大きな問題は生じないのですが、やはりGW の中に気流は生じますから上部のシールをした方が良いと思われます。

図 3-15 には間仕切りの場合を示します。間仕切り壁では、上部に二階がある場合、電線の穴は何も処理する必要はありません。平屋部分や二階の間仕切り壁は、上部で気流止めを貫通し気密層を破りますから、シールする必要があります。

ここでも、高い気密性を目指すなら従来通り、外壁に限ってコンセントカバーを設置することは悪いことではないでしょう。この設置法は販売各社の施工法に従ってください。

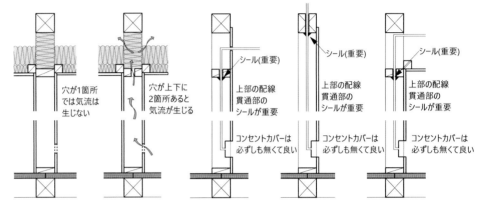

コンセントと配線による壁内気流の発生　　　壁内に気流を生じさせない施工

図 3-13　コンセントによる壁内気流の発生とその対処

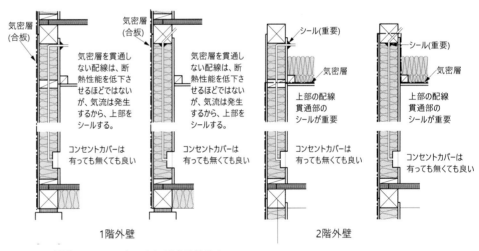

1階外壁　　　　　　　　　　　　　2階外壁

図 3-14　外壁のコンセントの穴に対する納め方

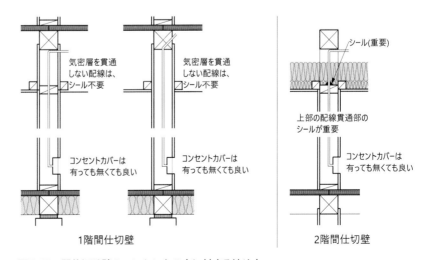

1階間仕切壁　　　　　　　　　　　2階間仕切壁

図 3-15　間仕切り壁のコンセントの穴に対する納め方

3-6 合理的な躯体設計のための階高の検討

在来木造構法では、2×4工法のように標準的な階高はなく、2階の床構造によってはふところの寸法が大きく変わります。

しかし、最近在来木造構法も色々変わってきました。床梁に集成材が使うことが多くなり、集成材は強度が高いため梁せいが低くなります。また、剛床工法により2階の床梁も@910mmの設計をすると、更に梁せいが低くなります。これにより、階高が小さくなると、階段の段数が少なくて済み、何より大きなコストダウンが可能になります。一方で、2階にもトイレを設置することが普通になり、2階に風呂を設置したりすると配管スペースが必要になった

り、換気ダクトを設置する必要が生じたりします。このあたりは、設計で工夫して階高を小さくすることができる場合もあります。

これまでは、壁に石膏ボードを張ることは当たり前でも、天井ふところの中の壁に石膏ボードを張ることはしませんでしたが、外壁の防火構造上は、ここにも張る必要があり、自治体によっては厳格に指摘しているところもあります。

GWS工法では、石膏ボードを外壁は全て桁まで張り上げ、気流止めやファイアーストップとして利用しています。こうすると、石膏ボードの寸法と、階高、天井高が関係してきて、合理的な階高が想定されるようになります。

1. 標準工法（階高自由）

階高が自由に設定できる標準的な工法です。外周壁、間仕切り壁の全ての壁に天井下地下面の位置に45×105の木材を柱間に入れます。石膏ボードは、3×8尺（910×2,420mm）を使って床から張り上げます。

45×105の木材の芯が石膏ボードの継ぎ目の位置になります。天井ふところの高さは、階高によって異なりますが、ここの石膏ボードは、外壁は全部、間仕切り壁は必要に応じて、3×8尺の石膏ボードから切り出して張ります。これで、現場に入れる石膏ボードは全て3×8尺でまかなえます。

この結果、天井高さは、2395.5mmという中途半端な寸法になります。床のフローリングが15mm厚だと更に3mm低くなります。天井高は2400mmが標準ですが、マイナス10mm以内に収まっていますからあまり問題は無いと考えます。きちんと2400mmにしたければ、天井下地を少しあげることで解決します。図3-17の左図に4.5mm上げた例を示します。図でわかる通り、間仕切り壁のふところ部に石膏ボードを張らないところで上げた分の隙間が生じ、これが省令準耐火の仕様で問題になるかもしれません。

天井下地を石膏ボードの厚み分12.5mm上げるとこの隙間は解消します。天井高は2400mmより若干高くなります。収納間仕切りやその他の部品が天井高が2400mmぴったりでなくても収まるようにできていますから、天井高はこれらの寸法でもほとんど問題は生じません。

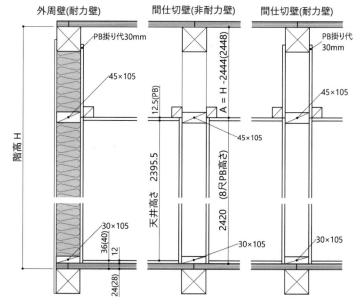

図3-16　階高自由の標準工法

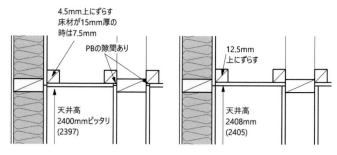

図3-17　階高を2400mm以上にする方法

2．一般的な階高（2850mm）での応用例

　一般的に、在来木造住宅は階高 2,850mm 前後で設計されることが多いと聞きます。この寸法では、石膏ボードの 3 × 9（910 × 2730mm）で桁まで張り上げようとすると、わずかに寸法が足りません。石膏ボードが耐力面材として効くためには、桁への打ち付け代が 30mm 必要です。この場合は図 3-18 のように受け材を桁に打ち付ける方法があります。これで、外壁と耐力壁となる間仕切り壁は 9 尺のボードをノーカットで施工し、天井まで張る間仕切り壁は 8 尺を使って石膏ボードの長さについてはほとんどノーカット施工が可能になります。
（図 3-18）

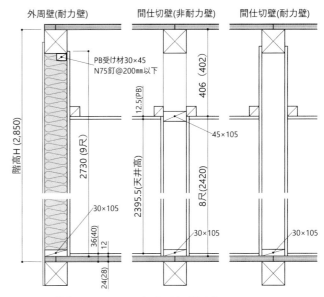

図 3-18　階高 2850mm の石膏ボードの張り方

3．階高 2829mm で石膏ボード　ノーカット施工が可能になる

　階高を、細かくなりますが床合板 24mm の時 2,829mm、床合板 28mm の時は 2,833mm とすると完全に 9 尺のボードでノーカット施工が可能になります。このときの天井ふところの寸法が 385mm ですから、集成梁を＠ 910mm で設計すれば十分な高さです。耐力壁で横架材までボードを張り上げる場合、ここも 9 尺ボードが張れるのですが、柱間の 45 × 105 の気流止め兼ファイアーストップ材を間仕切り壁には全て入れ、外壁には不要とした方が間違いがなくなります。（図 3-19）

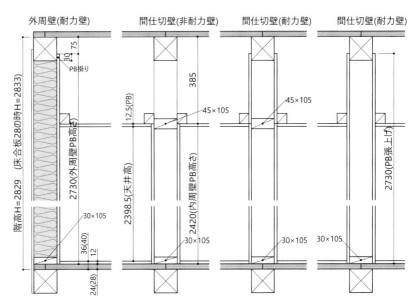

図 3-19　階高を 2829mm で、9 尺ノーカット工法になる

4．階高 3129mm で石膏ボード　ノーカット施工で天井高 9 尺

　階高を 3,129mm または 3,133mm とすれば、10 尺ボードでノーカットで 9 尺天井高が実現できます。しかし、10 尺ボードはとても重く作業が大変ですから、1．の標準工法で施工した方がよいかもしれません。（図 3-20）

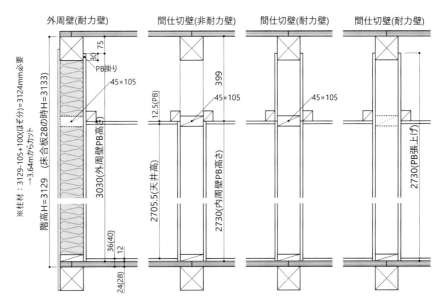

図 3-20　10 尺高さの石膏ボードで 9 尺天井高をノーカット工法で実現

35

5. 全て8尺ボードノーカット施工のローコスト・コンパクト住宅向け

　全てを3×8PBをノーカットで施工する階高最小のパターンは、図3-21のようになります。梁表しとして、床合板をそのまま天井とすることもできますが、図のように木桟を入れ、石膏ボードを張ることで住宅の耐火性を高めることもできます。木桟の間にはGWを充填することで、2階からの床遮音性が高くなります。JBNの真壁省令準耐火仕様[*1]を使えば、梁だけを4寸幅として天井石膏ボードを12.5mmとして省令準耐火と認められます。もちろん梁に石膏ボードを張ってもよいのですが、クロス仕上げとなりデザイン的にはもう一つという感じです。

　この階高では、一般の設計よりもかなり階高が低くなり、階段の蹴上げ194mmで13段で済むため、1820×1820mmのスペースで階段の設置が可能となり、コンパクト住宅では設計がし易くなります。

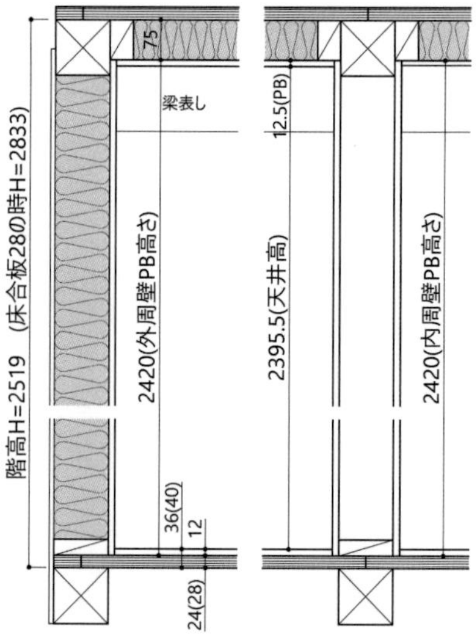

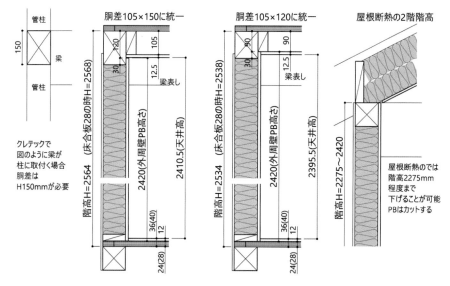

図3-21　階高最小のローコストコパクト住宅向けの工法

6. 桁寸法を上げて、クレテック施工を可能に、またダウンライトも天井に内蔵

　図3-21の工法を、胴差し、頭つなぎの高さを、120〜150mmとすれば床と天井のふところに余裕が生まれ、ダウンライトなどの照明器具も入ります。

　クレテックを使う場合、胴差しとその下の柱で大きな梁を受け、更にその上に管柱が立つ場合、胴差しの背が150mm必要になります。（図3-22）

図3-22　10尺高さの石膏ボードで9尺天井高をノーカット工法で実現

＊1：一般社団法人JBN・全国工務店協会が住宅金融支援機構の認定で真壁造で省令準耐火構造の仕様がある。

3-7 耐力壁の壁倍率と必要壁量の計算

GWS 工法では、筋交いを使わず。構造耐力面材を張ります。地震時や強風時に建物には繰り返し強い力が働きます。それに対抗するのが筋交いの役目だったのですが、筋交いをきちんと働かせるために、今では筋交い金物やV字プレートなど色々な金物で補強が必要です。外力はこの金物のところに集中し、それに対して木材の材質、強度には部位によってばらつきがありますから、耐えられないこともあります。

それに比べて、面材を多数の釘やビスを止めて形成する耐力壁は、力が余り集中せず全体で受けますから、木材のばらつきの影響を受けにくく、安全と言われています。

耐力壁の強度を壁倍率で表しますが、表 3-2 は代表的な耐力面材と釘の打ち方による壁倍率を表します。

筋交いは 45 × 90mm を 1 本入れて壁倍率 2.0、たすきに 2 本入れれば 4.0 となります。筋交いがたすきに入った壁の断熱材充填は非常にやっかいでした。9mm 合板張りの壁は普通、壁倍率 2.5 で筋交い 1 本よりは強く2 本よりは弱いのですが、室内面の石膏ボード 0.9 〜 1.1を加えると約 3.5 とかなり近づきます。

図 3-23 に壁に面材を張るときの釘ピッチによる違いを示します。釘ピッチ 75mm になるとかなり細かく、釘の本数も 2 倍になります。しかし倍率 3.7 倍となり、石膏ボードと併せて限度一杯の 5.0 に近くなります。住宅の隅角部にはこうした壁倍率の高い耐力壁を造り、一般部は 3.6 倍にするというような使い方があります。また、間仕切り壁は普通は両面石膏ボードで壁倍率 2.2 倍になりますが、この倍率を上げる必要があるときは、構造用合板を張り合わせます。これで壁倍率は 4.7 倍になります。壁厚を変えたくないときは、合板を真壁納まりのように張り、柱と同面にに張ります。こうすると合板の壁倍率は 3.3 倍になり、石膏ボードと合わせて 5.0 倍以上になります。耐火性能上石膏ボードを省略する方法は避けた方が良いと思います。

構造用面材を外壁の外側に張る工法は、阪神大震災以来急速に日本中に普及しました。この工法では壁倍率 2.5 倍で、壁量が不足するためか、殆どの住宅で筋交いと併用しています。認定ビス留めの石膏ボード、壁倍率 1.1 倍が加わることで、本当に筋交いが不要になるかを、実際の住宅でチェックする必要があります。次頁で、モデルプランで基準法および構造等級 2 〜 3 等級に対して壁量チェックをしてみます。

表 3-2　在来木造構法の色々な耐力壁面材と壁倍率

耐力面材名	厚さ (mm)	面材の留め方			壁倍率	メーカー
		釘の種類	釘間隔(mm) 外周	釘間隔(mm) 中通り		
構造用合板	9	N50	150	200	2.5	合板メーカー各社
	9	CN50	75	150	3.7	
	12	CN50	100	200	3.1	
	12	CN50	75	200	3.8	
	12	CN65	100	200	4.0	
	24	CN75	100	−	5.0	間柱無し
	9〜12	各種認定ビス	認定によって異なる			
OSB	9	N50	150	200	2.5	APA
	9	CN50	100	200	3.2	
	9	CN50	75	150	4.1	
ダイライトMS	9	N50	100	200	2.5	大建工業
	12	SF50	100	200	3.0	
モイスTM	10	N50	125	250	2.5	三菱商事建材
	10	N50	100	200	2.7	
	10	CN50	75	150	3.8	
ハイベストウッド	9	N50/CN50	100	200	2.5	ノダ
	9	CN65	100	200	4.0	
石膏ボード 大壁床勝ち	12.5	GNF40	150	150	0.9	認定ビス使用
	12.5	各種ビス	150	150	1.1 (1.0〜1.2)	
筋交い (参考)	厚さ30mm幅90mmの木材				1.5	建築基準法
	厚さ45mm幅90mmの木材				2.0	
	90×90mmの木材				3.0	

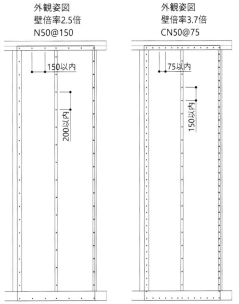

外観姿図
壁倍率2.5倍
N50@150

外観姿図
壁倍率3.7倍
CN50@75

内観姿図
壁倍率1.1倍
石膏ボード認定ビス止め

図 3-23　耐力壁面材を張った耐力壁の展開図

37

■性能表示の必要壁量計算

　建築基準法での必要壁量の計算は簡単で、地震力に対しては床面積に建物に応じた係数を掛けるだけです。風に対しては、X方向、Y方向の見付け面積にやはり係数を掛けます。しかし、性能表示の2～3等級の必要壁量の計算は少し難しくなります。

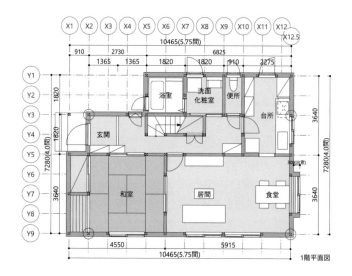

1. 壁量計算用床面積を求める。

　2-3章の床倍率チェックで使ったモデルプランで説明します。性能表示では、壁量計算に使う床面積は、建築基準法上の床面積とは異なり、一階の床面積は二階床レベルの外周横架材で囲まれた面積とします（S1）。具体的には、オーバーハング部、二階吹き抜け玄関ポーチなどを含め、バルコニーは0.4倍で加えます。二階は小屋レベルでの外周横架材で囲まれた面積です（S2）。この上に小屋裏物置などがあり基準法上の床面積にカウントされる場合は、その分も加えます。図3-24では一階は、一階の床面積＋玄関ポーチで67.90＋1.65=69.55㎡、二階は、床面積そのままで52.17㎡になります。なお、バルコニーがある場合はその0.4倍を一階の面積に加えます。

2. 地震に関する必要壁量計算式（表3-3）

　まず最初に、計算式の中に出てくるいくつかの係数を計算します。係数は以下として、計算式は表3-3のようになります。

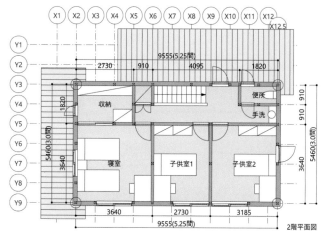

図 3-24　壁量チェックを行うモデルプラン

$$Rf = \frac{\text{二階壁量計算用床面積（S2）}}{\text{一階壁量計算用床面積（S1）}}$$

$K1 = 0.4 + 0.6 \times Rf$
$K2 = 1.3 + 0.07 / Rf$
Z：地震地域係数（通常は1.0）

3. 風に関する必要壁量

　基準法では風圧計算用見附面積に50cm/㎡を掛けますが、性能表示では、地域基準風速V0によって掛ける数値が異なります。V0=30の時は53、V0=32の時は60でV0=46の時の123まであり、自治体毎にV0が決められています。ここではV0=32として、60を掛けることにします。この場合、風に関する必要壁量は、性能表示では20％増えるだけになります。この風に関する必要壁量を満たすと、耐風等級2となります。単に、耐震等級2～3だけの場合は満たす必要はありません。

4. 耐力壁配置のバランスチェック

　これについては、基準法のチェックと全く同じでよいことになっているようです。

表 3-3　性能表示の地震に関する必要壁量計算式

立地 屋根の重さ	構造 等級	必要壁量計算式	
		一階	二階
一般地 軽い屋根	2等級	$(45 \times K1 \times Z) \times S1$	$(18 \times K2 \times Z) \times S2$
	3等級	$(54 \times K1 \times Z) \times S1$	$(22 \times K2 \times Z) \times S2$
一般地 重い屋根	2等級	$(58 \times K1 \times Z) \times S1$	$(25 \times K2 \times Z) \times S2$
	3等級	$(69 \times K1 \times Z) \times S1$	$(30 \times K2 \times Z) \times S2$
積雪100cm 軽い屋根	2等級	$\{(45 \times K1 + 16) \times Z\} \times S1$	$(34 \times K2 \times Z) \times S2$
	3等級	$\{(54 \times K1 + 20) \times Z\} \times S1$	$(41 \times K2 \times Z) \times S2$
積雪150cm 軽い屋根	2等級	$\{(45 \times K1 + 24) \times Z\} \times S1$	$(42 \times K2 \times Z) \times S2$
	3等級	$\{(54 \times K1 + 29.5) \times Z\} \times S1$	$(50.5 \times K2 \times Z) \times S2$

以上による性能表示の必要壁量計算結果を表 3-4 に示します。参考に一般地、軽い屋根の基準法レベルの必要壁量も示します。

一般地の軽い屋根で、基準法と 2 等級、3 等級を比べてみると、X 方向で、基準法に比べ一階で 2 等級が 1.35 倍、3 等級が 1.62 倍になり、二階では 2 等級が 1.67 倍、3 等級が 2.04 倍で、二階の壁量増加が目立ちます。これは、モデルプランが一階に比べて二階の方が小さくなっていて、二階が地震で大きく振られるのに対処していると思われます。前ページの Rf の値が 1 より小さく K2 が大きくなる結果です。

Y 方向は、風圧で決まっているため前ページで説明したように 1.2 倍になっています。なお、この計算では風のチェックも行い、表 3-4 の重い屋根より下の欄は全て地震力の方が大きかったので、この表の必要壁量を満たすと、自動的に耐風等級 2 もクリアすることになります。

重い屋根や積雪荷重があるとやはりかなりの壁量になっています。

■存在壁量と必要壁量の比較

モデルプランに対して、耐力壁を普通に想定した耐力壁配置図が図 3-25 です。2-3 節で床倍率チェックのために耐力壁線を想定した図と同じです。緑色の破線は耐力壁線で、存在壁量の計算とは関係ありません。

外壁の耐力壁は構造用合板 9mm 厚 2.5 倍＋石膏ボード 12.5mm 厚 1.1 倍で、壁倍率 3.6 倍、間仕切り壁は両面石膏ボード 12.5mm 厚で 2.2 倍です。この配置図で計算した存在壁量を、表 3-4 の一番下の欄に示します。なお、準耐力壁はカウントしていません。

このプランでは、積雪 100cm 及び 150cm の一階 Y 方向だけが補強が必要という結果で、他は問題なく 3 等級までクリアできています。やはり、石膏ボードの壁倍率が効いているのでしょうか。

この耐力壁配置で、百年住宅を想定して将来のプラン変更も想定すると、一階の和室と居間の間には耐力壁を設けない方が良いと思いますし、二階の寝室収納と廊下の間の間仕切りも耐力壁にはしない方が良いと思います。このような間仕切り壁をできるだけ耐力壁にしない方針を立てても一般地では十分余力が残りそうです。

このプランは、壁量に関してはかなり余裕のあるプランでしたが、これ以外のもっと厳しいプランで同じように計算をしてみると、また違う結論になるのかもしれません。

表 3-4　性能表示の必要壁量計算結果

立地 屋根の重さ	構造 等級	必要壁量			
		一階		二階	
		X方向	Y方向	X方向	Y方向
一般地 軽い屋根	基準法	19.69	28.10	7.83	12.80
	2等級	26.60	33.61	13.05	15.36
	3等級	31.92	33.61	15.95	15.95
一般地 重い屋根	2等級	34.29	34.29	18.13	18.13
	3等級	40.79	40.79	21.75	21.75
積雪100cm 軽い屋根	2等級	37.73	37.73	24.66	24.66
	3等級	45.83	45.83	29.73	29.73
積雪150cm 軽い屋根	2等級	43.29	43.29	30.46	30.46
	3等級	52.44	52.44	36.62	36.62
耐力壁のモデル配置 の時の存在壁量		54.33	43.50	49.96	38.22

□ 風のチェックで、地震力＜風となり、ここは風で決まっている

□ 壁量を増やす必要あり　　□ 参考

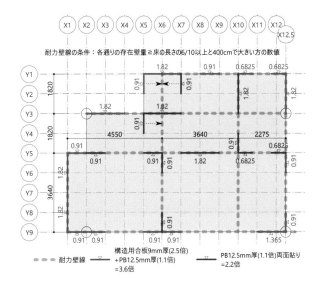

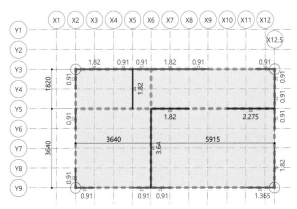

図 3-25　耐力壁配置図

■室内側耐力面材のボード受け材の留め付け

　GWS工法では、室内側に張る石膏ボードに12.5mm厚を使い耐力壁に算入します。GNF40という専用釘を使えば壁倍率0.9ですが、最近はほとんどビス留めされています。このビスで構造認定をとったものは1.0～1.2の壁倍率が認められています。ビス留め石膏ボードを壁倍率に算入するためには、これらの認定ビスを使う必要があります。この石膏ボードは普通は柱、間柱、桁、胴差し等の構造材に留め付けられますが、壁の下端部や、壁の隅角部、外壁と間仕切り壁の交差部などでは柱に打ち付けたボード受け材に留め付けられます。このボード受け材を柱などに留め付ける仕様は、規定で、30×40mm以上の木材を使い、釘N75を@300以下で打ち付けることになっています。

　石膏ボードの木部への打ち付け代は30mm以上とされていますから、30×40の受け材を使うと、石膏ボードの厚さ12.5mmが交差する部位では、この打ち付け代が足りなくなります。図4-24のように45×45mm程度の受け材が必要になります。石膏ボードを先に留め付ける方は30×40mmでも良いのですが、どちらも45×45mmとしておくと石膏ボードをどちらから張っても良く、現場ではこの方が良いでしょう。間仕切り壁との取り合い部も、45×105mmの間柱材を使うと、どちらからでも張ることができます。

　住宅の構造計算では、このボード受け材にボードを留め付ける壁の、壁倍率を高くとりたいことがしばしば起こります。住宅の隅角部の壁や、中程の外壁に直行する間仕切り壁などです。こうした箇所では、構造用合板を下張りとして石膏ボードを張ったりします。壁厚が変わることを嫌って、構造用合板を壁内に張ることもあります。柱と面をそろえて張ると構想用合板9mmは、壁倍率が2.5倍から3.3倍に高くなります。このような場合、受け木の釘留め付けは、N75@200とする必要があります。この上から、石膏ボードを張りその倍率0.9～1.1が加わりますと倍率がかなり高くなり、この場合はN75@120と規定されています。もっとも、外側の面材で2.5の壁倍率があり、室内側が2.5倍で限度の5倍になりますから.室内側は2.5倍以上は必要ないのです。室内側に、構造用合板と石膏ボード両方を打ち付けて、2.5倍しか必要ない場合の規定はありませんが、安全側で図3-25～26のように釘を打つのが良いでしょう。

　釘の留め付け強度を計算すると、N75とN90では20%位異なります。しかし、30mm厚と45mm厚の木材を留め付ける場合、釘の飲み込み代が変わりますが、ほぼどちらも同じ強度になるようです。従って、45mmの木材でもN75の釘で留め付けることができます。
（住宅金融支援機構の2019年版木造住宅工事仕様書には、初めて受け材とその針留め仕様がp.97～98に掲載されている。）

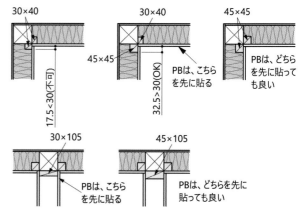

図 3-26　受け木のボード打ち付け代

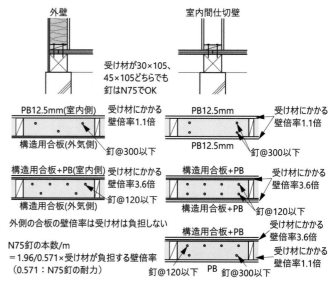

図 3-27　室内側耐力面材の受け木留め付け釘仕様（壁下枠）

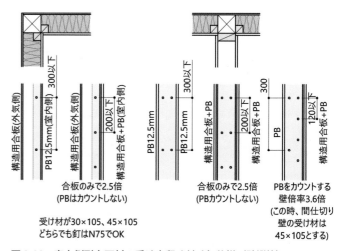

図 3-28　室内側耐力面材の受け木留め付け釘仕様（壁縦枠）

3-8　外壁の断熱工法① 105mm 厚グラスウール標準断熱工法

　GSW 工法の基本となる外壁断熱工法です。45 × 105 の石膏ボードの継ぎ手を天井の位置に入れます。下端は、床合板 24 〜 28mm 厚を土台の芯まで張り、土台の外側には巾 52mm の合板を張って土台外側まで合板張りとし、その上に間柱受け兼石膏ボード受けの 30 × 105mm の木材を柱間に敷き込みます。釘打ちは基準は N75@300 ですから、間柱間で N75 を 3 本千鳥に打ち付ければ良いでしょう。この受け材には間柱をはめ込む深さ 5mm 程度の溝を切ります。天井の位置に入る継ぎ手木材にも同様の溝を掘り、間に間柱材を横から差し込みます。天井部の継ぎ手木材から桁までも同様です。このあたりの納まりおよび加工はプレカット工場の仕様によります。

　3-6 節の 1. で述べたように天井下地の位置は決めておきます。大工さんは、現場でこれまで壁の石膏ボードより天井の石膏ボードを先に張ってきているようです。この工法では壁を納めてから最後に天井を張った方が良いのですが、どうしても天井を先にしたければ、天井上部の GW 及び防湿層の施工を先に納めて石膏ボードまで張り、それから天井下地、天井石膏ボード張りとすれば良いでしょう。いずれにしても、電気工事などの工程のからみを調整する必要があります。

　平面図でわかるように、間柱は 3 尺ピッチに 45 × 105mm とし、外側の耐力面材及び室内側の石膏ボードの継ぎ手とします。これは耐力壁を造る要件となります。

　壁の出隅部では、室内側の石膏ボードの受け材が必要になり、入隅部では外側の耐力面材の受け木が必要になります。出隅部に 2 カ所とも 30 × 40mm の受け材を打つと、片方で石膏ボードの打ち付け代が 30mm 以下になり足りなくなります。そのため片方は 45 × 45mm とします。この場合も釘は N75 で間に合います。両方とも 45 × 45mm としておくと、石膏ボードを張る順番を気にせず施工できます。この受け木による石膏ボードの壁倍率は 1.1 倍ですから、釘打ちは N75@300mm になります。

　一方、入隅部では、外側の合板に受け材が必要になり、この場合の壁倍率は 2.5 ですから、この受け材の釘打ちは N75@200mm となります。

　この工法の外壁の熱貫流率は、外側 9mm 合板、内側石膏ボード 12.5mm の想定で、表 3-5 になります。

　最近は、標準的な HGW16kg の他に更に高性能な製品を各社で開発しています。密度と λ の関係が比例関係にないのは、繊維の太さが影響しています。各社の技術開発や商品開発の方向が見えて興味深いものになっています。採用に当たっては熱貫流率と価格を比べながら判断されると良いでしょう。

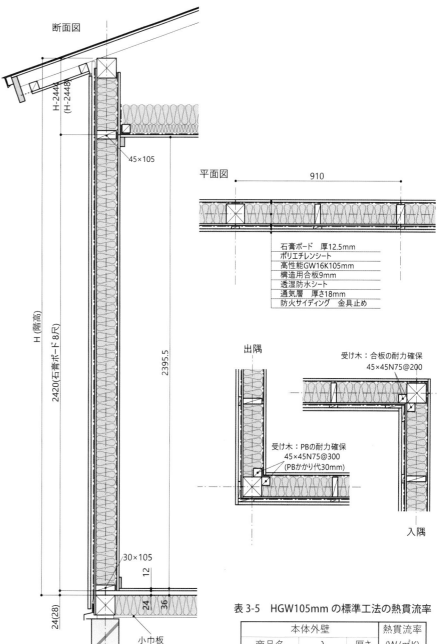

断面図

H-244A
(H-244B)

45×105

H (階高)

2420(石膏ボード 8尺)

2395.5

30×105

12

24(28)

24　36

小巾板

SCALE　1/20

図 3-29　HGW105mm の標準工法詳細図

平面図　910

石膏ボード　厚12.5mm
ポリエチレンシート
高性能GW16K105mm
構造用合板9mm
透湿防水シート
通気層　厚さ18mm
防火サイディング　金具止め

出隅

受け木：合板の耐力確保
45×45N75@200

受け木：PBの耐力確保
45×45N75@300
(PBかかり代30mm)

入隅

表 3-5　HGW105mm の標準工法の熱貫流率

本体外壁			熱貫流率
商品名	λ	厚さ	(W/㎡K)
HGW16kg	0.038		0.409
HGW20kg	0.035		0.390
HGW24kg			0.390
HGW20kg	0.034	105	0.383
HGW28kg	0.033		0.377
HGW36kg	0.032		0.370
HGW38kg			0.370

・構造用合板 9mm 石膏ボード 12.5mm で計算
・GW は厚さ 105mm 巾 425、390mm を選択

3-9 外壁の断熱工法② 105 ＋ 45 ～ 50mm 付加断熱工法

　標準工法の HGW16kg105mm に 45 ～ 50mm 厚を付加する付加断熱工法です。図では、付加断熱下地木材の位置を感覚的につかむため、階高を 2,850mm として書いていますが、もちろん階高は自由です。

　付加断熱用の断熱材は、お奨めは 45mm 厚 410mm 巾の GW ボードです。45 × 45 の垂木を @455mm で N75 又は N90 で打ち付け、間にはめ込みます。通気胴縁は縦ですが、溝付きの胴縁を横に打つこともでき、外装材は縦張り、横張り両方とも可能です。

　HGW16kg の 50mm を、同じ 45 × 45 の下地にはめ込むこともできます。この場合、GW が膨らんで外側の透湿防水シートを押し、通気層が潰れる恐れがありますから、透湿防水シートを引っ張って張ります。通気胴縁を 24 ～ 30mm ぐらいに厚くするか、通気胴縁のピッチを @227.5 ～ 303mm ぐらいに狭めます。溝付き通気胴縁を横に打ち付けるときは、これは出来ませんから、縦通気胴縁の場合だけのことです。

　45 × 50mm の下地木材が調達できれば、通気シートの膨らみは問題なくなり、通気胴縁 18mm@455mm で施工でき、溝付き通気胴縁を使えば、縦張りの外装材も施工できるようになります。

　下地木材を打ち付けるとき、相手の木材が 30 × 105 の間柱の箇所では、釘を中心に垂直に打つよう気をつける必要があります。

　図 3-30 には表示されていませんが、50mm 厚 910mm 巾ロール品に合わせて下地木材を @955mm（内法 910mm）として、通気胴縁を 24 ～ 30mm 厚とすることもできます。この場合どちらが手間が少なくなるかはわかりませんが、打ち付ける下地が半分ですみます。また、壁全体の熱貫流率も @455 の場合に比べて、若干小さくなります。

　この工法の熱貫流率は、表 3-6 のとおり 0.25 ～ 0.278W/㎡ K となり、標準工法の HGW16kg105mm で、U 値＝ 0.409W/㎡ K に比べると、61 ～ 68% の値で、30% 以上性能が向上します。

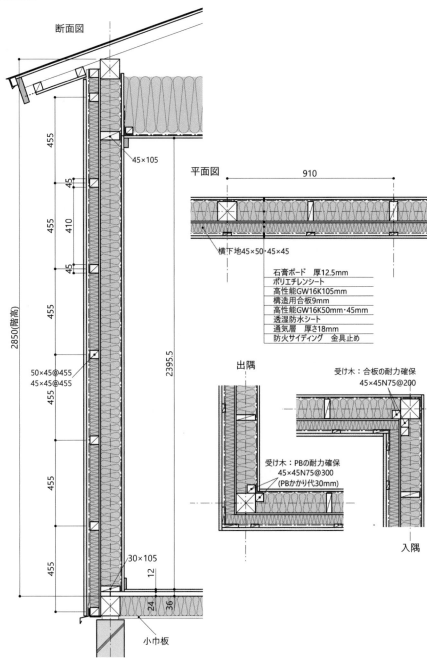

SCALE　1/20

図 3-30　HGW150 ～ 155mm 工法詳細図

表 3-6　HGW150 ～ 155mm 工法の熱貫流率

本体外壁			付加断熱層			熱貫流率
商品名	λ	厚さ	商品名	λ	厚さ	(W/㎡K)
HGW16kg	0.038		高性能GW ボード32kg	0.035	45	0.274
HGW20kg	0.035	105				0.264
HGW36kg<	0.032					0.253
HGW16kg	0.038		HGW16kg	0.038	45	0.278
HGW20kg	0.035	105				0.268
HGW36kg<	0.032					0.257
HGW16kg	0.038		HGW16kg	0.038	50	0.271
HGW20kg	0.035	105				0.261
HGW36kg<	0.032					0.250

・構造用合板 9mm 石膏ボード 12.5mm で計算
・本体外壁の GW は 7 種類あるが代表的な 3 種で計算

3-10　外壁の断熱工法③ 105 ＋ 105mm 付加断熱工法（横下地）

　標準工法の HGW16kg105mm に 105mm を付加した、210mm 厚の外壁断熱工法です。

　105mm の付加断熱下地として 45 × 105mm の木材を @955（内法 910）mm で留め付けます。留め付け方法は次ページに詳しく解説してあります。

　当初この工法は @470mm で木桟を打ち付け、間に壁用の 425mm 巾 GW を充填していましたが、留め付けビスを 150mm のコーススレッドから先ネジタイプのものに変えることにより、十分な強度が得られることがわかり、@955 で施工することが可能になりました。こうすると、木材及びビスが半分で済みコストダウンと省力化が実現しました。

　グラスウールは、巾 910mm のロール品を使います。HGW16kg の 105mm 厚 910mm 巾長さ 11m のロール品が最適です。この GW が手に入らないときは、床の大引間用の巾 810mm × 1370mm を使ったり、巾 425mm × 2740mm を 2 枚合わせて巾 850mm として施工することも可能です。この場合は、木桟のピッチを GW の幅に合わせます。

　木桟のピッチが 900mm 以上になることに対応して、これに打ち付ける通気胴縁は 18mm では強度不足で、厚さ 24 〜 30mm とします。最近は 30 × 45mm を使うようになりました。この工法は NYG（日本窯業建材協会：サイディングメーカーの団体）の了解もいただいています。

　先ネジタイプのビスで固定すると、強度はかなりあり、モルタル壁の荷重も十分支えることができますが、横桟の木材の継ぎ手部分 @2730 と、外壁の隅角部にに転び止めの木材を同材で入れます。このほか、開口部の四方下地枠にも横桟を留め付けますから、これで転び止めは十分です。サッシの重量を受ける場合は、開口部下枠とその下の横桟との間に間に @ 910mm ぐらいに転び止めを入れることもあります。

　この工法の外壁熱貫流率は、表 3-7 のように 0.171 〜 0.196W/㎡ K となり、標準工法の熱貫流率 0.409W/㎡ K に比べて、42 〜 48% と、半分以下になります。これらの値は、付加断熱下地が @455 に比べてほぼ半分になることも考慮された数値です。

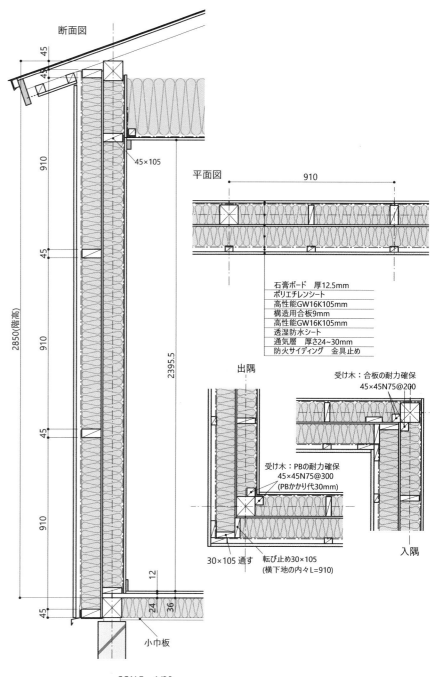

SCALE　1/20

図 3-31　HGW105 ＋ 105mm 断熱工法（横下地）詳細図

表 3-7　HGW105 ＋ 105mm 断熱工法（横下地）の熱貫流率

本体外壁			付加断熱層			熱貫流率
商品名	λ	厚さ	商品名	λ	厚さ	（W/㎡K）
HGW16kg	0.038	105	HGW16kg＊1	0.038	105	0.199
			HGW20kg＊2	0.035		0.192
			HGW36kg＊2	0.032		0.185
HGW20kg	0.035		HGW20kg＊2	0.035		0.187
			HGW36kg＊2	0.032		0.180
HGW36kg<	0.032		HGW36kg＊2	0.032		0.174

・構造用合板 9mm 石膏ボード 12.5mm で計算
＊1：910mm 巾ロール品を使用 ＊2：425mm 巾 2 枚で 850mm として使用
・付加下地＠ 910mm なので、木部比率を変更

■ 45×105mm 横桟の留め付け工事

　この工法が始まって、105mm 厚の GW を充填する下地の木材は150mm のコーススレッドで留めていました。しかし、どう施工しても木材がぐらつき、転び止めの木材を沢山入れてなんとか施工していました。ところが、図3-32 のように先ネジタイプのビスで留め付けると、非常に強度が上がり、全くぐらつきません。これは、コーススレッドのねじ部が、留め付ける横桟と相手の柱などの木材の両方にかかって互いに引き寄せる力が生じないのに比べ、先ねじ部が、相手の木材に全部貫入し、木材を強く引き寄せるためです。これでほとんど転び止め木材も不要になります。実験では、横桟先端が 1mm 垂れ下がるときの加重がビス 1 本あたり 20kg 以上もあり、外壁の加重 50kg/㎡ ぐらいまで持ちそうです。これは 20mm 厚のモルタル壁に相当します。横桟の継手に転び止めを入れ、窓下地枠も転び止めになりますから、意識的に転び止めを入れる必要は無いようです。

　施工してみて問題は、150mm のビスを 45×105mm の木材にあてがってドライバーで貫入させようとすると、垂直にビスを打つことがとても難しく、留める相手が 30×105 の間柱の時は、かなりの確率で斜めに入って外れてしまいます。

　また、150mm のビスを打ち込む手間と職人の体に対する負担はかなりのもので、これを低減する必要がありました。図3-32 のように先穴を開けて、ビスを打ち込むと、先穴をほぼ垂直に開けていればビスがまっすぐ入り、しかも短いビスですみますから、体の負担が軽減されることがわかりました。先穴は図 3-33 のドリルを使うと非常に効率が良いと言うこともわかりました。さらには、この先穴を図 3-32 のように少し上目に開けます。こうしないとちょうどこの位置に通気胴縁を留める必要があるからです。このためにも横桟の木材は見付け 45mm としています[*1]。

　このような施工で、住宅全体に下地を取り付けていきますが、手順良くやると意外に少ない手間で工事が終わります。図3-34 はそのように考えた手順の一例です。大工さんと一緒によく考えスピーディな施工手順を考えてください。

＊1：金物メーカー（株）カナイの製品で、「たる木ネジサポート」という治具があることを見つけました。まだ使っていませんが、長いネジを垂直に打ち込むためのプラスチック製の治具です。

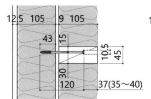 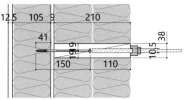

図 3-32　横桟の先ネジビスによる留め付け

ロングS型仮枠ビット　￥970　株式会社スターエム製

ドリルストッパー　10.5Φ　￥680　株式会社スターエム製

図 3-33　先穴開けに使う工具

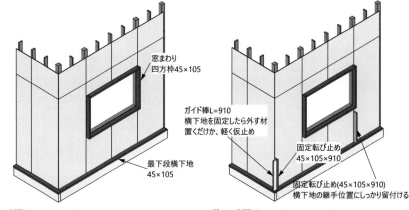

窓まわり
四方枠45×105

最下段横下地
45×105

施工手順 1：45×105材を、土台にしっかりと留め付ける。開口部には、45×105材で四方枠を取り付ける。

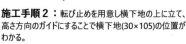

ガイド棒L=910
横下地を固定したら外す材
置くだけか、軽く仮止め

固定転び止め
45×105×910

固定転び止め(45×105×910)
横下地の継手位置にしっかり留付ける

施工手順 2：転び止めを用意し横下地の上に立て、高さ方向のガイドにすることで横下地(30×105)の位置がわかる。

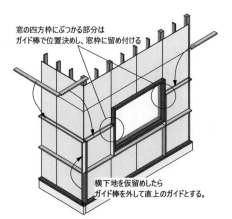

窓の四方枠にぶつかる部分は
ガイド棒で位置決めし、窓枠に留め付ける

横下地を仮留めしたら
ガイド棒を外して直上のガイドとする。

施工手順 3：転び止めを使い下から上へ、次々と横下地(30×105)を留め付けていく。この時、横桟は斜め釘打ち等の仮留めで進めることがポイントである。

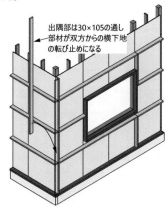

出隅部は30×105の通し
部材が双方からの横下地
の転び止めになる

施工手順 4：出隅部分に通しのエンド部材を立てることによって隅角部に係る横下地の転び止めとなる。最後に横下地と転び止めを本締めする。

図 3-34　HGW210mm 横桟工法施工工程

3-11 外壁の断熱工法④ 105 + 105mm 付加断熱工法 (縦下地)

この前の横下地工法では、通気胴縁を縦にしか留められませんから、外装材は横張りにしかできません。縦張りの外装材の時は、45×105mm の横下地を縦にする必要があります。そこで縦に下地を作る工法は図 3-35 のようになります。縦下地の時は下地木材の転びを押さえるためと通気胴縁を留める釘を打つ場所が必要だったため、見付けを 45mm の木材を使いましたが、縦下地の時は強度的にも見付け 30mm でいけそうです。また、相手先の木材がほとんど、柱または 45 × 105 の間柱になりそうですから、先穴を開けなくてもビスは打てそうです。ビスのピッチは @910 程度で十分で本数も少なくなります。

この縦下地を、図の平面図でわざと柱を外して、ずらす工法もあります。こうすると木材の熱橋がなくなり、熱貫流率が小さくなります。ただ、この縦枠は、土台と桁、天井の気流止め部材にしか留められませんから、室内側の合板からネジ止めします。この工法では窓の横の断熱材の巾が小さくなったりで断熱材のはめ込みには手間がかかります。

この工法に使う断熱材は、やはり HGW16kg 巾 910mm ロール品を使います。といっても、880mm の内法に 910mm を入れるのはちょっと無理で、910mm × 880mm の GW を切り出して、横にして入れていきます。この場合は定尺にカットする台を作って作業すると良いでしょう。

通気胴縁が問題です。通気胴縁は 30mm 厚になりますから、市販の溝付き品はありません。30 × 45 の木材に 880mm 巾に 2 カ所程度溝を切って作る必要があります。

この工法の外壁熱貫流率は、表 3-8 のように 0.195 ～ 0.217W/㎡ K となり、標準工法の熱貫流率 0.409W/㎡ K に比べて、48 ～ 52% と、約半分というところです。ただし、付加断熱下地が @455mm に比べてほぼ半分になることは考慮していない数値です。

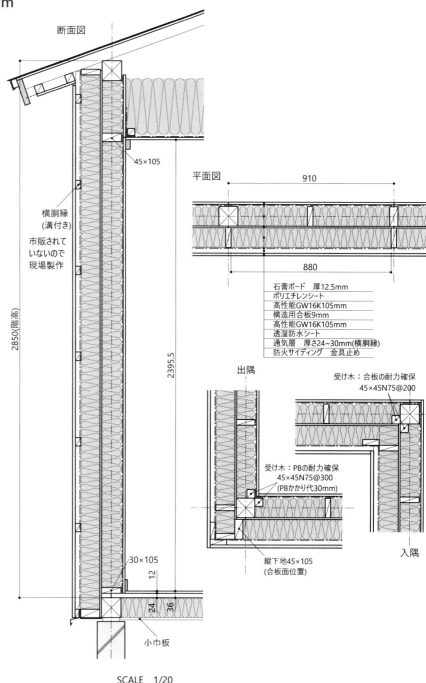

SCALE 1/20

図 3-35 HGW105 + 105mm 断熱工法 (縦下地) 詳細図

表 3-8 HGW105 + 105mm 断熱工法 (縦下地) の熱貫流率

本体外壁			付加断熱層			熱貫流率
商品名	λ	厚さ	商品名	λ	厚さ	(W/㎡K)
HGW16kg	0.038	105	HGW16kg＊1	0.038	105	0.217
			HGW20kg＊2	0.035		0.212
			HGW36kg＊2	0.032		0.205
HGW20kg	0.035		HGW20kg＊2	0.035		0.206
			HGW36kg＊2	0.032		0.200
HGW36kg<	0.032		HGW36kg＊2	0.032		0.195

・構造用合板 9mm 石膏ボード 12.5mm で計算
＊1：910mm 巾ロール品を使用　＊2：425mm 巾を使用

3-12 外壁の断熱工法⑤ 105 + 50 + 50mm 付加断熱工法（二重下地）

　105mm の付加断熱は、木下地を長いビスで固定する必要がありますが、この工法では、下地を 2 段階に分け 45 ～ 50mm 厚の下地木材を、釘止めで施工できます。

　下地木材を 45 × 50mm の木材を使いますが、この寸法の木材は全国的には流通していません。そこで 105 × 45mm の間柱材を半分に割り、51mm 程度になりますが、HGW は十分追随するので、厚さがそろっていればこの寸法のままでも構いません。もちろんプレーナで 50mm に仕上げても良いです。GW は、一層目は巾910mmHGW16kg50mm 厚のロール品を使います。GW ボード 50mm 厚 910 × 1820mm でもいいです。二層目は、50mm 厚 415mm 巾のカット品を使います。通気胴縁は二層目の下地に直接打ち付けるので 18 × 45mm が使え、普通の通気層工法となります。このため溝付きの胴縁を横に施工することが可能で、外装材は縦張り、横張りのどちらも可能になります。

　木材に 45 × 45mm を使うときは、45mm 厚 HGW ボード品の 910 × 1820、415 × 1820mm を使います。外側だけなら HGW16kg50mm 厚を使ってもよさそうですが、通気層の潰れに注意します。下地を留める釘は、50mm 厚の下地に対しては N90 を使いますが、45mm 厚の下地には N75 を少し食い込ませるような打ち方でもいいです。

　この工法の外壁熱貫流率は、表 3-9 のように 0.196 ～ 0.212W/㎡ K となり、標準工法の熱貫流率 0.409W/㎡ K に比べて、48 ～ 52% と、約半分というところです。210mm 断熱に比べて厚さが 5 ～ 15mm 少なくなる分が影響しています。このような 3 層構成の熱貫流率の計算は、複雑で木部比率も 8 通りになり、手計算は難しく、表 3-7 は、QPEX を使った計算結果です。

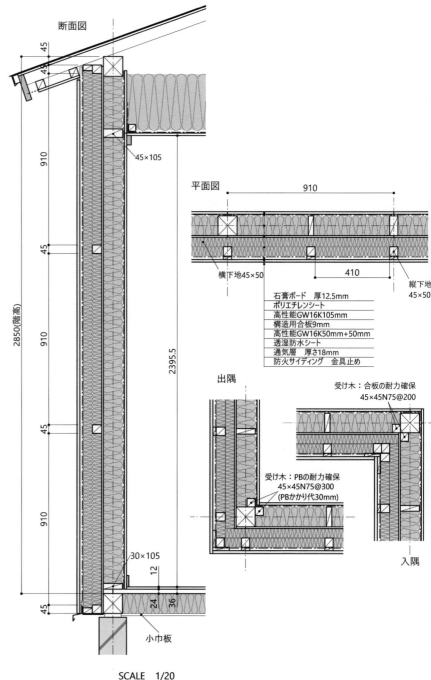

図 3-36　HGW105 + 50 + 50mm 断熱工法（二重下地）詳細図

表 3-9　HGW105 + 50 + 50mm 断熱工法（二重下地）の熱貫流率

本体外壁			付加断熱層 1 層目			付加断熱層 2 層目			熱貫流率
商品名	λ	厚さ	商品名	λ	厚さ	商品名	λ	厚さ	(W/㎡K)
HGW16kg	0.038	105	HGW16kg	0.038	50	HGW16kg 410mm巾	0.038	50	0.209
HGW20kg	0.035								0.203
HGW36kg	0.032								0.196
HGW16kg	0.038	105	高性能GW ボード32kg 910×1820	0.035	45	高性能GW ボード32kg 410mm巾	0.035	45	0.212
HGW20kg	0.035								0.206
HGW36kg<	0.032								0.199

・構造用合板 9mm 石膏ボード 12.5mm で計算

46

3-13　外壁の断熱工法⑥ 105 ＋ 105 ＋ 50mm 付加断熱工法（二重下地）

　50 ＋ 50mm の付加断熱工法の一層目を 105mm 横下地とした工法です。温暖地ではこれだけの厚さの外壁は殆ど必要とされないでしょうが、寒冷地では、目標とする住宅の省エネ性能によっては必要にります。一層目は 3-10 節の 105 ＋ 105mm 横下地工法と同じです。2 層目は 105 ＋ 50 ＋ 50mm2 重下地工法と全く同じ構成となりますから、施工の要領も全く同じになります。したがって、2 層目の付加断熱は HGW ボードを使った 45mm 厚工法もできます。

　この工法で。2 層目も 105mm 厚として、315mm 工法も可能ですが、2 層目もビス留めとなり施工手間が大きくなり、あまり現実的とはいえないでしょう。

　この工法の外壁熱貫流率は、表 3-10 のように 0.148 ～ 0.165W/㎡ K となり、標準工法の熱貫流率 0.409W/㎡ K に比べて、36 ～ 40％ と、60％ 以上削減されます。

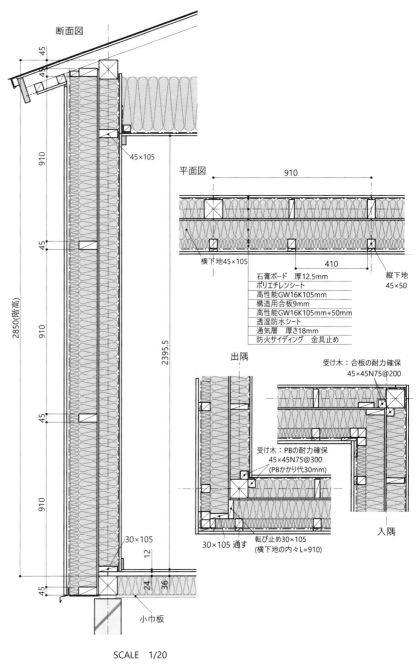

SCALE　1/20

図 3-37　HGW105 ＋ 105 ＋ 50mm 断熱工法（二重下地）詳細図

表 3-10　HGW105 ＋ 105 ＋ 50mm 断熱工法（二重下地の熱貫流率）

本体外壁			付加断熱層			付加断熱層			熱貫流率
商品名	λ	厚さ	商品名	λ	厚さ	商品名	λ	厚さ	(W/㎡K)
HGW16kg	0.038	105	HGW16kg＊1	0.038	105	HGW16kg 410mm巾 縦胴縁 45×50mm ＊3	0.038	50	0.165
			HGW20kg＊2						0.161
			HGW36kg＊2						0.156
HGW20kg	0.035		HGW20kg＊2	0.035					0.157
			HGW36kg＊2	0.032					0.152
HGW36kg<	0.032		HGW36kg＊2	0.032					0.148

・構造用合板 9mm 石膏ボード 12.5mm で計算
＊1：910mm 巾ロール品を使用　　＊2：425mm 巾を使用
＊3：HGW20kg 以上の製品には 50mm 厚の製品がない。

47

3-14 外壁の断熱工法⑦ 105 + 210mm 付加断熱工法（210材横下地）

　更に厚い断熱厚の300mm級工法です。付加断熱層を一層で済ますため、2×4工法で使われる210材を下地木材として使います。寸法が38×235mmですが、これを材の幅方向のゆがみを直しながら、210mmに製材します。これを3-10節の図3-32に示すように、ビス留めする位置に深さ110mm程度の先穴を開け、長さ150mmの先ネジビスで留め付けます。材が大きいのでネジは@910mm程度で良いでしょう。転び止めは105mm横下地工法よりも多く入れる必要があります。下地の一段目は、横桟と同材を@910mm〜@1820程度に細かくいれ、ここで外壁の荷重を受けるようにします。そうすれば、これより上の段の転び止めは45×105mmで十分です。後は105+105mm横下地工法と同様です。

　この工法の外壁熱貫流率は、表3-11のように0.126〜0.132W/㎡Kとなり、標準工法の熱貫流率0.409W/㎡Kに比べて、31〜32%と、1/3ぐらいになります。この工法では付加断熱に使われるGWの量が大きくなりますから、一番安いHGW16kgを使うことが多いようです。

■はしごパネルによる付加断熱工法

　北海道では、この工法の他、はしごパネルを作ってこれを外壁の外側に打ち付ける工法も行われています。45×45のたるきを2本並べ、巾200〜300mmの合板を打ち付けます。この合板を全面に張るのではなく、すかしてはしご状に張るために、はしごパネルと呼んでいます。45×45mmの木材を留め付けるには釘でもビスでも良いのですが、薄いので容易です。はしごパネルは、加工場でプレファブ部材として作っておき、現場に持ち込みます。

　開口部廻りで合板を張ってある面が左右勝手が必要になったり、出隅、入隅の納まりが難しくなることが欠点です。しかしこの　工法では300mm級以上の厚さも可能になります。しかし、300mm級までなら210材を使う方が施工は簡単になります。また、断熱材充塡はGWまたはロックウールのブローイング工法で行うことが多いようです。

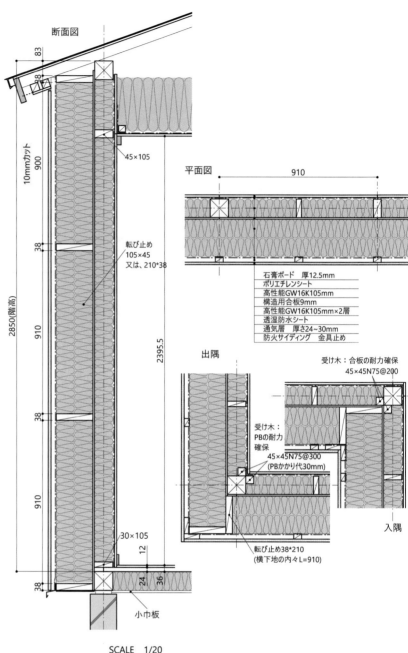

SCALE　1/20

図3-38　105 + 210mm 断熱工法（210材横下地）詳細図

表3-11　105 + 210mm 断熱工法（210材横下地）の熱貫流率

本体外壁			付加断熱層			熱貫流率
商品名	λ	厚さ	商品名	λ	厚さ	(W/㎡K)
HGW16kg	0.038					0.135
HGW20kg	0.035	105	HGW16kg＊1	0.038	210	0.132
HGW36kg<	0.032					0.129

・構造用合板 9mm 石膏ボード 12.5mm で計算
＊1：910mm 巾ロール品を使用
・付加下地@ 910mmなので、木部比率を変更

48

3-15　外壁の断熱工法⑧発泡断熱材サンドイッチ工法

　住宅の断熱材として使われる発泡プラスティック断熱材の燃焼性には、いくつかのタイプがあります。EPS、XPS のようにバーナーの炎を当てると燃焼するが、炎を止めると短時間に燃焼が止まる性質（自己消火性）を持たせています。しかしこれらは、熱で溶解し、液体は燃焼が激しく継続します。ウレタンフォームは、とても良く燃え、特に現場発泡タイプは火が広がりやすい性状（延燃性が高い）を示します。イソシアネート化によって燃えにくくなると言われていますが、部分的にしかイソシアネート化されていない製品が多く、特に現場発泡タイプは技術的も難しいようです。フェノール発泡や完全にイソシアネート化されたウレタンのように、炎を当てると燃焼で表面が炭化して燃焼が遅くなるタイプもあります。これらは全て、火災時の圧倒的な火力の元では、激しく完全に燃焼します。したがって、木造住宅の断熱材としては、積極的には使わない方が良いと私たちは考えてきました。

　しかし、付加断熱工法によって、必要な壁の性能に対して壁厚が厚くなると、建築的には困る場合も生じ、ボード状発泡断熱材の性能の高さは非常に魅力的です。そこで、発泡断熱材を不燃断熱材である GW や RW でサンドイッチにして住宅内外からの火災から守りながら使ってはどうかという発想が生まれました。具体的には 3-12 節、3-13 節で示した二重下地工法の1層目の断熱材に発泡断熱材を使う工法です。工法的には、3-12 節、3-13 節と全く変わりません。壁厚を薄くするためには、発泡断熱材にはできるだけ断熱性の高いものが望ましいわけです。発泡断熱材の寸法規格や木材の寸法と組み合わせて考えると、表 3-12 のような組合せの可能性があり、その熱貫流率は表 3-12 のようになります。同じ性能に対して、壁厚を約50mm ぐらい薄くすることができるようです。

　このような、発泡断熱材の使い方は、外張り工法住宅が隣家の火災から、簡単に延焼した例を聞いているため、考えた工法です。付加断熱を外張りだけで行うことは、より簡単ですが、私達はより安全にと考えているのです。次章では、外張り付加断熱に、工法的な条件を付けてやむを得ず採用する場合について述べます。

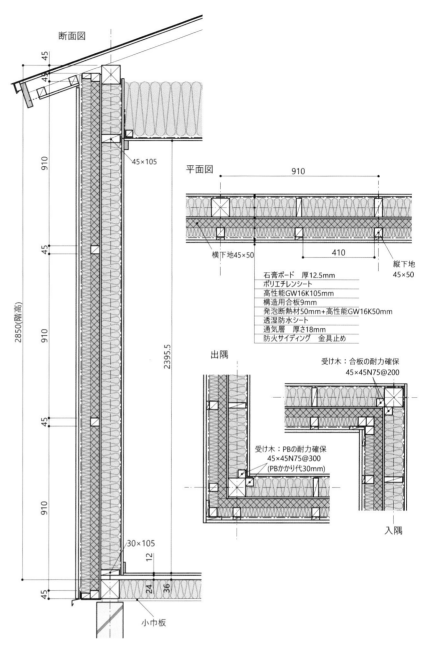

SCALE　1/20

図 3-39　発泡断熱材サンドイッチ工法詳細図

表 3-12　発泡断熱材サンドイッチ付加断熱工法の熱貫流率

| 本体外壁 | | | 付加断熱層 | | | 付加断熱層 | | | 熱貫流率 |
商品名	λ	厚さ	商品名	λ	厚さ	商品名	λ	厚さ	(W/m²K)
HGW16kg	0.038	105	HGW16kg＊1	0.038	50	HGW16kg 410mm巾 縦胴縁 45×50mm	0.038	50	0.209
					105				0.165
			ネオマフォーム	0.020	45				0.183
					50				0.177
			スタイロフォームFG	0.022	50				0.182
					75				0.157
HGW20kg	0.035	105	HGW16kg＊1	0.038	50	HGW16kg 410mm巾 縦胴縁 45×50mm	0.038	50	0.203
					105				0.161
			ネオマフォーム	0.020	45				0.178
					50				0.172
			スタイロフォームFG	0.022	50				0.177
					75				0.153

＊1：3-12 節の HGW205mm 工法及び 3-13 節に示す HGW260mm 工法を参考に示した。

3-16 外壁の断熱工法⑨発泡断熱材外張り工法

私達は発泡断熱材外張り工法については、その開発の当初から火災の危険性と工法としての不完全さから、木造住宅の工法として不適当だと考えてきました。実際、下のコラムのような、住宅内部火災の事例や、スチレン系の発泡断熱材外張り工法住宅では、隣家の火災から延焼した事例が、数多くあるようです。そこで、工法的な改良提案を「新在来構法マニュアル 2002」に掲載してきました。その一つが構造用面材を張り、内部火災からの危険性を下げようと言うことでした。現在では、これは一般化し、本 GWS 構法では前提条件となっています。下のコラムの事例でも、外張り断熱材は、窓からのフラッシュオーバーの炎によって外側から燃焼しています。(次頁へ)

■火災に弱い発泡断熱材による外張り断熱工法

(雑誌「リプラン」北海道版 Vol.126、東北版 Vol.66 に掲載)

今から 30 年ほど前に、発泡断熱材による外張り工法が北海道で開発されました。GW 断熱工法の住宅がなかなか計算通りの性能が発揮できなかったのに対して、外張り工法はきちんと性能が出て、コストは高かったのですが、暖かい快適な住宅が可能になり普及し始めました。その後、私達が GW の高断熱工法を発表し、コストが安く、同じ性能が実現することとなり、外張り工法は北海道から姿を消しました。発泡断熱材メーカーは本州で断熱材の厚さを半分にして営業活動を展開し、本州ではかなり普及しています。図 -1 に外壁の構成を示します。

50mm の断熱材を木材で挟み付ける構成になっています。この工法が不安定だと指摘し、また図 -2 のように内外の火災にはとても弱いことを指摘しました。やがては、火災で人が死ぬかもしれないと言ってきたのですが、2006 年に秋田でとうとう起こってしまいました。図 -3 に火災を報じる新聞記事と、図 -4 に秋田のテレビニュースのビデオからキャプチャーした写真を示します。私は、火災の後、東京大学の菅原先生(日本の建築防耐火の第一人者)に報告し、現場調査に同行させて頂きました。その時に撮った写真が図 -5 ～ -7 です。住宅は、発泡断熱材の中で最も難燃性が高いとされるフェノール発泡の断熱材による住宅で、壁 40mm 外張り、屋根 60mm 外張りの構成です。

火災の原因は、深夜この家のご主人が居間でテレビを見ながらタバコを吸って、その不始末ではないかと言われます。私達は外張り工法は、構造用面材を必ず張ってから断熱材を張るべきだと主張していました。この家は、おかげで壁の断熱材は室内側からは燃えず、火災後半の窓からのフラッシュオーバーの炎が通気層から入って、外から燃焼しています。内装が壁・天井とも赤松の羽目板のため天井が燃え抜けて、野地板無しの工法のせいで屋根の断熱材は全て燃え尽きていました。3 年前の全焼火災の時は北側の隣家は延焼しなかったのですが、今回は猛烈な炎で屋根鉄板が過熱して延焼してしまいました。

一軒の住宅には、発泡断熱材という可燃性の断熱材が、大型トラック 1 台分も使われます。もともと火災には弱い木造住宅に、わざわざ可燃性の断熱材を大量に使うべきではないと、私は考えています。(鎌田紀彦)

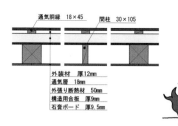

図 -1 外張り工法の標準形

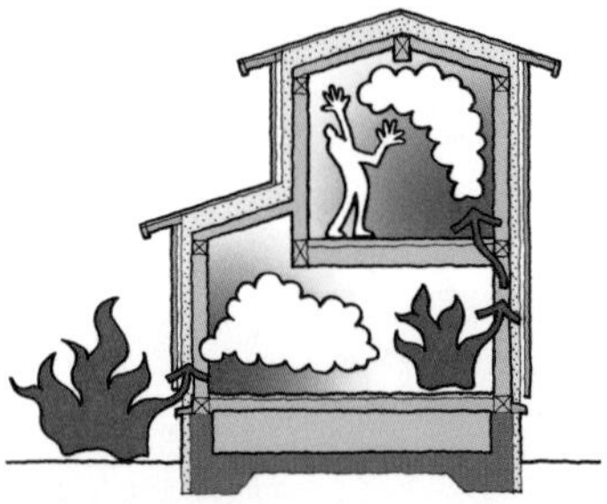

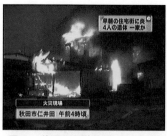

図 -2 外張り工法は火災に弱い

2006年(平成18年)5月19日(金曜日)

秋田

住宅全焼 4人死亡

未明出火、不明の一家か

3年前にも自宅全焼

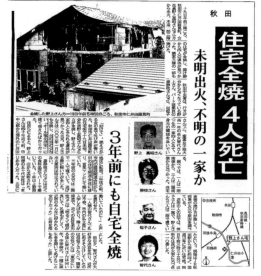

図 -3 外張り工法住宅の火災を報じる新聞記事
(河北新報 2006.5.19)

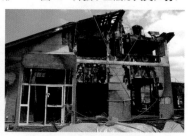

図 -4 秋田の火災の TV ニュース

図 -5 火災後の外観(南面)

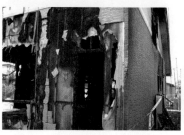

図 -6 外張り断熱材の燃焼状態
(外側から半分位燃えている)

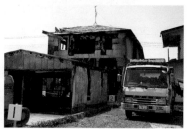

図 -7 火災後の外観(東面)

したがって、この窓からのフラッシュオーバーや隣家の火災の炎が通気層を通して外張り断熱材の燃焼を防ぐことができる構成になっていれば、外張り工法住宅もある程度許容できるのではないかと考えました。

具体的には、

1. 外張り断熱材には、燃焼性の高いスチレン系やウレタン系の断熱材を使わず、燃焼速度の遅いフェノール樹脂系や、ポリイソシアネートフォームの断熱材を使う。

2. 通気層の出入り口になっている箇所で、延焼の恐れの少ない地面に近い土台付近を除いて、何らかの防炎措置を講じる。

3. サイディング同士の目地、サイディングとサッシ廻りの目地などがフラッシュオーバーや隣家の火災の炎で燃え抜けないような措置を講じる。

4. 外壁が木材の時は、目地の燃え抜けにある程度時間がかかるように配慮する。

等に注意する必要があると考えます。更に詳しく考えると、

1. では、具体的にはネオマフォーム、フェノバボード、INOAC のサーマル α 等ですが、サーマル α は、付加断熱として使える透湿抵抗の小さな商品は開発中で未発売です。現行商品は透湿抵抗が高すぎて使えません。

2. では、耐火構造で要求される軒天換気口や通気口、通気層のファイアーストップ材などの採用が考えられます。

3. では、サイディングの横継ぎ目地や縦継ぎ目地は通気胴縁でバックアップされていることが多いですが、できればハット型ジョイナーを使います。開口部周りは、バックアップが無いことが多いので、片ハットジョイナーを必ず使います。

4. では、木材の厚さを普通より厚くするとか、薄い下見板張りは火災の熱で反り上がり、口を開けてしまう可能性が高いので避ける、等が考えられます。

これらについては検証データも無く、初めての試みなので色々試行錯誤しながら、できるだけ安全な方向で、建材や納まりを考えていく必要があると思います。

■防火構造認定制度の問題点

外張り工法の防火構造認定は、H12 年の建築基準法大改正に伴い、木造住宅の防火構造の認定基準が大きく変わったとき、一年遅れで認定がおりました。認定機関の建材試験センターが予備実験を行ったところ、外張り工法試験を行うと、外壁の外側からのバーナーによる加熱で断熱材が燃焼し、あまりにも発煙が多く、排煙設備を強化してから認定実験を始めたためと言われています。

防火構造の考え方は、このとき大きく変わり、隣家の火災が延焼して、外装材や壁の内部が燃えるかどうかよりも、住宅の室内まで熱がどの位来るかに重点が置かれるようになりました。外部の延焼だけで無く、住宅自体の火災が延焼によって生じ、住人に危険が及ばないようにという配慮ということです。そのため、防火構造は室内側の石膏ボードが必然となり、逆に防火性能の大部分を石膏ボードが担うようになってしまいました。このため、外壁の外側に可燃物を配置する工法でも認定が降りる結果になったのです。

実は、このおかげで外壁として木材を使うことなども認められるようになったのです。しかし、木材と極めて燃焼性の高い発泡断熱材とでは、延焼の危険性で大きな差があります。木材が延焼し始めるには、それなりの時間と火力が必要ですが、発泡ポリスチレンやウレタンの発泡断熱材は、通気層から浸入したわずかの炎で発火し、急速に燃焼が始まります。このようにして火災が起きた住宅の消火活動を行った消防士から聞いた話ですが、通気層を通して至るところから煙が出て、火元がわからず消火活動の大きな障害になったというのです。結局、外壁を大きく壊して消火したということです。

認定制度が、住宅が延焼して究極の人命救済に重点を置いた結果、いわゆる軽度の延焼に対する安全性評価がなくなってしまったような気がします。外張り工法は、軽度の延焼から、大きな火災に拡大する危険性が極めて高いのです。

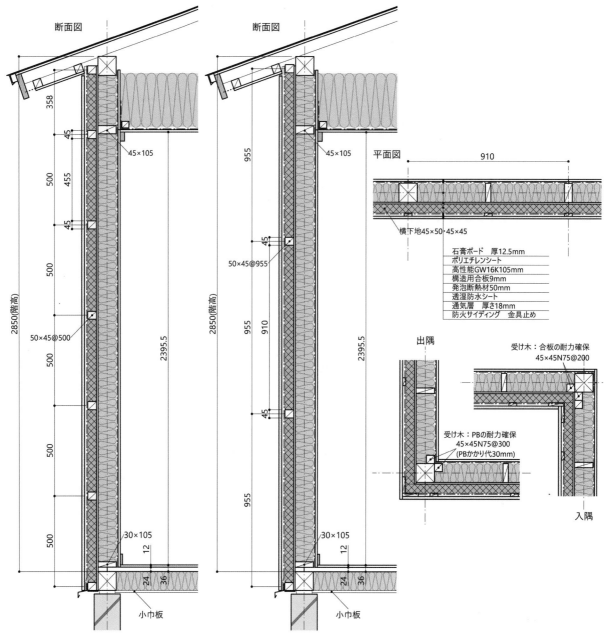

図 3-40　発泡断熱材外張り工法詳細図

ネオマフォーム厚さ 45mm、50mm、60mm による外張り付加断熱工法の熱貫流率を表 3-13 に示します。

この工法で大事なことは、通常の外張り工法とは異なり、木下地を入れながらネオマを張る工法にすることです。通常の外張り工法では木下地を入れると、熱橋となり熱貫流率が大幅に低下してしまいますが、付加断熱で、住宅本体の壁に HGW16kg105mm がありますから、木下地の影響はそれほど大きくなりません。通気胴縁はこの木下地に止めることができますから、長いビスを使う必要もなくなり、外壁の固定も通気胴縁に対して行うことになります。この意味からも、図面では通気胴縁 18mm で表記していますが、通気胴縁は 24 〜 30mm にした方が良いかもしれません。参考までに、木下地無しで全面張りした場合の熱貫流率も示します。なお、この全面張りでは開口部周りの木下地分 3% を見込んで熱貫流率を計算しています。

表 3-13　外壁の断熱工法⑨発泡断熱材外張り工法の熱貫流率

本体外壁			付加断熱層			熱貫流率
商品名	λ	厚さ	商品名	λ	厚さ	(W/㎡K)
HGW16kg	0.038	105	HGW16kg	0.038	105	0.199
			ネオマフォーム 横下地@500	0.020	45	0.230
					50	0.220
					60	0.203
			ネオマフォーム 横下地@955	0.020	45	0.226
HGW16kg	0.038	105			50	0.216
					60	0.199
			ネオマフォーム 木下地無し*	0.020	45	0.220
					50	0.210
					60	0.191

・構造用合板 9mm 石膏ボード 12.5mm で計算
＊外張り断熱部の面積に対して開口部木下地分を 3% として計算

第4章

開口部の計画と施工

4. 開口部の計画と施工

4-1 開口部の計画

　住宅各部の断熱性能は、断熱材の厚さで調節できますが、開口部では、サッシの枠の材質、ガラスの種類などで性能が決まります。住宅全体の熱損失の中では、開口部は大きな割合を占めますから、このサッシとガラスの選択は極めて重要です。特に、5〜7地域の省エネルギー基準は、アルミサッシ＋6mmのペアガラス以上と極めて性能が低く、この性能の向上が重要です。図4-1に色々なサッシとガラスの組み合わせでの、住宅全体での、開口部の総熱損失を示します。近年、ガラスが急速に進歩し、熱性能の高いガラスが、比較的安く手に入るようになっています。又、それに合わせた、断熱性能の高いサッシが容易に使うことができるようになりました。5〜7地域では、図のアルミPVC複合サッシやPVCサッシとアルゴンLowEペア16mmガラスの組み合わせのサッシを採用すると、熱損失が60%以上少なくなります。そして、5〜7地域の暖房エネルギーで計算すると40%も削減できます。断熱材を厚くしてもなかなかこれほどの効果を得ることは難しいのです。

■開口部の熱貫流率の計算

　開口部材の熱貫流率は、今では寸法毎にメーカーのカタログに表示されています。これまでは、ガラスとサッシ枠の材質で、窓の大きさに関係なく熱貫流率が基準で決まっていました。図4-1のU値仕様値がこれです。これに対して計算値は、図4-2のように計算されます。サッシ枠から逃げる熱とガラスから逃げる熱の他に、ガラス周囲のスペーサー部から逃げる熱を加えて全体の面積で割ります。サッシ枠の熱貫流率はPVCサッシで2〜2.5W/㎡Kぐらいであるのに対して、ガラスの性能はこれより良いので、ガラス面積率の大きいサッシはU値が良くなります。ガラス周囲からは、ペアガラスのアルミスペーサーが熱橋になり熱が逃げます。樹脂スペーサーを使ったペアガラスの方が熱損失が少なくなり、ガラス周囲の表面温度が高くなり、結露も少なくなります。

■ガラスの熱貫流率と日射浸入率

　ガラスの性能が良いと言うときは、一般に熱貫流率が小さくなったことを指しますが、ガラスにはもう一つ重要な性能項目があります。それは日射浸入率です。これは太陽熱がどれだけガラスを通過するかを示しています。冬の住宅では、ガラスから熱が逃げていきますが、日中はガラスを通して太陽熱も入ってきます。この2つの項目の性能が同時に高ければ良いのですが、そうはいかないのです。図4-3にそれを示します。日射浸入率の高いガラスを南の大きな窓に採用し、北の窓には熱損失の小さなガラスを使うことが住宅の省エネルギー性を高めることになります。

　開口部の選択は、寒冷地、温暖地、日本海側の日射の少ない地域、太平洋側の日射の多い地域などで変わりますし、住宅の目標性能でも変わります。

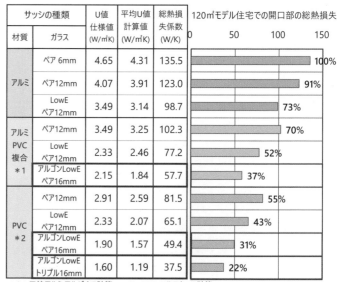

サッシの種類		U値 仕様値 (W/㎡K)	平均U値 計算値 (W/㎡K)	総熱損失係数 (W/K)	120㎡モデル住宅での開口部の総熱損失
材質	ガラス				
アルミ	ペア 6mm	4.65	4.31	135.5	100%
	ペア12mm	4.07	3.91	123.0	91%
	LowE ペア12mm	3.49	3.14	98.7	73%
アルミ PVC 複合 *1	ペア12mm	3.49	3.25	102.3	70%
	LowE ペア12mm	2.33	2.46	77.2	52%
	アルゴンLowE ペア16mm	2.15	1.84	57.7	37%
PVC *2	ペア12mm	2.91	2.59	81.5	55%
	LowE ペア12mm	2.33	2.07	65.1	43%
	アルゴンLowE ペア16mm	1.90	1.57	49.4	31%
	アルゴンLowE トリプル16mm	1.60	1.19	37.5	22%

＊1：三協アルミ アルジオで計算　　＊2：LIXIL エルスターで計算

図 4-1　開口部の構成の違いによるモデルプランの開口部の平均熱貫流率との熱損失

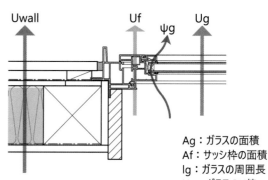

サッシのU値　$Uw = \dfrac{Ag \times Ug + Af \times Uf + lg \times \psi g}{Ag + Af}$

Ag：ガラスの面積
Af：サッシ枠の面積
lg：ガラスの周囲長
Ug：ガラスのU値
Uf：サッシ枠のU値
ψg：ガラスの周囲から逃げる熱

図 4-2　開口部の熱貫流率の計算による求め方

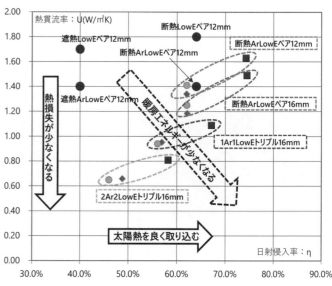

図 4-3　ガラスの熱貫流率と日射浸入率

■ガラスの室内表面温度

ガラスのU値が小さくなったことによるもう一つの利点は、ガラスの表面温度が高くなることです。

図4-4にそれを示します。室温20℃として、外気温が0℃の時の表面温度を図4-4に示します。ペアガラスで13.7℃がアルゴンLowEペア16mmでは17.3℃、トリプルガラスでは18.6℃にもなります。HGW16kg105mmを充填した壁の表面温度は、同じ条件で19.1℃ぐらいですから、あまり差が無くなります。窓から冷輻射やダウンドラフトが生じ、長い間窓は寒いものでしたが、今やそれほどではなくなっているのです。高性能なガラスを使うと、省エネだけではなく、室内の快適性を大きく向上してくれるのです。

■窓から逃げる熱のもう一つの流れ

住宅の熱損失の計算は、現在の省エネ基準ではUA値を使います。図4-5の下にその式を示します。ここでSは各部位の面積、Uは各部位の熱貫流率を示していて、UA値とは床、壁、天井、窓のU値と面積による加重平均値のことです。ここで問題になることが、各部位の熱の流れは平行熱流になると見なして計算していることです。木材は断熱材に比べて熱が流れやすく、厳密には木部付近では熱は平行には流れないのですが、鉄骨などに比べればその誤差はあまり大きくないので平行と見なしています。同様に窓の部分も、窓の熱貫流率によって、平行に流れるという計算をしています。床壁天井と同じに、窓全体の平均熱貫流率のパネルがあるようなイメージです。実際は、窓枠付近の熱流を3次元的に解析すると、図4-5のように、斜めに逃げる熱がありこれが結構大きな値になるのです。そしてこれは熱損失計算には含まれないことになります。

問題は、この熱損失によってサッシ枠の室内表面温度が低下することです。ガラスの高性能化によって、ガラス面の温度よりサッシ枠の温度の方が低くなり、またガラス周囲のスペーサーの熱橋によってこの部分の温度も低下し、結露が集中します。これを防ぐには、サッシを内付けとして、できればサッシ枠の外側の一部でも断熱材で覆うような納まりとして、ガラスのスペーサーには樹脂スペーサーを使うことが必要となります。こうした納まりは、サイディング外装ではなかなか難しいですが、木材外装やモルタル外壁では比較的容易にできます。

図4-6はサッシ枠周辺の熱解析による等温線図です。サッシは、YKKのプラマード、ガラスは16mmアルゴンガス入りLowEペアで、外気温度0℃、室内20℃の時です。上が樹脂スペーサー、下がアルミスペーサーを使ったペアガラスです。サッシ内面では半外付け納まりと内付け納まりでは0.6〜0.7℃温度が違い、ガラスの端部で樹脂スペーサーとアルミスペーサーで2.5℃も違いがあります。この計算はYKK開発本部、北海道開発営業推進室にお願いしたものです。

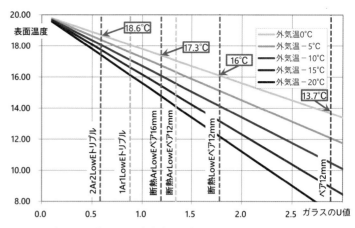

図4-4　ガラスの種類による室内表面温度

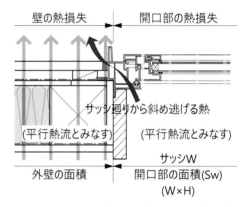

$$UA=\frac{S_{外壁}×U_{外壁}+S_{床}×U_{床}+S_{天井}×U_{天井}+S_w×U_w}{S_{外壁}+S_{床}+S_{天井}+S_w}$$

図4-5　サッシの納まりによってサッシ四周から逃げる熱

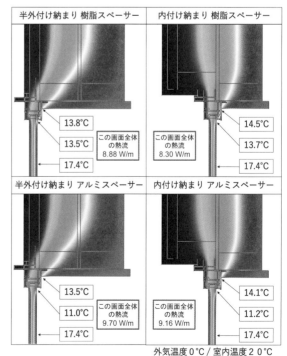

外気温度0℃／室内温度20℃

図4-6　サッシの納まりによるサッシ枠及びガラスの温度

4-2　アルミ PVC 複合サッシの防水・気密施工

　省エネ住宅の、開口部の施工は、開口部廻りの気密、防水、断熱層との連続性などいくつかの重要なポイントがあります。本工法では、多くの開口部が設置される外壁では、外側の耐力面材が気密層ですから、これとサッシを気密につなぐことになります。一般的には、サッシの周りのつばと合板を気密防水テープで密着します。しかし屋根窓などでは、野地板が必ずしも気密層ではありませんから、サッシを開口部廻りの気密層と連続させる必要があり、注意が必要です。

　開口部廻りの防水工事でも、アルミ、アルミ PVC のサッシでは、下枠の下に防水エプロンを設置しますが、PVC サッシではこれは不要になります。これはサッシの構造上の違いによるものです。

　アルミ、アルミ PVC サッシは、サッシの下枠を左右の縦枠で挟むように作られています。この接合部には防水パッキンが挟み込まれていますが、経年変化でこのパッキン

が劣化したり、地震の震動や色々な原因で隙間が生じ、ここから漏水する事故が多いのです。そのため、アルミサッシの業界団体であるサッシ協会が、十数年前から、サッシの下枠の下に、防水エプロンと呼ぶべき新たな防水納まりを提示しました。この納まりは、せっかく設けた防水エプロンに乗せたサッシのつばに、防水テープを張ることになっていて、防水エプロンの上に漏れてきた水の出口を塞いでしまう納まりになっています。これを修正した納め方を説明します。

■アルミ PVC サッシの防水施工

　サッシ廻りの納まりで、軀体に窓の上下左右の窓取り付け枠ができて、外壁の合板の施工が終わったところから解説します。サッシ取り付けと透湿防水シートの施工は現場の都合で順序が逆になる場合もありますが、ここではサッシを取り付けた後、透湿防水シートを貼る手順とします。図 4-7〜図 4-8 に納め方を示します。

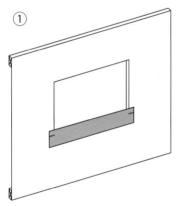

① 　最初にサッシの下の窓台部に、防水エプロンを作る。透湿防水シートで、巾は、開口部巾 +250mm、高さ 300mm 程度のシートを作り。図の ように窓台に 100mm、エプロン前垂 れ部が 200mm 程度の位置にタッカー で留め、窓台の位置で窓外側に図の ような切り込みを入れる。

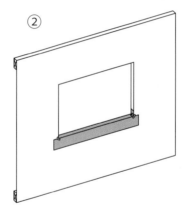

② 　透湿防水シートを窓台にかぶせるように折り込み、両側を図のように立ち上げて止める。その後窓両端のコーナー部をフレキシブル防水テープ、又はコーナー部材で押さえテープで留める。

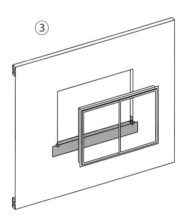

③ 　サッシを取り付ける。

フレキシブル防水テープ
によるコーナー部の納め

コーナー部材による納め

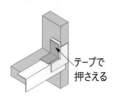

図 4-7　アルミ PVC 複合サッシの防水・気密施工⑴

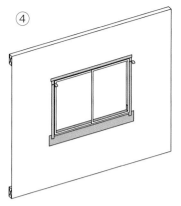

④ サッシ両側、サッシ上部の順に両面防水テープを貼る。テープは巾50mm 以上のものを使用し、サッシ枠のつばと合板にまたがるように貼る。両側部と上部のテープが交わる部分は、右図のように、両側部のテープが上部のテープを突き抜けないように貼る。

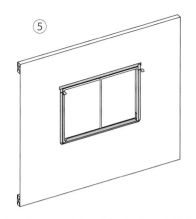

⑤ 窓下の防水エプロンをまくり上げ窓台に仮止めする。

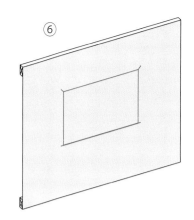

⑥ 透湿防水シートを窓全面を覆いながら貼る。(③ m 巾のシートの場合。① m 巾のシートの場合は、同じように下から重ねて貼っていく。) サッシ周辺はシートをタッカーで留め付けない。図のように合板のラフ開口に沿って切り抜く。サッシの四隅は、図のように長さ100mm 程度の切り込みを入れる。

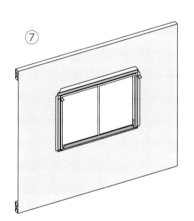

⑦ カットしたシートをめくる。

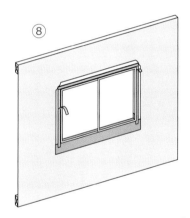

⑧ 窓台にまくり上げた防水エプロンを外側にかぶせるように垂らす。防水両面テープの剝離紙を剝がす。

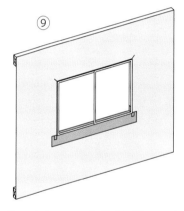

⑨ めくっていた防水透湿シートを貼り付ける。

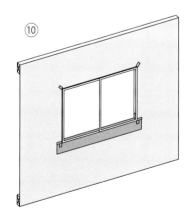

⑩ 上部のシートの切れ目に片面防水テープを貼る。

図 4-8 アルミ PVC 複合サッシの防水・気密施工(2)

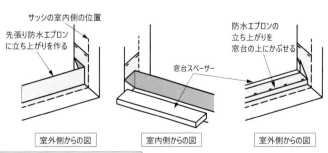

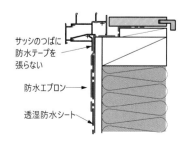

防水エプロンの上端部は、窓額縁を乗せるスペーサの外側で上図にように折り込みながら立ち上がりを作り納める。窓枠からの漏水を受けて室外側に流れるようにする。

4-3 PVCサッシの防水・気密施工

　PVCサッシは、コーナー部が溶着されていて、アルミPVCサッシのような漏水が起こることはありません。したがって、防水エプロンの施工は不要です。サッシ協会の施工仕様が、保障の問題と絡んでいわば義務化されているように見えますが、PVCサッシはサッシ協会の対象製品ではありませんから、PVCサッシについては対象外なのです。

　PVCサッシの場合、気密層である外壁外側の面材との間で気密をとります。具体的にはサッシのつばと合板を気密防水テープで密着させます。このテープに両面テープを使い、その上から透湿防水シートを密着させて、防水するのが基本です。

　ただし、漏水はないといっても、サッシのつばの部分で結露を生じると、この結露水がサッシの外側を伝い、流れる落ちる恐れがあります。室内側から見てサッシと木枠との間の10mm程度の隙間に対し結露を生じないように断熱材を充填することが重要になります。

　図4-9に、PVCサッシの防水の納まりを示します。

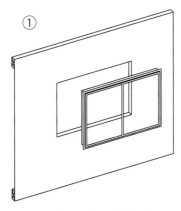

① PVCサッシを取り付ける

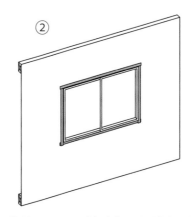

②サッシのつばと合板にかぶせるように両面防水テープを張る。その際、下端、左右、上端の順にテープを張る。左右のテープの上端は、サッシ上の横に張るテープを突き抜けないようにする

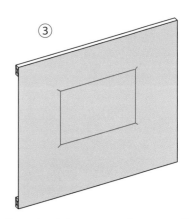

③ 透湿防水シートを貼りサッシ枠の外側に沿ってカッターで切り抜く。コーナー部は図のように10cm程度の切り込みを入れる。

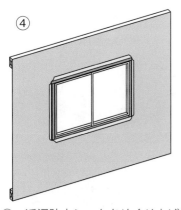

④ 透湿防水シートをめくり上げ、両面テープの離型紙を剥がし、シートを接着する。

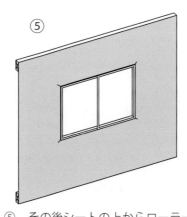

⑤ その後シートの上からローラーでしっかり押さえつける

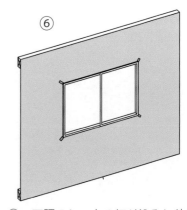

⑥ 四隅のシートの切り込みに片面防水テープを張り、しっかり押さえつける。

図4-9 PVCサッシの防水・気密施工

4-4　開口部廻りの納まり

1.　アルミ PVC 複合サッシの納まり
（三協アルミ：アルジオ）

アルミ PVC 複合サッシは、アルミサッシの枠の断熱性を高めるために、室内側に、PVC のカバーをかぶせたようなサッシです。障子部分は、外側をアルミ、内側は PVC の枠で両側からガラスを挟み込むような形になっています。しかし、サッシの全体枠は、サッシとしての強度や納まりから、そうした構成はとれず、このサッシでは、全体をアルミで作り、上下枠は中間で半分にしてその接続部を断熱パッキン（ヒートブレイクといいます）で挟むような形で、熱を流れにくくしています。縦枠も同じようにすると強度が不足することと、こうした構成にコストがかかるためか、一体のアルミになっています。そして室内側で結露しそうな部分を PVC のカバーを掛けて結露を軽減するという構成になっています。

アルミ PVC サッシは、どれも同じ構成ではなく、各社で色々な工夫をしているようで、その結果、コストにも、熱性能にも大きなばらつきがあります。ヒートブレイクがなかったり、PVC のカバーが不完全だったりするものは、価格も安いようです。サッシの U 値を仕様値で見ると、これらのばらつきはなくガラスの性能で皆同じになってしまいますが、計算値で見るとかなり開きがあります。サッシの選択には注意が必要です。

納まりで一番重要な点が、このアルミの全体枠の室内側に 105 × 105mm の柱との間の 12.5mm の空きで結露が生じないように断熱材を充填することです。図 4-10 の解説（A）です。この部分での結露は、特に北側のキッチンやサニタリーの窓では結構多量になります。そして、その外側の外壁とのコーキングのバックアップにも断熱性の高いエサフォームなどを詰めると、半分以上のサッシ枠が断熱材でカバーされることになり、p.55 の図 4-5 で述べた斜めに逃げる熱を軽減し、サッシの室内面の温度を少し高めて、結露を軽減します。

サッシのつばを防水両面テープで押さえて気密にしているのですが、下枠のつばは防水エプロンに留めていません。ここを留めると、せっかく防水エプロンを作って、万一そこに水が漏れてきたとき、外に出られなくなりたまってしまいます。このエプロンにサッシ下枠が乗っていて隙間はなさそうですが、わずかな不陸などから水は流れ出ることを期待したいのです。殆ど気密にはなっているのですが、ここはテープ止めしない方が良いと考えます。

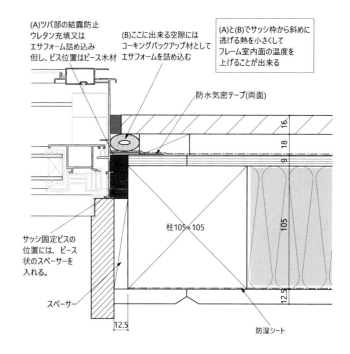

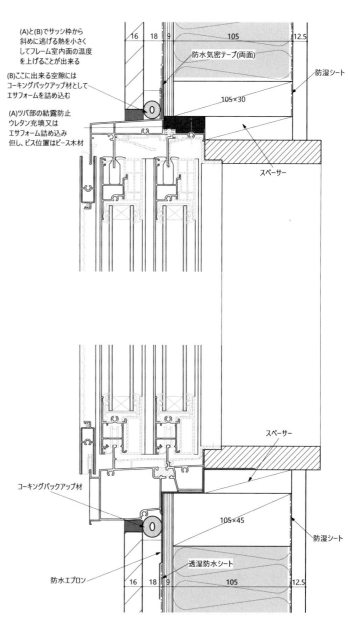

図 4-10　アルミ PVC 複合サッシの標準的な納まり例

2. PVCサッシの納まり

（三協アルミ：スマージュ）

寒冷地から始まったPVCサッシですが、初期の製品は
紫外線などに対する耐候剤も少なく、劣化が早く見られま
したが、近年のサッシは表面をアクリルの薄い層をかぶせ
たり、耐候性の良いシートをかぶせたり、あるいはPVC
自体も耐候剤を十分に入れたりして、耐久性はかなり長く
なっています。色も多くなり木目模様もあったりと多様に
展開していますが、一方で完全外付けタイプや厚壁対応サ
ッシといった形式は、すっかり無くなってしまい、半外付
けタイプに集約されてしまいました。

サッシから斜めに逃げる熱（サッシのψと呼んでいま
す）を小さくするために、内付けにしたり、あるいは太陽
熱を取り込めるガラスの面積率を大きくするために、完全
外付けタイプを使ったりという工夫は殆どできなくなりま
した。その中で、ψを小さくするために、図4-11では、
サッシのつばの内側の空隙に、断熱材を充填して、更にサ
イディングのコーキングのバックアップにエサフォームを
詰めるなどして、サッシの側面を断熱材で覆う工夫をして
います。つばの位置の変更は殆ど不可能ですから、せめて
このような工夫をしたいものです。これによりサッシ枠の
内表面温度が多少上がり、結露を多少軽減してくれます。
現在の高性能ガラスは、PVCの枠部分の熱抵抗より大きな
熱抵抗となり、ガラスより、枠の方が熱抵抗が小さくなっ
ています。これまで、枠近傍のガラスで生じていた結露は、
ガラス端部のスペーサーの熱橋部とPVC枠で発生するよ
うになりました。当然スペーサーは樹脂製を採用する方が
遥かに有利です。

サッシのつばの内側は、空隙のままだと結露が生じます。
つばはPVCですから、アルミPVCサッシのアルミのつば
よりは結露しにくいのですが、やはり結露が発生します。
アルミPVCサッシでは、防水エプロンを設けていて、結
露が生じて下に流れても防水エプロンが受け止めますが、
PVCサッシでは防水エプロンを設ける必要がありません。
それだけにこの結露防止措置は重要です。

PVCサッシには、トリプルガラスを装着するものもあり
ます。これにより、U値は小さくなり熱損失が減るのです
が、LowEガラスが一枚増えるために、日射浸入率が20%
ほど小さくなり、その結果、温暖地の太平洋側は冬の日射
が大きいのですが、ガラスを通して入る日熱熱が減るため
に、暖房エネルギーはあまり変わらないという場合もあり
ます。寒冷地では威力を発揮するトリプルガラスですが、
温暖地では暖房エネルギー計算ソフトなどで十分確かめる
ことが必要です。

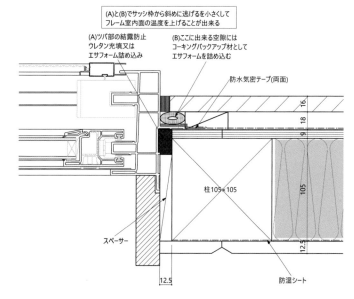

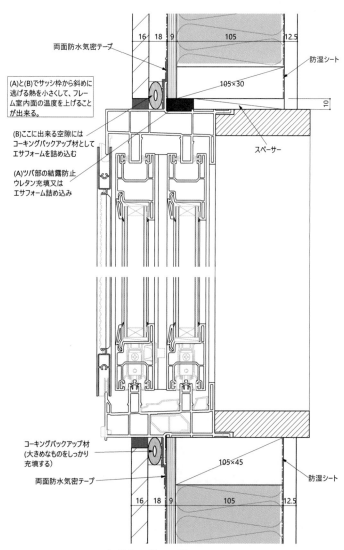

図4-11 PVCサッシの標準的な納まり例

3. PVCサッシの納まり（210mm外壁付加断熱工法）
（三協アルミ：スマージュ）

　外壁の付加断熱工法では、窓下地枠の木材の寸法を調節するなどして、サッシは内付け納まりとしたいところですが、こうすると外壁サイディングを納めるのが難しくなります。サッシの周りをサイディングのコーナー役物を使ったりして納めることになりますが、コストがかなりかかることになります。図4-12は、標準の105mm外壁と同じ納まりで書いた図面です。付加断熱横下地の工法では、横下地が@955となりそのため通気胴縁は24〜30mmの厚さになります。この程度の差はどのサッシもなんとか納まるようです。この分、サッシの側面を断熱材でカバーする範囲が、少し増えてくれます。

　あえて内付けとするためには、柱に直接付けるか、窓下地枠を小さくするなどして、つばは気密テープで納めます。問題は透湿防水シートの納めですが、サッシの側面や外面ににテープで留めるしかなく、この部分の信頼性を確保する納まりが必要になります。4-5節にその納まりを紹介します。

　付加断熱の外壁の場合、トリプルガラスを採用することも多いと思いますが、トリプルガラスは、ガラスの総厚が、40mm以上もあり、障子枠やサッシ枠が、この図面より大分大きくなります。このサッシは、アルゴンガス16mmのスペースではなく、クリプトンガス9mmのスペースのトリプルガラスを採用しているため、ペアとトリプルが同じ枠断面で納まります。アルゴンガスは16mmの時が一番断熱性が良いのですが、クリプトンは9mmぐらいが一番良いのです。その分トリプルサッシが安くなると言うのがこのサッシの売りのようです。

　付加断熱では、外壁が厚くなる分、同じ半外付け納まりにすると、室内側の額縁の奥行きが大きくなります。これを木の造作材で額縁を作ると、コストもかなりのものになりますから、この図のように上と左右はクロス巻き込みにして、窓台だけを木製とする納まりが多く採用されています。全ての窓が、少し出窓風になるのが良いようです。

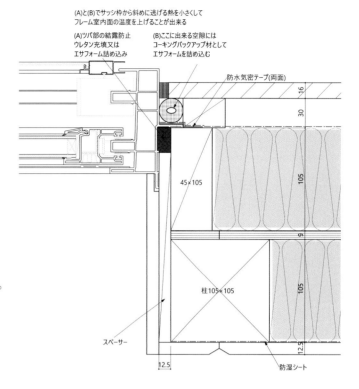

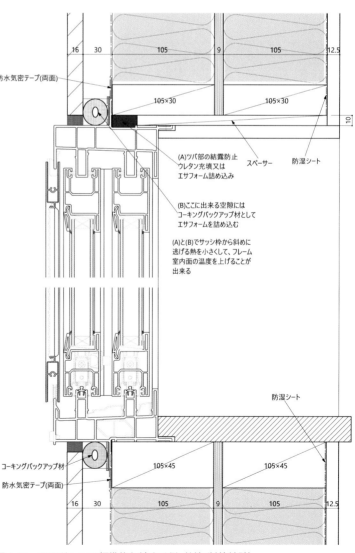

図4-12　PVCサッシの標準的な納まり例（付加断熱外壁）

4. PVCサッシ（KWindow）厚壁対応サッシによる 内付け的な納まり

サッシを内付けにするには、現在の半外付けサッシで簡単に納めるには、取り付けつばの位置を変更し、サイディングがぶつかる角（ツノ）を長くする必要があります。関東一円で販売されている KWindow は、こうしたことが、サッシに取り付けるオプションパーツの組み合わせで、ある程度自由がきくサッシです。長いツノ部品をサッシに取り付け、その状態でつばの位置が何カ所か選べるのです。

図 4-13 は、このいろいろある組み合わせから最も適当な組み合わせを選択した状態での納まりを示します。この

サッシは、アメリカ製でサッシ枠も細かな空気室に分かれていて、サッシ枠の U 値も小さく、性能の高いサッシですが、内付けにすることにより一層高い性能を期待できます。図 4-14 は付加断熱の外壁に取り付けた場合で、210mm の断熱層の外側の中にちょうど納まっています。外装が木の羽目板などの場合は、この状態で逆にツノ部品を取り払い、外装をサッシにかぶせるように納めると、更に性能が良くなり、枠での結露も殆ど生じないでしょう。

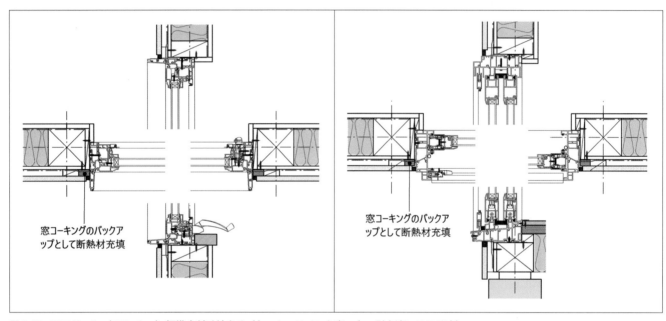

図4-13 PVCサッシ（KWindow）標準内付け納まり（左：ケースメント窓、右：引き違いテラス窓）

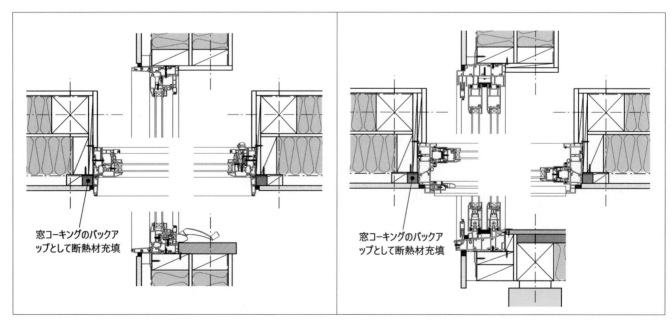

図4-14 PVCサッシ（KWindow）付加断熱内付け納まり（左：ケースメント窓、右：引き違いテラス窓）

4-5　開口部廻りの納まり～実例

1. PVC サッシ（エルスター X）下地調整による内付け納まり

　この住宅は、北海道に建つコンパクト総2階建て住宅です。外装は、30 × 105 のカラ松間柱材を使った目透かし縦張りです。サッシのつばから角の先端までの寸法が 65mm なので、逆算して、サッシ取り付けの木下地を 45 × 65mm として、サッシの角の先端が、カラ松外装の内側にぴったりの位置にして、内付け納まりとしています。サッシの横には図のように隙間を空けて断熱材をはめ込み、透湿防水シートを貼り付ける下地とし、サッシの角の横面からこの断熱材と木部まで両面テープを張り、これで接着して納めています。目透かし張りなので、透湿防水シートには、紫外線に強い目透かし張り専用のシートを使っています。サッシを内付けにするには、現在の国産の半外付けサッシでは、難しいのですが、KWindow は、こうしたことが、サッシに取り付けるオプションパーツの組み合わせで、容易に実現できます。

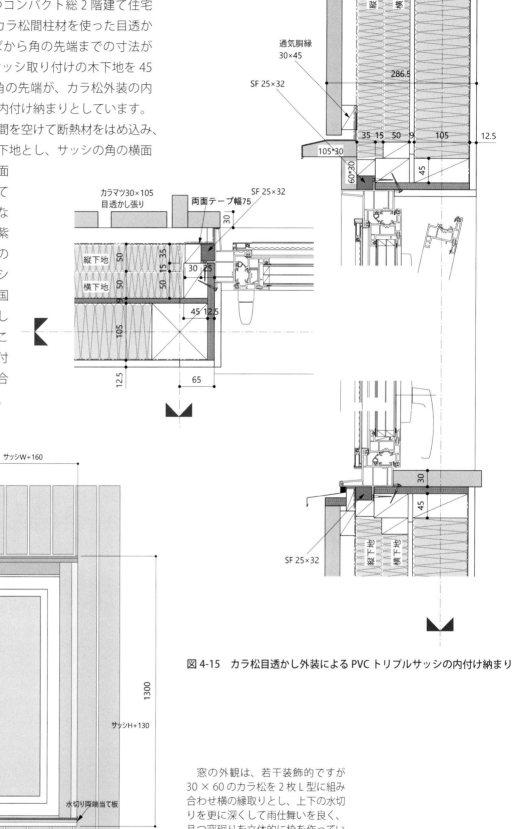

図 4-15　カラ松目透かし外装による PVC トリプルサッシの内付け納まり

　窓の外観は、若干装飾的ですが 30 × 60 のカラ松を2枚L型に組み合わせ横の縁取りとし、上下の水切りを更に深くして雨仕舞いを良く、且つ窓廻りを立体的に枠を作っています。

図 4-16　カラ松目透かし外装による PVC トリプルサッシ廻り外観

2. PVC サッシ（YKKAPW430） 下地調整による内付け納まり

　この住宅では、住宅本体の柱外側に直接サッシを取り付け、外壁断熱層のほぼ中央に取り付けています。半外付け納まりですが付加断熱の下地木材をセットバックさせ、外壁を巻き込んで納めています。外装は無塗装のサイディングにジョリパッド鏝塗りで櫛引仕上げです。このためコーナー役物を使わずに巻き込みを納めることができています。サッシを内付けにすると、サッシ廻りの壁面から大分引っ込み、廻りの壁が庇のように日射に対して働くようになります。あまり引っ込めると、日射が少なくなるのですが、このくらいが限度という感じです。サッシにつばがあるため、外装をつばにかぶせずにつばの外側で納めています。

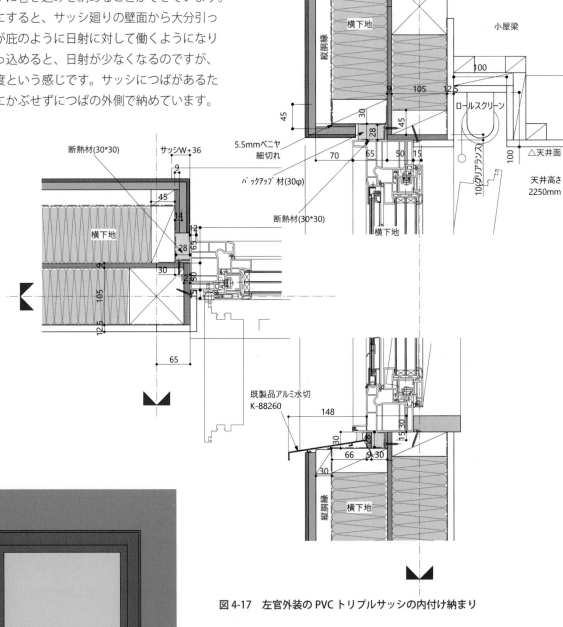

図 4-17　左官外装の PVC トリプルサッシの内付け納まり

図 4-18　左官外装の PVC トリプルサッシの内付け納まり外観

64

第5章

天井の断熱工法とその施工

5. 天井の断熱工法とその施工

5-1 天井の断熱工法の概要

　天井の断熱工法は、これまであまり重視されず、天井下地の上に断熱材を載せるだけの工法と見なされてきたきらいがあります。確かに、外壁や間仕切り壁の気流止めが無い状況では、施工レベルにかかわらず、天井断熱の効果を実感できる状況では無かったのです。しかし本工法では、気流止めがしっかりと形成されることで、天井断熱は大きな効果を発揮します。

　夏の冷房時期には、屋根面が非常に高温になり、天井断熱が不完全だと、二階の天井面の温度が上昇し、住宅全体の高温になった空気も二階の天井付近に滞留するため、二階の部屋は非常に暑くなります。天井断熱がしっかりすると、天井裏からの熱はかなり抑えられますが、小屋裏の温度が高く室内との温度差が大きいため、かなりの熱が侵入してきます。このため、温暖地でも天井の断熱厚さを十分に確保する必要があります。

　冬の暖房時、室温は上下温度差が生じ、天井付近は温度が高くなります。又、住宅に温度差圧力が生じ、天井面は上向きの圧力を受けます。従って、天上面に隙間があると、そこから室内の暖かい空気が天井裏に抜けることになります。又、天井の断熱層の上は、外部と換気された低い温度の小屋裏ですから、断熱層に隙間があり、天井面との間にも隙間があると、ここで対流を起こし、断熱性能の大幅な低下を招きます。こうしたことに留意しながら、しっかりと施工することが重要です。

　天井下地は、野縁、野縁受け材や吊り木などが複雑に重った構成のため、しっかりと上記の条件を満足する施工はなかなか難しいのです。これを避けるため、早くから、寒冷地では吹き込み工法（ブローイング工法）が採用されてきました。今では、関東から信越地方ぐらいまでは広く普及しています。しかし、関西以西では、グラスウールブローイングの施工業者が少ないため、今でもマット品の施工が中心です。この施工は十分注意して施工する必要があります。省令準耐火では、天井が耐火性能上最も大切な部位とされ、野縁の構成に規制があります。この仕様を考慮しながら、しっかりとした工法を採用することが大事です。

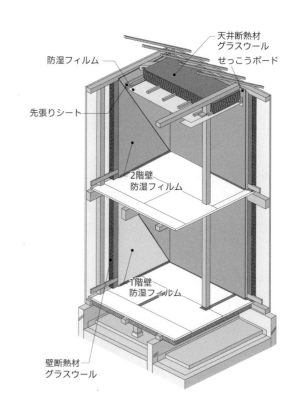

表5-1　天井断熱工法に用いられるグラスウール製品

パラマウント硝子工業株式会社

商品名	密度	寸法(mm)			入数	施工面積	熱伝導率	設計価格
	kg/㎥	厚さ	幅	長さ	枚	坪	W/mK	円/坪
SUN	高性能16	200	420	1,370	8	≒1.5	0.038	¥12,000
		180						¥10,800
		155						¥9,300
		105	910	11,000	1	≒3.0		¥5,400
		50	265	2,740	24	≒6.0		¥3,000
			410		16			
ニューダンブロー	18	–	–	–	15kg	–	0.052	
サンブロードライ	32	–	–	–	12kg	–	0.038	

北海道在庫品

旭ファイバーグラス株式会社

商品名	密度	寸法(mm)			入数	施工面積	熱伝導率	設計価格
	kg/㎥	厚さ	幅	長さ	枚	坪	W/mK	円/坪
アクリアウール	高性能16	140	425	1,370	10	≒1.9	0.038	¥10,010
		120	425	2,880	8	≒2.3		¥8,580
		105	430	2,740	8	≒3.0		¥7,520
		50	910	22,000	1	≒6.0	0.038	¥3,580
		105		11,000		≒3.0		¥7,510
アクリアEブロー	10kg <	–	–	–	15kg	–	0.052	
	20kg <	–	–	–		–	0.040	
	22kg <	–	–	–		–	0.038	

＊厚さ50mm巾415、265の製品はない

マグ・イゾベール株式会社

商品名	密度	寸法(mm)			入数	施工面積	熱伝導率	設計価格
	kg/㎥	厚さ	幅	長さ	枚	坪	W/mK	円/坪
コンフォート	高性能16	155	425	1,370	10	≒1.7	0.038	¥9,000
		140	425	2,350	7	≒1.9		¥8,100
		120	425	2,740	7	≒2.3		¥7,000
		105	425		8	≒3.0		¥6,200
	高性能16	50	265	2,740	18	≒4.5	0.038	¥2,900
		50	410		14	≒5.2		¥2,900
	高性能16	50	910	22,000	1	≒6.0	0.038	¥2,900
		105		11,000		≒3.0		¥6,200
マグブローライト	10kg <	–	–	–	10kg	–	0.052	
	22kg <	–	–	–		–	0.038	
マグブロー	18kg <	–	–	–	15kg	–	0.052	

5-2　天井の気密・防湿施工

1.　気密シートの材質と寸法

　床、外壁の気密層は、本工法では合板などの面材が担っていますが、天井面では防湿気密シートが気密層になります。防湿気密シートには、低密度ポリエチレンの0.2mm厚程度の厚手のシートを用います。これは、厚手のシートを使うことにより、施工性がよくなり、正確な施工が可能になるからです。木下地の上で10cm以上の重ねをとり、上から石膏ボードなどを釘で留めることにより、厚さがあるシートの方が継ぎ手部分の気密性が向上し、その性能を保持しやすいためでもあります。

　シートは、巾1m、2.1m、2.4m、2.5m、2.7m、3m等があり、長さは30〜50mのロール品です。できるだけジョイント箇所が少なくなるように広幅のシートを使うことが望ましいといえます。

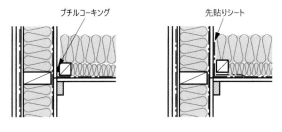

図5-1　ブローイングGWとマット品による天井断熱

2.　ブローイングGWとマット品GWの施工

　天井断熱では断熱材下面にぴったりと防湿気密シートが密着し、その下に石膏ボードなどの天井材が、シートを押しつけるように施工することが原則です。ブローイング工法では、このような下地を作り、上からGWを吹き込むだけですから簡単です。マット品では2段になった下地に隙間なくGWを充填し、且つその下面に気密シートが密着するような施工は、それほど簡単ではありません。（図5-1）

図5-2　天井気密シートと外壁の納まり

3.　天井気密シートと壁との納まり

　天井の気密シートは、外壁で石膏ボードにぶつかります。ここでシートを切るだけだと、野縁の乾燥収縮で隙間が生じます。野縁と石膏ボードの間に、ブチルコーキングや先張りシートを挟み付けるなどして気密化を図ります。

　間仕切り壁にぶつかるところは、下地の木材に折り曲げてタッカーで留めます。この後石膏ボードを上から張ります。（図5-2）

4.　気密シートを貼る方向に注意

　気密シートを天井下地下面に張り上げる場合。野縁の方向と同じ方向に張ることが重要です。シートの継ぎ目が、全長に渡って野縁の上になるようにします。野縁の上で、10cm程度の重ねをとります。この上から、石膏ボードを張り上げます。図5-3に例として10畳の部屋の天井を色々な寸法のシートを張った例を示します。ジョイントが少ない方が良いのですが、住宅全体で無駄なく使えるシートの巾を選ぶことが重要です。（図5-3）

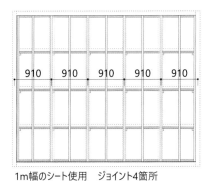

1m幅のシート使用　ジョイント4箇所

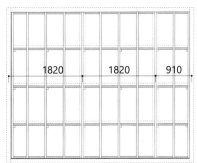

2.1m幅のシート使用　ジョイント2箇所

2.4m幅のシート使用　ジョイント1箇所

図5-3　天井気密シートの貼り方の例

5. 下屋の断熱・気密施工

　二階建て住宅の下屋部分の天井断熱は、一般住宅では最も欠陥が生じやすい部位です。図5-4にそれを示します。最も重要な点が、下屋の小屋裏と二階床下部分の仕切りがない点です。これで二階の床下が温度が下がります。また、屋根が寄棟で妻壁換気口がとれない場合、差し掛け屋根のたるきがぶつかる場所に小屋裏換気の出口がなく、外側の合板もない場合は、二階の外壁内に小屋裏空気が浸入して、二階外壁の断熱性低下や、結露を生じさせてしまいます。軒天に有効軒天ボードを使う例が多いのですが、全面有孔ボードにすれば換気口面積が足りる可能性もありますが、部分的だと換気口面積として不足します。有孔ボードの穴は抵抗が大きいため、実開口面積よりも少なくなるのです。（5-3節参照）

　GWS工法では、二階外壁の下に下がり壁を作り、図5-5のように断熱壁を作り、石膏ボードも張ります。この部分の天井と下がり壁は気密シートで気密をとるため、0.2mm厚のシートをしっかりと張ります。さしかけ屋根の軒先と上部の二階外壁にぶつかるところは、換気部材をしっかり作り換気が効率よく行われるようにします。もちろん二階外壁の合板は下の梁まで張っておきます。これで、二階外壁も耐力壁として働きます。一階の外壁上部にも、石膏ボードを桁まで張り上げます。これも一階外壁の石膏ボードが耐力壁となるために必要です。軒先換気部材は色々な商品がありますが、軒天全長に渡って取り付けることが有効です。外壁通気層の空気を小屋裏に取り入れ、換気口代わりにすることもあるようですが、やはり別に設置する方が確実です。この換気部材を軒天と外壁の取り合い部に設けると、風圧で雨や雪が入りやすくなります。

6. 差し掛け屋根の防水立ち上がり

　フラット35の仕様書では、差し掛け屋根の防水層の立ち上がりを高さ250mmとることになっていて、審査機関からこれを求められることがあります。下屋の小屋裏換気をとりながら、250mmの防水立ち上がりを設けるには、図5-6のような方法が考えられます。左図は通気層を二重にして二階の小屋裏まで通気します。右図は、差し掛け屋根の立ち上がりを250mmにしてしまう方法です。この立ち上がりは、差し掛け屋根の側面で外壁と取り合う場合にも適用されます。積雪地ではこの側面などは250mmの立ち上がりは、落雪時に屋根側面の外壁を痛めることがなくなりますから、有効でしょうが、一般的にはこれほどは不要ではないでしょうか。審査機関によっては、図5-5の小屋裏換気部材を使う工法もメーカー責任として認められているようです。

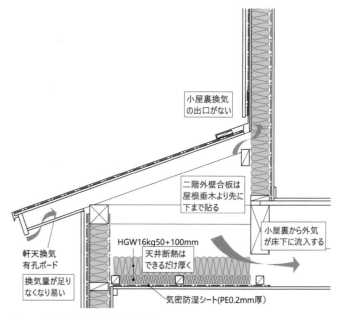

図5-4　下屋部天井断熱の欠陥施工

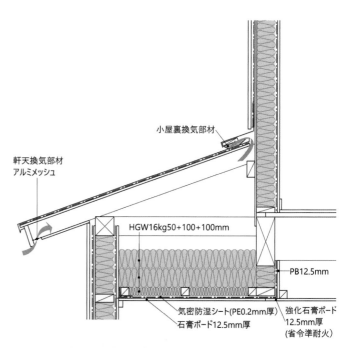

図5-5　下屋部天井断熱の気密防湿施工

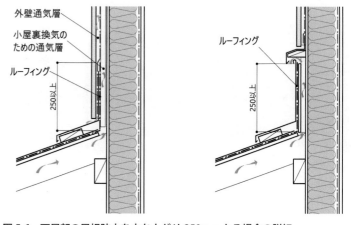

図5-6　下屋部の屋根防水を立ち上がり250mmとる場合の詳細

5-3 小屋裏換気の計画と施工

　小屋裏換気は、①小屋裏結露の防止、②寒冷地でのつららやすがもりの防止、③温暖地での夏の小屋裏温度上昇を低減、等の目的からとても重要です。日本の一般住宅は、殆どの住宅で小屋裏結露が起こっていて、野地板は、20年ぐらいで腐ってしまいます。この主たる原因は気流止めがなかったことです。壁の空洞部から暖かい空気とともに多量の水蒸気が小屋裏に流入し、野地板で結露しているのです。換気口を、昔の金融公庫の仕様書通り設けていても、全く結露は止まりません。これは、公庫の仕様書がアメリカの HUD の仕様を参考にして決められていたからと言われます。アメリカの 2 × 4 住宅は、気流止めが自然にできていて、小屋裏に水蒸気はあまり入ってこなかったのです。本工法（GWS 工法）では、気流止めがしっかり作られますから、今度は、仕様書通りの小屋裏換気で十分結露を防ぐことができます。

　ここで、一つの問題があります。換気口の有効開口面積の問題です。各種換気部材を販売しているメーカーのカタログには、有効開口面積が表示されています。しかしこれは、換気部材の寸法に対して、有効な実開口面積を表示しているに過ぎません。開口部の形状によって、空気が流れるときの抵抗には大きな差があります。この抵抗も加味した面積で考えていかないと、実際の小屋裏換気量には大きな差異が生じます。

　平成 13 年版住宅金融公庫仕様書の北海道版では、この問題にメスを入れ、実開口面積に抵抗による係数を掛けた有効開口面積で換気口を設置することとしました。これは、気密測定などで求められる隙間相当面積に当たります。この仕様が、現在国が行っている「住宅省エネルギー技術講習」の施工テキストに掲載されている内容です。（図 5-7及び表 5-2）この中で表 5-2 が重要です。これによると、例えば、軒天に有効―ボードを設置する場合、現在のメーカーの計算書では、穴の実面積で必要枚数を計算していますが、有効開口面積で計算すると、必要枚数は、1/0.15 ≒ 6.7 で、約 7 倍の枚数が必要になります他の換気部材も同様で、殆ど全ての換気部材の計算を見直す必要があります。

　棟換気が広く採用されていますが、ここでも注意が必要です。図 5-8 の上図が一般的ですが、このタイプは風上から換気口に直接風が当たり、風が入り換気されると説明されますが、同時に雨や雪も一緒に入ってきます。これを防ぐために穴を小さくしたり、迷路状の経路を造ったりしていますが、これで抵抗が増えます。下図のように風がなめらかに換気金物の上をながれるような風向板を設置すれば、雨雪は入らず、風の強いときは換気量が倍増します。同じ換気部材でも実際の換気量が大きくなるのです。

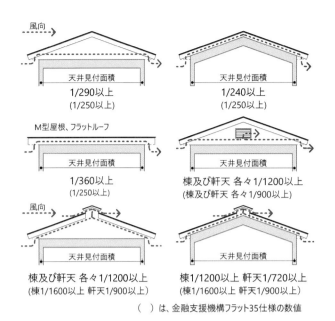

図 5-7　小屋裏換気方式毎の必要有効開口面積表

表 5-2　有効開口面積を求めるための係数

換気部材の種類		実開口面積に乗じる係数
軒天換気部材及び棟換気の軒天換気部材	軒天有孔ボード（孔径5mm）	0.15
	ガラリ付換気部材（3mmメッシュ防虫網付き）	0.15
	ガラリ付換気部材	0.30
	パンチングメタル部材	0.30
	積層プラスチック換気部材	0.40
棟換気の棟換気部材	積層プラスチック換気部材	0.20

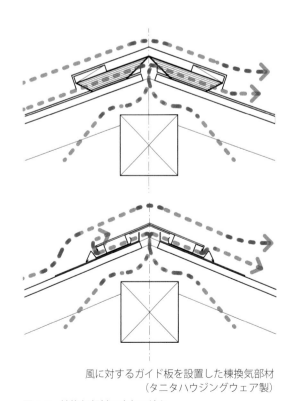

風に対するガイド板を設置した棟換気部材
（タニタハウジングウェア製）

図 5-8　棟換気部材の空気の流れ

5-4 省令準耐火仕様の天井下地

　GWS工法の住宅を省令準耐火とする場合は、色々な項目がある中で、天井下地の構成が天井断熱に関わってきます。フラット35の仕様書には、図5-9と図5-10が掲載されています。この2つの違いは、赤枠で囲った点のみで、上階に床がある場合は、天井石膏ボードの目地には全て受け材が必要になるという点です。またこの場合は強化石膏ボード12.5mmを張ります。

　ところが、平成26年（2014年）に、図5-11のような通知があります。内容は平成26年版の仕様書に掲載することになっていますが、最新の2019年版仕様書でも、これらの図は全く同じものが掲載され、仕様書本文も全く変更はありません。不思議なことですが、図5-11のお知らせを信用することとしています。

　要は、野縁をあまり細くしてはいけませんと言うことだと思います。大事な点は野縁を@455mmとする工法が許されると言うことです。石膏ボード12mmを使うのですから、耐火性能上@303でなくても良いと言うことです。本書では、天井断熱の仕様をこの方針で構成しています。

　図5-12に上階に床がある場合の間仕切り壁上部の構成を示します。二階の床下のふところが間仕切り壁上部で防火区画を構成する必要があります。このための構成として、上段のような図が仕様書に示されています。このほかにも2つ図がありますが、GWS工法では、この2つの図によることとします。耐力壁は左のようになります。非耐力壁で石膏ボードを上まで張り上げない場合は、下図右のように納めます。サニタリー廻りや、収納の間仕切り壁上部では、火気使用室を除いて10㎡以内は1つの部屋としてまとめることができ、この措置は省略できます。

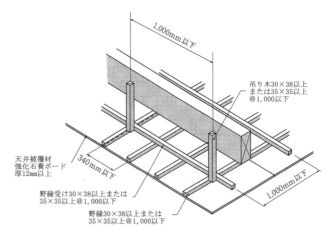

図5-9　上階に床がない場合の天井下地の構成

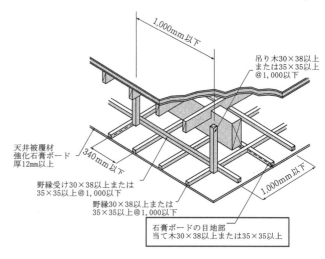

図5-10　上階に床がある場合の天井下地の構成

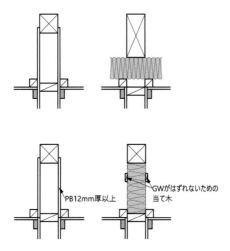

図5-12　上階に床がある場合の間仕切り壁上部の構成

図5-11　省令準耐火構造の基準の変更（平成26年10月）のお知らせ

5-5 マット品のグラスウールの天井断熱工法の問題点

　天井断熱をマット品の GW で施工する場合は、断熱材、その下の防湿気密シート、そして石膏ボードの三つの材料のお互いの位置関係に注意する必要があります。天井下地は、北海道などでは 18 × 45mm の胴縁を 45 × 45mm の垂木に欠き込みを入れてはめ込む格子野縁であり、本州では 30 × 40mm の野縁受の下にやはり 30 × 40mm の野縁を打ち付ける、流し野縁による工法が一般的といいます。いずれも細かく下地材が組み合わされて、GW をはめ込みにくい構成になっています。

　北海道では早くからブローイング工法が普及して野縁の細かな凹凸は問題にならなくなりました。本州では、一般に野縁の上に袋入りの GW を敷きならべる工法が多いようです。図 5-13 のように野縁の上に巾 455mm の袋入り GW を並べると、野縁受けのところで木材だけの熱橋ができますし、巾 420mm を並べると、隙間ができてしまいます。普通は、野縁の下から耳付きの巾 420mm の GW をはめ込む工法が多いようですが、これも野縁が熱橋になり、野縁受けのところで GW が潰れることになりますから、GW の切り込みが必要となります。いずれも天井断熱の GW の施工としては良い工法とはいえません。

　天井断熱は GW の厚さが厚くなりますから、野縁の間にはめ込むのでは、野縁の熱橋が多くなり、野縁の上に並べる方が施工しやすくなります。野縁受けや吊り木は GW を欠き込みや切り込みを入れ手施工すると、隙間なく施工することができます。

　しかし、ここで問題が起こります。気密シートは野縁の下面に張るしかなく、その下に石膏ボードを張ります。図 5-14 の上の二つの図で、互いに直交方向の断面図を示しています。この場合、野縁ゾーンの空隙と、GW の上の小屋裏空気との間で、GW のちょっとした隙間から空気の対流を起こしてしまいます。野縁ゾーンの温度は室内の一番高い温度で、小屋裏は外気に近い温度なのです。これでは、天井断熱の性能が大幅に低下してしまいます。下の二枚の図のように、GW のすぐ下に気密シートの施工ができれば良いのですが、これでは GW を敷き並べることができません。GW を支えるものがないのです。

　こうした矛盾を抱えて、なんとかなりそうな工法を次に説明します。多少面倒ですがこれしかなさそうです。

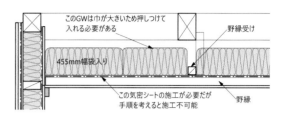

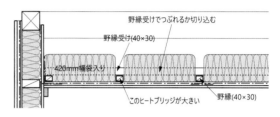

図 5-13　袋入りマット品 GW の一般的な施工

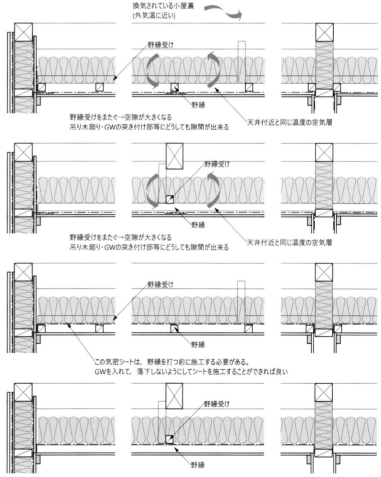

図 5-14　マット品の GW による天井断熱施工

5-6 マット品のグラスウールの天井断熱工法 と施工

1. 野縁間に GW を充塡する標準的な工法

天井下地の構成は、地域によって、或いは天井材によって異なります。北海道のように 45 × 45mm の垂木と 45 × 18mm の胴縁材を使って格子野縁を造る地域もありますが、このような地域では、早くからブローイング断熱工法が普及して断熱工法として特に問題は無くなりました。本州では、野縁受け材を @ 910mm で梁から吊り、これに野縁を平行に打ち付ける、いわゆる流し野縁が一般的です。この工法でもブローイング断熱工法なら、特に問題はありませんが、関東地方より西の地域では、ブローイング GW を施工する業者が少なく、マット品の GW による断熱工法が一般的です。この工法では、これまでに述べてきたように、野縁間に空隙が出来ると断熱性能が低下する恐れがありますから注意が必要になります。

この工法は、野縁の間に GW を充塡して隙間を生じないようにする工法です。充塡する GW としては 50mm 厚、巾 410mm のものしか無いため、野縁の木材としては 45 × 45mm を使う必要があります。野縁受けも強度的には 45 × 45mm にした方が良いと思います。50mm 厚の HGW を 45mm 厚の木材間に充塡すると 5mm 以上上側にでることになり、その上の HGW を持ち上げることになり、野縁の上部に若干の隙間が出来ますが、大きな問題にはならないでしょう。これを避けるには、防湿層付きの 50mm 厚の GW で密度の小さい GW を使う方法も考えられます。野縁にタッカーで留め付けられますから好都合です。この場合も気密シートは別張りします。

野縁受けが @910 で施工されているものとします。野縁を 1〜2 本間引いて打ち付け、その上に必要な厚さの 910mm 巾のロール品の GW を適当な長さに切って敷き並べます。その際、両端に野縁受けの分欠き込みを入れます。吊り木に当たるところは GW に切り込みを入れて吊り木を挟み込みます。210mm 厚の HGW を施工する場合は、あらかじめ 105mm 厚の HGW を 2 枚重ねてから施工する方が良いと思います。105mm ＋ 50mm の場合は、50mm の方を巾詰めして重ねて施工します。

その下から残りの野縁を打ち付け、野縁間に 50mm 厚 410mm 巾の GW を充塡します。後は気密シートを張り石膏ボードを打ち付けて完了です。(図 5-15)

HGW16kg910mm 巾のロール品が入手出来ないときは、図 5-16 のように、巾 420mm の製品を使って施工することも出来ます。この場合も、ロール品を使う場合も、GW が施工中に下に落ちる場合も考えられます。その場合は、ポリエチレン製の荷造りテープなどを野縁受けの下にタッカー止めするなどして落下を防ぐと良いでしょう。

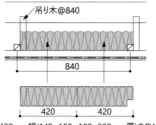

420mm幅(140、155、180、200mm厚)のGW
を使う場合野縁受け間隔を840mmで施工する

ロール品の GW が入手できないときは、右図のように巾 420mm の GW を使います。所定の厚さの GW を 2 枚で 840mm 巾にして、野縁受けを内法 840mm で施工すれば同じように天井断熱が可能になります。

図 5-16 巾 420mm の GW を使う天井断熱工法

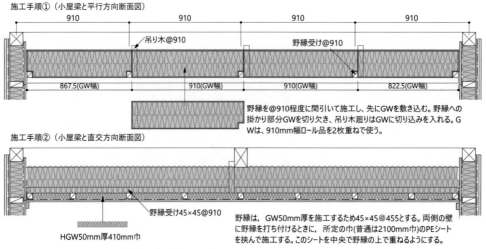

野縁を@910程度に間引いて施工し、先にGWを敷き込む。野縁への掛かり部分GWを切り欠き、吊り木廻りはGWに切り込みを入れる。GWは、910mm幅ロール品を2枚重ねで使う。

野縁は、GW50mm厚を施工するため45×45@455とする。両側の壁に野縁を打ち付けるときに、所定の巾(普通は2100mm巾)のPEシートを挟んで施工する。このシートを中央で野縁の上で重ねるようにする。

図 5-15 野縁間に GW を充塡する標準的な工法

2. 野縁受け材の上に全ての GW を施工する工法

1. の工法を、野縁を全く打ち付けない状態で、GW を施工してしまいます。そのために全ての GW の両端に欠き込みを入れます。わずかな引っかかりで HGW を野縁受けの上に乗せ掛けるのですが、野縁受けに 30 × 40mm を平に使っても GW の引っかかりは 20mm あり、HGW は意外に剛性があり施工が可能だろうと思います。気密シートは野縁受け方向に流しますが、あらかじめ壁際に留め付けておき、GW を一列施工したらシートをすぐ張り付けるようにすれば、GW は落ちてこなくなります。また、前述のようにポリエチレン製の荷造りテープを野縁受け材にタッカーで打ち付けたりする方法もあります。

終了したら、下面に野縁を施工します。野縁は 30 × 40mm で構いません。野縁受けのシートのジョイント部にも、抑えとして野縁を打ち付けます。この下地に石膏ボードを打ち付けて完了です。

巾 420mm を二枚で使う場合は、長さを 910mm にカットして、野縁受けに乗せ掛けます。1. の方法とは違う方向に掛けることになります。この場合 GW の落下を防ぐようにしながら施工する必要があります。（図 5-17）

ブローイング断熱材に比べて、HGW16kg の熱伝導率は小さいので、天井断熱の厚さはブローイング断熱工法に比べて薄くて済みますが、高性能住宅としては温暖地で 200mm 級、寒冷地では 250mm 級以上を確保すべきでしょう。

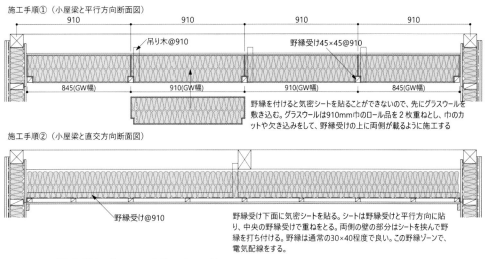

図 5-17　野縁受け材の上に GW を施工する工法

表 5-3　HGW マット品による天井断熱工法の熱貫流率

野縁間断熱材			野縁上断熱材			断熱材	熱貫流率
商品名	λ	厚さ	商品名	λ	厚さ	総厚さ	(W/㎡K)
HGW16kg 410mm巾 45mm厚で熱貫流率を計算	0.038	50 (45)	HGW16kg 910mm巾 ロール品	0.038	105	150	0.239
					50＋105＝155	200	0.182
					105＋105＝210	255	0.144
					50＋105＋105＝260	305	0.121
			HGW16kg 420mm巾	0.038	155	155	0.232
					180	180	0.201
					200	200	0.182

5-7 ブローイング・グラスウールの天井断熱工法と施工

　天井下地の細かな凹凸を気にせず施工できる、ブローイング工法は、施工が容易で広く普及していますが、温暖地の西日本では、GW ブローイングの施工業者が少なくあまり普及していないようです。

　天井にブローイング GW を吹き込む際は、密度が 10～18kg /m³、λ＝0.052 の性能のものを使います。HGW16kg の λ＝0.038 に比べて、同じ性能にするのに厚さが 1.37 倍必要になりますが、5-5 で述べた課題を解決できる工法です。この他に、メーカーによっては、密度20kg/m³、λ＝0.040 の性能のものもあります。また、密度が 32kg/m³、λ＝0.038 の性能のものもあり、これは壁、屋根、床への吹込み用に用意されています。施工厚さ別の天井の熱貫流率を、表 5-4 に示します。

　ブローイング GW は施工後、沈下しますから、施工厚さは設計厚さの 1.1 倍とし、施工必要重量（施工面積×施工厚さ×最低密度）で管理することが重要です。

■上から吹き込む標準的な工法

　ブローイング GW による天井断熱工法は、一般的には、図 5-18 のように吹込み施工の専門業者が、上から天井裏に施工必要重量分の GW を吹き込みます。施工できるだけのふところの高さが必要になります。天井下地と気密シートは先に施工することが必要です。できれば石膏ボードも張ってある方が良いと思います。天井下地の強度を確保しておくと施工しやすいと思います。天井ふところが、特に軒先の方が狭くなっていてもある程度は施工できますが、小屋裏換気の経路になる、桁上の垂木の間を GW で塞がないように、垂木下面に堰板を張る必要があります。

■下から吹く全充填工法

　図 5-19 では上から吹くことも可能ですが、構造等級 2～3 を目指す場合は、屋根の水平剛性が足りなくなり、火打ち梁を多数設置しても足りない場合があります。桁上に合板を張る構成にすると、これが解決します。この天井野縁に四方枠を随所に作っておき、気密シート施工後そこのシートをくりぬき下から吹き込みます。終了後シートを別に張り塞ぐやり方です。図 5-20 は、フラットルーフの場合です。

　この工法にすると、火打ち梁は不要になりますから、GW 吹き込み不良になる心配はありません。この工法は、施工者の慣れも必要で寒冷地では施工する会社も多いと聞きます。

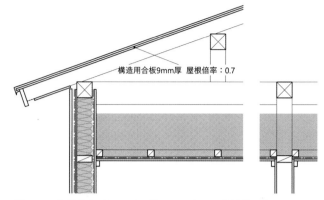

図 5-18　標準的なブローイング GW による天井断熱工法

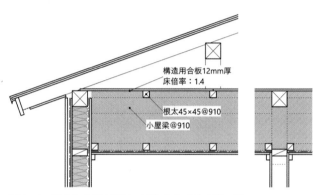

図 5-19　桁上に合板を張り、下から吹く全充填工法

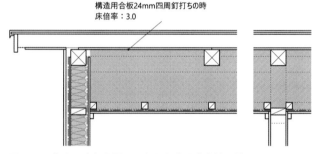

図 5-20　桁上に合板を張りしたから吹く全充填工法
**　　　　～フラットルーフの場合**

**表 5-4　ブローイング GW による
天井断熱工法の熱貫流率**

商品名	λ	厚さ (mm)	熱貫流率 (W/m²K)
吹込用GW 低密度 10～18kg	0.052	200	0.245
		300	0.166
		400	0.126
吹込用GW 高密度 20～32kg	0.038	155	0.232
		200	0.182
		300	0.123
		400	0.093

5-8 桁上断熱工法の計画と施工

桁上に合板などを張り、その上に断熱材を敷き込む工法を桁上断熱工法と呼んでいます。小屋組の施工前に根太で補強して合板を張るので、その後の断熱施工はマット品敷込も容易で、屋根工事も足場が確保されます。雨が心配ですから、実際は屋根をいくつかのブロックに分けて施工していきます。二階の梁をあらわしにして、階高を下げられるメリットがあります。そのとき、合板の水平剛性を生かせば、火打ち梁が全く不要になり、インテリアもすっきりします。現在では、構造3等級の住宅も増えてきて、桁レベルの水平剛性が高くとれるのが、この工法の最大のメリットになっています。

図5-21は合板を24mm厚以上とし、剛床と同じように四周釘止めで床倍率が3倍、川の字張りで床倍率1.2倍です。桁面に根太を落とし込みにして12mm合板でも1.4倍の床倍率があり、それに、母屋、たるきによる屋根構成を所定の基準で作ると屋根倍率0.7を加えることができますから、これでも殆どの設計で十分です。

構造2等級、3等級の設計で、特に多雪地域では屋根倍率の基準を満たすのが難しいことがありますが、この構成なら十分対応できるでしょう。これについては次節で詳しく解説します。

■桁上断熱で階高を最小に抑えたローコスト住宅

図5-22は、桁上断熱を利用して、階高を極力低く収め、コストダウンを図った住宅の矩計図です。二階桁レベルは、@910mmで配置した小屋梁間に、45×45mm@455mmに根太を落とし込み、合板を張り、その上に気密シートを敷込んでブローイングGWを吹き込んでいます。軒先の断熱厚を確保するために、敷桁を載せ、小屋裏通気を確保するために垂木間に通気スペーサを入れています。天井は根太を利用して、50mm厚のHGWを充填しながら石膏ボードを張り、小屋梁を120mm巾として、JBNの認定省令準耐火の基準を満たしています。この根太間を電気配線スペースとして利用します。桁上合板の上に防湿シートがありますから、この50mm断熱のところには防湿シートは不要です。防湿シートの外側に施工された断熱材のR値に対して、1/2のR値になる厚さまでは、内側に施工する断熱材には防湿層の施工が不要になります。

二階の床も同様に根太と断熱材が入っていますが、これは石膏ボードを張り上げる下地を利用して、電気配線スペースと床遮音の確保を狙いとしています。

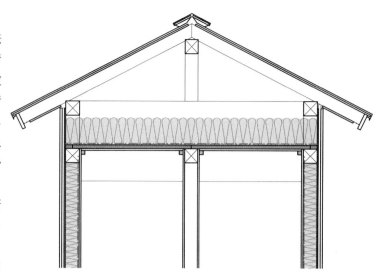

図5-21 桁上断熱工法概要図

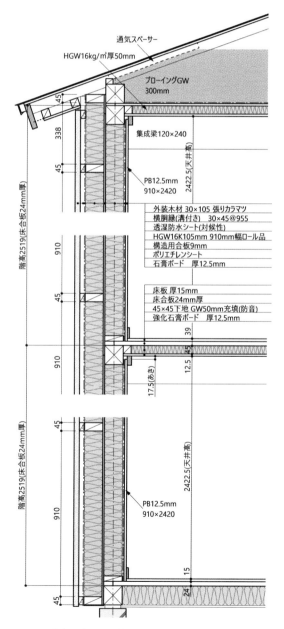

図5-22 階高最小にした桁上断熱住宅の例

■むくり水平屋根による桁上断熱住宅

北海道室蘭に建つ、高断熱住宅で、計算では年間暖房負荷が 2,500kWh、高効率ボイラーを使って灯油消費量が 256ℓ の相当ハイレベルの住宅です。

壁の断熱が HGW260mm、天井がブローイング GW による桁上断熱 400mm です。小屋梁を 105 × 210 mm@910mm とし、12mm 合板を張っています。天井は、この合板をあらわしとして、階高を下げることはしないでむしろ二階の天井高を高く設定しています。

小屋束の高さを調節して、その上の垂木をしのらせ円弧の屋根にしています。これで縦ハゼ葺きの屋根鉄板の頂部に継ぎ目を作らずにすみます。軒は垂木を太くして、軒の出を確保しています。

外壁は、30 × 105mm のカラ松間柱材を 7mm 位の目透かし張りで、塗装は全くしていません。図 5-23 の写真は竣工後約 3 年経過で色が落ち着いています。これで、全くメンテナンス無しで 30 年以上の耐久性があると、スイスでは言われています。

図 5-23　実例住宅南東面外観

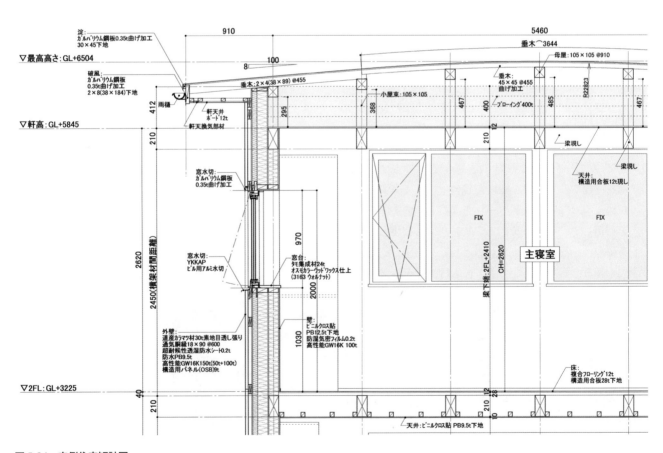

図 5-24　実例住宅矩計図

76

5-9　天井断熱住宅の屋根水平剛性

　2-3 では、二階床の水平剛性、床倍率について検討しました。ここでは二階小屋水平構面の水平剛性について検討します。対象とするモデルプランについては 2-3 節を参照してください。天井断熱住宅では、普通火打ち梁による水平剛性確保が行われています。構造 2 等級～ 3 等級の住宅では、この手法で足りるのか、どんな場合に桁上の合板が水平剛性確保に必要になるかを検討してみましょう。

　図 5-25 は、2-3 節の図 2-9 で設定した耐力壁線による床区画で、二階平面を 4 つの構造区画に分割した一般的な設定と、最も厳しくなる 1 つの構造区画に設定した例です。4 つに分割した計算書を次ページに示します。ここから 2-3 節と同様に二階小屋面の必要床倍率の計算結果を、表 5-5 に示します。この計算の詳細は表 5-7～8 に示します。

　この必要床倍率を満たすための手法は、第一は、屋根面の構成です。表 5-6 の番号 16 の屋根構面の床倍率 0.7 と火打ち構面番号 21 ～ 29 です。火打ち梁による水平構面の補強は、意外に床倍率としては小さい値になります。最大で番号 21 の 0.8 ですが、これは、火打ち梁が架かる桁や床梁を、全て 105 × 240mm 以上にする必要があります。一般的には桁が 105 × 105mm の番号 23 の 0.5 または番号 26 の 0.3 です。屋根と合わせて 1.2 または 1.0 ということになります。

　火打ち構面の平均負担面積 2.5㎡ 以下とは、桁や小屋梁で囲まれた四角形が 6 畳以内の四隅に火打ち梁を、3.3㎡は 8 畳以内の四隅に入れるイメージです。実際には、区画の面積を 2.5 または 3.3 で割って火打ちの本数を算出して、それをバランス良く入れることになります。

　表 5-5 のように、必要床倍率が、青の 0.7 以下の場合は火打ち梁の補強が不要になり、0.7 ～ 1.2 の場合は桁を 105 × 105 で今までのように普通に火打ち梁で補強できます、ただし数値が大きいときは普通より遙かに多い本数の火打ち梁を入れる必要があります。1.2 ～ 1.5 までの緑のゾーンは、桁を全て 105 × 150 または 105 × 240 以上に補強してかなりの本数の火打ち梁を入れて実現するゾーンです . そして、1.5 以上の赤のゾーンは、火打ち梁での補強では不可能なゾーンです。

　さらに、X 方向、Y 方向の両方とも満足する必要がありますから、一般地の軽い屋根及び重い屋根の 2 等級までは普通の火打ち梁補強で充足しますが、重い屋根では緑のゾーンになり、積雪地では、100cm の 2 等級が緑のゾーンで、それ以外は全て赤のゾーンになります。この緑と赤のゾーンでは、桁上断熱または、5-6 で解説した天井断熱でも桁上に合板を張る工法が必要になります。

　1 等級（基準法レベル）では、屋根倍率の規定がなく、火打ち梁を入れる量の規定すらないことが問題ではないでしょうか。

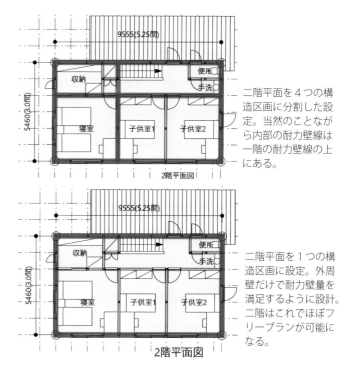

二階平面を 4 つの構造区画に分割した設定。当然のことながら内部の耐力壁線は一階の耐力壁線の上にある。

二階平面を 1 つの構造区画に設定。外周壁だけで耐力壁量を満足するように設計。二階はこれでほぼフリープランが可能になる。

図 5-25　120㎡ モデルプラン二階の構造区画設定

表 5-5　二階小屋面の必要床倍率（上図設計例）設定

立地 屋根の重さ	構造 等級	二階小屋面の必要床倍率					
		二階：4 つの構造区画に分割				二階：1 つの構造区画	
		X方向		Y方向		X方向	Y方向
		北側	南側	西側	東側		
一般地 軽い屋根	2等級	0.228	0.455	0.560	0.910	0.684	1.470
	3等級	0.278	0.557	0.560	0.910	0.835	1.470
一般地 重い屋根	2等級	0.316	0.633	0.633	1.028	0.949	1.660
	3等級	0.380	0.759	0.759	1.233	1.138	1.992
積雪100cm 軽い屋根	2等級	0.430	0.860	0.860	1.398	1.290	2.258
	3等級	0.519	1.037	1.037	1.686	1.556	2.723
積雪150cm 軽い屋根	2等級	0.531	1.063	1.063	1.727	1.594	2.789
	3等級	0.639	1.278	1.278	2.076	1.917	3.354

□ 屋根構面だけで充足　　□ 桁105×105火打ち梁で補強　　□ 必要壁量が風で決定
□ 桁・梁を105×240H以上とし、火打ち梁で補強　　□ 火打ち梁で補強しても不可

表 5-6　品確法による小屋面の床倍率設定

	番号	水平構面の仕様	床倍率
床構面	1	構造用合板12mm、根太@303 落とし込みN50@150以下	2
	4	構造用合板12mm、根太@455 落とし込みN50@150以下	1.4
	7	構造用合板24mm、根太なし直貼り 4周釘打ちN75@150以下	3
	8	構造用合板24mm、根太なし直貼り 川の字釘打ちN75@150以下	1.2
屋根構面	16	5寸勾配以下、構造用合板9mm以上、垂木@500以下転ばし N50@150以下	0.7
	17	矩勾配以下、構造用合板9mm以上、垂木@500以下転ばし N50@150以下	0.5
火打構面	21	火打ち梁、平均負担面積2.5㎡以下、梁せい240以上	0.8
	22	火打ち梁、平均負担面積2.5㎡以下、梁せい150以上	0.6
	23	火打ち梁、平均負担面積2.5㎡以下、梁せい105以上	0.5
	24	火打ち梁、平均負担面積3.3㎡以下、梁せい240以上	0.48
	25	火打ち梁、平均負担面積3.3㎡以下、梁せい150以上	0.36
	26	火打ち梁、平均負担面積3.3㎡以下、梁せい105以上	0.3
	27	火打ち梁、平均負担面積5.0㎡以下、梁せい240以上	0.24
	28	火打ち梁、平均負担面積5.0㎡以下、梁せい150以上	0.18
	29	火打ち梁、平均負担面積5.0㎡以下、梁せい105以上	0.15

構造用合板24mmは、28mmも可、火打ち梁は、金物、木製（90×90mm）のどちらも同じ

■二階全体を4つの構造区画とした場合

表 5-7　垂木屋根床倍率 0.7 と火打ち梁による補強での水平剛性の検討（一般地）

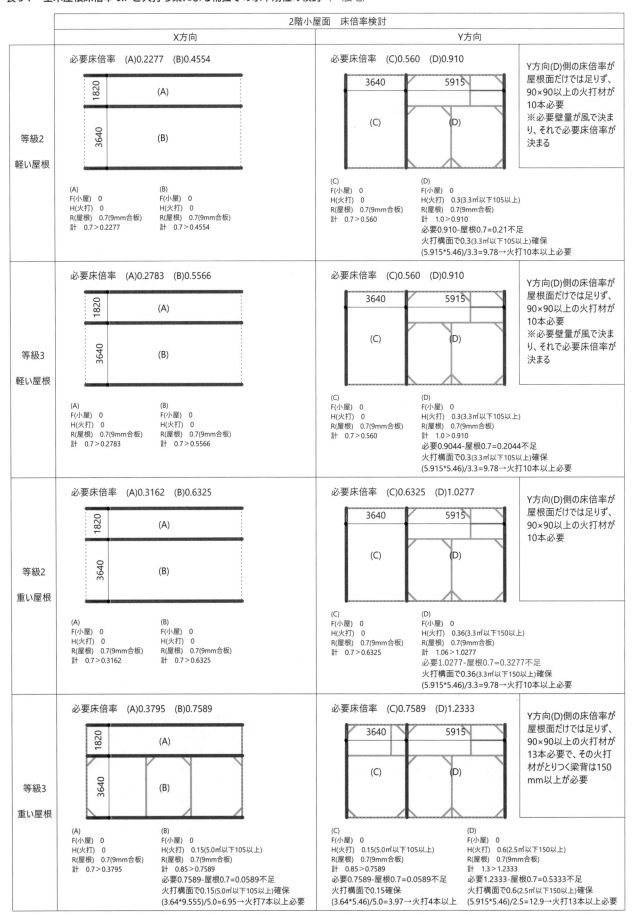

	2階小屋面　床倍率検討		
	X方向	Y方向	
等級2 軽い屋根	必要床倍率　(A)0.2277　(B)0.4554 1820 (A) 3640 (B) (A) F(小屋)　0 H(火打)　0 R(屋根)　0.7(9mm合板) 計　0.7>0.2277 (B) F(小屋)　0 H(火打)　0 R(屋根)　0.7(9mm合板) 計　0.7>0.4554	必要床倍率　(C)0.560　(D)0.910 3640 5915 (C) (D) (C) F(小屋)　0 H(火打)　0 R(屋根)　0.7(9mm合板) 計　0.7>0.560 (D) F(小屋)　0 H(火打)　0.3(3.3㎡以下105以上) R(屋根)　0.7(9mm合板) 計　1.0>0.910 必要0.910-屋根0.7=0.21不足 火打構面で0.3(3.3㎡以下105以上)確保 (5.915*5.46)/3.3=9.78→火打10本以上必要	Y方向(D)側の床倍率が屋根面だけでは足りず、90×90以上の火打材が10本必要 ※必要壁量が風で決まり、それで必要床倍率が決まる
等級3 軽い屋根	必要床倍率　(A)0.2783　(B)0.5566 1820 (A) 3640 (B) (A) F(小屋)　0 H(火打)　0 R(屋根)　0.7(9mm合板) 計　0.7>0.2783 (B) F(小屋)　0 H(火打)　0 R(屋根)　0.7(9mm合板) 計　0.7>0.5566	必要床倍率　(C)0.560　(D)0.910 3640 5915 (C) (D) (C) F(小屋)　0 H(火打)　0 R(屋根)　0.7(9mm合板) 計　0.7>0.560 (D) F(小屋)　0 H(火打)　0.3(3.3㎡以下105以上) R(屋根)　0.7(9mm合板) 計　1.0>0.910 必要0.9044-屋根0.7=0.2044不足 火打構面で0.3(3.3㎡以下105以上)確保 (5.915*5.46)/3.3=9.78→火打10本以上必要	Y方向(D)側の床倍率が屋根面だけでは足りず、90×90以上の火打材が10本必要 ※必要壁量が風で決まり、それで必要床倍率が決まる
等級2 重い屋根	必要床倍率　(A)0.3162　(B)0.6325 1820 (A) 3640 (B) (A) F(小屋)　0 H(火打)　0 R(屋根)　0.7(9mm合板) 計　0.7>0.3162 (B) F(小屋)　0 H(火打)　0 R(屋根)　0.7(9mm合板) 計　0.7>0.6325	必要床倍率　(C)0.6325　(D)1.0277 3640 5915 (C) (D) (C) F(小屋)　0 H(火打)　0 R(屋根)　0.7(9mm合板) 計　0.7>0.6325 (D) F(小屋)　0 H(火打)　0.36(3.3㎡以下150以上) R(屋根)　0.7(9mm合板) 計　1.06>1.0277 必要1.0277-屋根0.7=0.3277不足 火打構面で0.36(3.3㎡以下150以上)確保 (5.915*5.46)/3.3=9.78→火打10本以上必要	Y方向(D)側の床倍率が屋根面だけでは足りず、90×90以上の火打材が10本必要
等級3 重い屋根	必要床倍率　(A)0.3795　(B)0.7589 1820 (A) 3640 (B) (A) F(小屋)　0 H(火打)　0 R(屋根)　0.7(9mm合板) 計　0.7>0.3795 (B) F(小屋)　0 H(火打)　0.15(5.0㎡以下105以上) R(屋根)　0.7(9mm合板) 計　0.85>0.7589 必要0.7589-屋根0.7=0.0589不足 火打構面で0.15(5.0㎡以下105以上)確保 (3.64*9.555)/5.0=6.95→火打7本以上必要	必要床倍率　(C)0.7589　(D)1.2333 3640 5915 (C) (D) (C) F(小屋)　0 H(火打)　0.15(5.0㎡以下105以上) R(屋根)　0.7(9mm合板) 計　0.85>0.7589 必要0.7589-屋根0.7=0.0589不足 火打構面で0.15確保 (3.64*5.46)/5.0=3.97→火打4本以上 (D) F(小屋)　0 H(火打)　0.6(2.5㎡以下150以上) R(屋根)　0.7(9mm合板) 計　1.3>1.2333 必要1.2333-屋根0.7=0.5333不足 火打構面で0.6(2.5㎡以下150以上)確保 (5.915*5.46)/2.5=12.9→火打13本以上必要	Y方向(D)側の床倍率が屋根面だけでは足りず、90×90以上の火打材が13本必要で、その火打材がとりつく梁背は150mm以上が必要

表 5-8　垂木屋根床倍率 0.7 と火打ち梁による補強での水平剛性の検討（多雪地域）

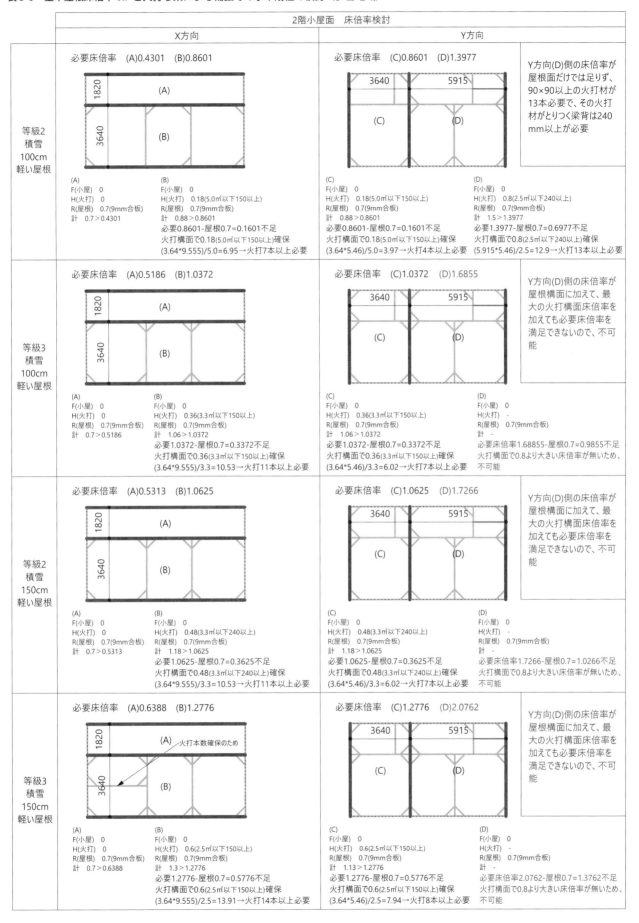

2階小屋面　床倍率検討

X方向 / Y方向

等級2 積雪100cm 軽い屋根

X方向
必要床倍率　(A)0.4301　(B)0.8601

1820 / 3640 (A) / (B)

(A)
F(小屋)　0
H(火打)　0
R(屋根)　0.7(9mm合板)
計　0.7＞0.4301

(B)
F(小屋)　0
H(火打)　0.18(5.0㎡以下150以上)
R(屋根)　0.7(9mm合板)
計　0.88＞0.8601
必要0.8601-屋根0.7=0.1601不足
火打構面で0.18(5.0㎡以下150以上)確保
(3.64*9.555)/5.0=6.95→火打7本以上必要

Y方向
必要床倍率　(C)0.8601　(D)1.3977

3640 / 5915 (C) / (D)

(C)
F(小屋)　0
H(火打)　0.18(5.0㎡以下150以上)
R(屋根)　0.7(9mm合板)
計　0.88＞0.8601
必要0.8601-屋根0.7=0.1601不足
火打構面で0.18(5.0㎡以下150以上)確保
(3.64*5.46)/5.0=3.97→火打4本以上必要

(D)
F(小屋)　0
H(火打)　0.8(2.5㎡以下240以上)
R(屋根)　0.7(9mm合板)
計　1.5＞1.3977
必要1.3977-屋根0.7=0.6977不足
火打構面で0.8(2.5㎡以下240以上)確保
(5.915*5.46)/2.5=12.9→火打13本以上必要

Y方向(D)側の床倍率が屋根面だけでは足りず、90×90以上の火打材が13本必要で、その火打材がとりつく梁背は240mm以上が必要

等級3 積雪100cm 軽い屋根

X方向
必要床倍率　(A)0.5186　(B)1.0372

1820 / 3640 (A) / (B)

(A)
F(小屋)　0
H(火打)　0
R(屋根)　0.7(9mm合板)
計　0.7＞0.5186

(B)
F(小屋)　0
H(火打)　0.36(3.3㎡以下150以上)
R(屋根)　0.7(9mm合板)
計　1.06＞1.0372
必要1.0372-屋根0.7=0.3372不足
火打構面で0.36(3.3㎡以下150以上)確保
(3.64*9.555)/3.3=10.53→火打11本以上必要

Y方向
必要床倍率　(C)1.0372　(D)1.6855

3640 / 5915 (C) / (D)

(C)
F(小屋)　0
H(火打)　0.36(3.3㎡以下150以上)
R(屋根)　0.7(9mm合板)
計　1.06＞1.0372
必要1.0372-屋根0.7=0.3372不足
火打構面で0.36(3.3㎡以下150以上)確保
(3.64*5.46)/3.3=6.02→火打7本以上必要

(D)
F(小屋)　0
H(火打)　-
R(屋根)　0.7(9mm合板)
計　-
必要床倍率1.68855-屋根0.7=0.9855不足
火打構面で0.8より大きい床倍率が無いため、不可能

Y方向(D)側の床倍率が屋根構面に加えて、最大の火打構面床倍率を加えても必要床倍率を満足できないので、不可能

等級2 積雪150cm 軽い屋根

X方向
必要床倍率　(A)0.5313　(B)1.0625

1820 / 3640 (A) / (B)

(A)
F(小屋)　0
H(火打)　0
R(屋根)　0.7(9mm合板)
計　0.7＞0.5313

(B)
F(小屋)　0
H(火打)　0.48(3.3㎡以下240以上)
R(屋根)　0.7(9mm合板)
計　1.18＞1.0625
必要1.0625-屋根0.7=0.3625不足
火打構面で0.48(3.3㎡以下240以上)確保
(3.64*9.555)/3.3=10.53→火打11本以上必要

Y方向
必要床倍率　(C)1.0625　(D)1.7266

3640 / 5915 (C) / (D)

(C)
F(小屋)　0
H(火打)　0.48(3.3㎡以下240以上)
R(屋根)　0.7(9mm合板)
計　1.18＞1.0625
必要1.0625-屋根0.7=0.3625不足
火打構面で0.48(3.3㎡以下240以上)確保
(3.64*5.46)/3.3=6.02→火打7本以上必要

(D)
F(小屋)　0
H(火打)　-
R(屋根)　0.7(9mm合板)
計　-
必要床倍率1.7266-屋根0.7=1.0266不足
火打構面で0.8より大きい床倍率が無いため、不可能

Y方向(D)側の床倍率が屋根構面に加えて、最大の火打構面床倍率を加えても必要床倍率を満足できないので、不可能

等級3 積雪150cm 軽い屋根

X方向
必要床倍率　(A)0.6388　(B)1.2776

1820 / 3640 (A)火打本数確保のため / (B)

(A)
F(小屋)　0
H(火打)　0
R(屋根)　0.7(9mm合板)
計　0.7＞0.6388

(B)
F(小屋)　0
H(火打)　0.6(2.5㎡以下150以上)
R(屋根)　0.7(9mm合板)
計　1.3＞1.2776
必要1.2776-屋根0.7=0.5776不足
火打構面で0.6(2.5㎡以下150以上)確保
(3.64*9.555)/2.5=13.91→火打14本以上必要

Y方向
必要床倍率　(C)1.2776　(D)2.0762

3640 / 5915 (C) / (D)

(C)
F(小屋)　0
H(火打)　0.6(2.5㎡以下150以上)
R(屋根)　0.7(9mm合板)
計　1.13＞1.2776
必要1.2776-屋根0.7=0.5776不足
火打構面で0.6(2.5㎡以下150以上)確保
(3.64*5.46)/2.5=7.94→火打8本以上必要

(D)
F(小屋)　0
H(火打)　-
R(屋根)　0.7(9mm合板)
計　-
必要床倍率2.0762-屋根0.7=1.3762不足
火打構面で0.8より大きい床倍率が無いため、不可能

Y方向(D)側の床倍率が屋根構面に加えて、最大の火打構面床倍率を加えても必要床倍率を満足できないので、不可能

第6章

屋根の断熱工法とその施工

6. 屋根の断熱工法とその施工

6-1 屋根の断熱工法の概要

屋根断熱とは、屋根面に沿って断熱層を形成する工法です。室内から見ると天井面も屋根と同じ傾斜となり、天井が斜めの空間ができます。この意匠性や小屋裏物置を設けたりすることができ、広く普及しています。これまでは、ツーバイフォー工法の屋根梁構造の垂木屋根を在来木造に適用し、非常に簡便な工法として普及してきましたが、品確法の規定ができて、ツーバイフォー住宅では屋根の水平剛性が認められているにもかかわらず、同じ屋根を在来木造住宅に乗せた場合、全く水平剛性が認められなくなってしまいました。現在は、登り梁による工法が一般的ですが、試行錯誤を繰り返し、まだ標準的な工法が確立しているとはいえない状況です。この水平剛性の問題は次節で詳しく解説します。

したがって、断熱工法としては、登り梁間に断熱材を充填したり、野地板の上に付加断熱をしたり、あるいは登り梁から吊り木を使って傾斜した天井下地を造って天井断熱風に納めるといったように、全く定型がありません。本章では代表的な屋根面による水平剛性を確保する工法を解説します。

登り梁による工法では、断熱施工から考えると、登り梁を @910mm とする方が、断熱材に 810mm 巾のロール品を使える点や、登り梁の上面、下面にボードの下地が造りやすいようです。登り梁は一間間隔でで設置するのが普通で、@910mm とすると木材量が増えると思われるかもしれませんが、@910mm の方が小さい断面ですみ、その他の下地材も合わせて考えると、木材量はあまり変わりません。

■屋根断熱工法の防湿気密シート

屋根断熱工法では、天井断熱工法と同じく気密層には、防湿気密シートを使います。冬の間、温度差換気で天井面には上向きの圧力が生じますから、気密シートに隙間があると、大量の空気が断熱層に入り込み結露を生じる原因となりますから、先張りシートを使ったり、シートを貼る方向を木下地の上で気密シートを重ねる方向に張ったりと、注意が必要になります。図 6-1 では、棟梁に先張りシートを乗せ掛け、屋根下面の気密シートと連続させる方法を示しています。また、桁部でも壁の防湿シートと連続させたり、シートを桁に止め、その上から壁の石膏ボードで押さえたり、テープで押さえたりの納まりが必要になります。

また屋根断熱は天井断熱と同様に、温暖地でも厚い断熱が必要になり何層か断熱材を重ねる工法になります。このとき、気密シートは必ず室内側に設置する必要は無く、1/3 ルールが存在します。図 6-2 のように、断熱材の総厚さの 1/3 まで入り込んだ位置に張っても構いません。

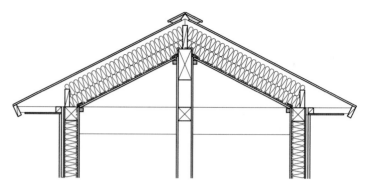

図 6-1　屋根断熱工法の概要

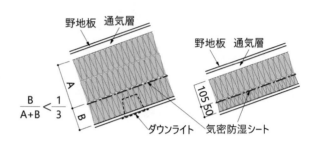

図 6-2　防湿気密シートの位置

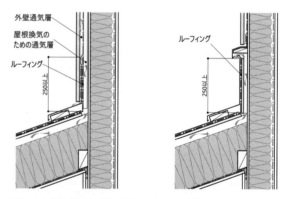

図 6-3　差し掛け屋根の通気層出口の確保

この位置では、断熱材両面の温度差の 1/3 だけ室内より下がった温度になり、このくらいだと結露は生じないのです。異なる種類の断熱材を使うときは、それぞれの R 値で判断します。

■差し掛け屋根の通気層出口の確保

二階建て住宅の平屋部分の屋根を屋根断熱工法とする場合、天井断熱の場合と同様に、通気層の出口を確保することが重要です。二階外壁との取り合い部に、通気部材を設置します。屋根防水層の立ち上がりを 250mm 以上要求されるときは図 6-3 のように納めます。5-2-5 項、5-2-6 項で解説しましたので参照してください。

6-2　屋根断熱工法による水平構面剛性

　2×4工法の垂木屋根に合板を張った屋根の水平剛性が全く認められない理由は、単にツーバイ材の巾が38mmしかないと言うことらしいのです。在来工法で水平剛性が認められる垂木屋根は、垂木の巾が45mmになっているのです。これが38mmになった場合の影響は合板継ぎ手部の強度低下ですが、それを低減して認めることもなく、合板の継手部を垂木2枚合わせにしても全く認められないのです。品確法を制定した構造の専門家が、これだけ広く在来木造住宅でツーバイの屋根工法が普及していると言うことを知らなかったと思われます。

　しかし、今でも構造1等級（基準法レベル）の住宅でも、この屋根工法を採用すると、屋根面に水平剛性が存在するにもかかわらず、審査機関からは火打ち梁の設置を要求されます。屋根断熱住宅で火打ち梁を設置することはデザイン的には、したくはないことです。このため、火打ち梁を設置しなくてすむ屋根断熱は、現在では品確法で認められている、登り梁による工法がもっぱら行われています。

　屋根断熱工法の住宅では、火打ち梁は設置したくありませんから、屋根面で水平剛性をとる工法について検討します。ここで困った問題が生じます。構造等級1等級（建築基準法レベル）では水平剛性に関する数値的な規定はなく、どの位の床倍率を確保すれば良いのかが不明なのです。結局は構造等級2に準じるか、それに近い強度を確保して、設計するしかないのが現状です。

■品確法による屋根の床倍率に関する規定

　品確法には表6-1のような規定があります。このうち床構面の規定は、屋根面の構成をこの床規定で作ると、床倍率×cos θ（θは屋根勾配角度）の床倍率が認められます。5寸勾配で、角度が26.6°でcos θは0.894、矩勾配で角度45° cos θは0.707ですから、普通の屋根では、表の床倍率の90%以上の数値になります。登り梁に根太を落とし込みで渡し、12mm構造用合板を張った場合が、番号1、3、4、6で、24mm厚以上の合板を根太レスで張った場合が番号7、8になります。図6-4に根太レスで24〜28mm厚合板を張る図を示します。

　一方、屋根断熱には適用しにくいのですが、普通の母屋、垂木による屋根は、勾配によって番号16、17のように決められています。これは床倍率の数値が小さく、これだけで火打ち梁の補強無しで構造2等級をクリアすることは難しいようです。

　表6-2にモデルプランの二階屋根の必要床倍率を示します。この表は、p.77の表5-5と同じもので、詳細は5-9節を参照してください。

表6-1　品確法における屋根断熱工法における床倍率

	番号	水平構面の仕様	床倍率
床構面	1	構造用合板12mm、根太@303 落とし込み N50@150以下	2
	3	構造用合板12mm、根太@303 転ばし N50@150以下	1
	4	構造用合板12mm、根太@455 落とし込み N50@150以下	1.4
	6	構造用合板12mm、根太@455 転ばし N50@150以下	0.7
	7	構造用合板24mm、根太なし直貼り 4周釘打ちN75@150以下	3
	8	構造用合板24mm、根太なし直貼り 川の字釘打ちN75@150以下	1.2
屋根構面	16	5寸勾配以下、構造用合板9mm以上、垂木@500以下転ばしN50@150以下	0.7
	17	矩勾配以下、構造用合板9mm以上、垂木@500以下転ばしN50@150以下	0.5

番号7、8に関して、（株）シネジックの認定ビス「ネダノット」を使用すれば、番号7が@150で5.0倍、@225で3.6倍、番号8が@150で2.4倍@225で1.8倍に床倍率が向上する。番号16、17に関して「木造軸組工法住宅の許容応力度設計」（いわゆるグレー本）には、もっと詳しく規定があり、垂木は巾45mm以上、せい45〜90mmの垂木を@500mm以下となっており、垂木を大きくしてここに断熱層と通気層をとることはできない。また、同寸法の転び止めを母屋の位置に入れれば床倍率が1.0、0.7に割り増しできるが、これでは通気層とはならない。

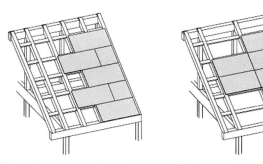

構造用合板24mm以上を四周釘打ち仕様とした場合、3.0×cos θの床倍率となる。ネダノット@225で床倍率3.6cos θ、@150で同じく5.0cos θとなる。

構造用合板24mm以上を川の字釘打ち仕様とした場合1.2×cos θの床倍率となる。ネダノット@225で1.8cos θ、@150で2.4cos θとなる。

図6-4　登り梁に構造用合板24mm以上を張る場合の床倍率
（図は東京合板工業組合のネダノンマニュアルから引用）

表6-2　モデルプランの二階屋根の必要床倍率

立地 屋根の重さ	構造 等級	二階小屋面の必要床倍率					
		二階：4つの構造区画に分割				二階：1つの構造区画	
		X方向		Y方向		X方向	Y方向
		北側	南側	西側	東側		
一般地 軽い屋根	2等級	0.228	0.455	0.455	0.740	0.684	1.195
	3等級	0.278	0.557	0.557	0.904	0.835	1.461
一般地 重い屋根	2等級	0.316	0.633	0.633	1.028	0.949	1.660
	3等級	0.380	0.759	0.759	1.233	1.138	1.992
積雪100cm 軽い屋根	2等級	0.430	0.860	0.860	1.398	1.290	2.258
	3等級	0.519	1.037	1.037	1.686	1.556	2.723
積雪150cm 軽い屋根	2等級	0.531	1.063	1.063	1.727	1.594	2.789
	3等級	0.639	1.278	1.278	2.076	1.917	3.354

□ 屋根構面だけで充足　□ 桁105×105火打ち梁で補強
□ 桁・梁を105×240H以上とし、火打ち梁で補強　□ 火打ち梁で補強しても不可

6-3 登り梁による屋根断熱工法

　登り梁工法は、一般的には@1820mmに桁から棟梁に梁を渡し、合掌を組む工法が一般的です。以前は、この合掌に母屋を渡りあごで組み合わせ水平力を持たせるやり方が普通でした。また、一般的な小屋組でも小屋梁は@1820mmで組むのが普通です。これらのことから@1820の合掌が一般化したと思われます。現在ではこの伝統的な合掌工法の水平力は認められませんので、壁と同じように合板で水平力を確保する必要があります。この合板を張るには下地が必要になり、また、室内面に石膏ボードを張るにも下地が必要で、その間に通気層をとり、断熱材を充填することになります。このような構成は色々な、多くの組み方が考えられます。同時に木材量や施工の手間が少なくてすみ、また断熱材も色々な厚さ寸法の中で合理的に施工できることを考慮する必要があります。

　これらのことを総合的に検討すると、登り梁を@910mmに掛ける工法が浮かび上がります。床の構成でも、剛床工法の登場で床梁を@910に配置するようになりました。登り梁も同様に@910で掛けると、剛床による床倍率も使え、また12mm合板を張るにも、下地木材に45×45mm程度が使え、登り梁@1820mmで45×105mmの木材を使うより木材が少なくてすみます。また、剛床に充填するHGW16kg巾810mmの製品が使えます。このマニュアルでは、@910mmの登り梁工法による屋根断熱工法を中心に検討します。

　登り梁を@910mmとすると、加重負担巾が半分になり、また最近では集成材も普通に使われますから、寸法が意外に小さくてすみます。表6-3に積雪条件別の無等級杉材と赤松集成材でスパン表を示します。2間スパンで集成材を使うと、一般地で梁せいが150〜180mm、多雪地域で180〜210mmぐらいで、杉材ではそれより30mmぐらい大きくなります。必要な断熱厚さを考えると、逆に梁せいが足りなくなるようです。

■省エネ基準の屋根断熱厚さ

　断熱厚さで、注意する必要があるのは、省エネ基準の仕様基準で見ると、屋根断熱の場合天井断熱より厚い断熱材が必要となることです。表6-3にそれを示します。3地域以南で、天井断熱ではHGW16kgで152mm以上なのに対して屋根断熱では175mm以上必要になります。1〜2地域では、なんと251mmも必要です。天井断熱に比べて、登り梁の木材の熱橋を考慮しているのでしょう。省エネ基準は、夏の日射を考慮して温暖地でもかなり厚い断熱になっています。この厚さと、梁の寸法を考えて、登り梁の屋根断熱工法の色々な構成を次ページ以降に示します。

表6-3　@910の登り梁スパン表（最大値を示す）

梁せい	一般地域積雪50cm		一般地域積雪100cm	
	杉	集成材	杉	集成材
105	2,275	2,730	1,820	2,275
120	2,275	3,185	2,275	2,730
150	3,185	3,640	2,730	3,185
180	3,640	4,550	3,185	4,095
210	4,550	5,460	3,640	4,550
240	5,005	5,460	4,096	5,440
270	5,915	5,915	5,005	5,915

梁せい	多雪地域積雪100cm		多雪地域積雪150cm	
	杉	集成材	杉	集成材
105	–	1,820	–	1,820
120	1,820	2,275	–	1,820
150	2,275	2,730	1,820	2,730
180	2,730	3,640	2,730	3,185
210	3,185	4,095	3,185	3,640
240	3,640	4,550	3,640	4,095
270	4,095	5,460	3,640	4,550

検定条件：梁巾105、加重負担巾910mm、短期たわみ制限比1/300以下
杉材：無等級、集成材：赤松E120-F330、断面欠損無し

表6-4　省エネ基準の各部位のR値及び換算断熱材厚さ

	屋根	天井	壁	床		土間床・基礎	
				外気に接する	その他	外気に接する	その他
1〜2地域	6.6	5.7	3.3	5.2	3.3	3.5	1.2
3地域	4.6	4.0	2.2	5.2	3.3	3.5	1.2
4〜7地域	4.6	4.0	2.2	3.3	2.2	1.7	0.5
断熱材厚さ	λ=0.038で断熱材厚さに換算					λ=0.028	
1〜2地域	251	217	125	198	125	98	34
3地域	175	152	84	198	125	98	34
4〜7地域	175	152	84	125	84	48	14

■登り梁による屋根断熱工法の分類

　登り梁構造による屋根断熱工法は色々な工法が試みられていますが、まだ定型が定まっていないようです。いずれにしても屋根の水平剛性が確保出来ることが前提条件です。そのためには、登り梁に直接合板を打ち付ける工法にしないと大きな屋根倍率がとれません。また合板の貼り方も、12mm 厚合板を落とし込み根太の上に張る工法、24 〜 28mm 厚の厚物合板を根太レスで四周釘打ちする工法、川の字に釘打ちする工法と合わせて 3 種類の貼り方があります。更に、通気層をどのようにとるか、断熱材の厚さをどのように確保するかを考えると、非常に多くの色々な組合せが考えられます。

　ここではそうした複雑な条件を整理して登り梁の屋根断熱工法を整理してみました。

表 6-5　@ 910mm 登り梁屋根の断熱工法分類

	通気層内蔵　野地板一重		屋根の床倍率	垂木屋根通気層　野地板二重		屋根の床倍率
厚物合板四周釘打ち	6-6 節 厚物合板四周釘打ち 通気層内蔵 75 断熱材厚さ＝登り梁H − 75mm		3.0cosθ ネダノットビス留め @225で3.6cosθ @150で5.0cosθ	6-5 節 厚物合板四周釘打ち 垂木屋根通気層 断熱材厚さ＝登り梁H		3.0cosθ ＋ 0.7
厚物合板川の字釘打ち	6-4 節 厚物合板川の字釘打ち 通気層内蔵 断熱材厚さ＝登り梁H − 30mm		1.2cosθ ネダノットビス留め @225で1.8cosθ @150で2.4cosθ	厚物合板川の字釘打ち 垂木屋根通気層 この工法は無意味。 上の工法で足りる		−
12mm 合板落とし込み根太	6-6 節 12mm合板根太落とし込み 通気層内蔵 断熱材厚さ＝登り梁H − 75mm		根太@455の時 1.4cosθ 根太@303の時 2.0cosθ	6-7 節 12mm合板根太落とし込み 垂木屋根通気層 断熱材厚さ＝登り梁H		根太@455の時 1.4cosθ ＋ 0.7 根太@303の時 2.0cosθ ＋ 0.7

　上の表は、基本@ 910mm の登り梁間に GW を充填して、登り梁に合板を直接張って屋根倍率を確保する工法です。左側は登り梁間に通気層をとって野地板は一枚で済む構成、右側は登り梁に打ち付けた合板の上に、垂木屋根を設け通気層をとる野地板二重の構成です。右は、垂木屋根を規定に従って造ると 5 寸以下の勾配屋根では屋根倍率 0.7 が加算され大きな屋根倍率が確保出来、GW も登り梁断面寸法一杯に厚さを確保出来ますが、野地板二重でコストがかかります。左は屋根倍率は右の工法より小さくなりますが、一般地では十分すぎるほどですが、通気層の分だけ断熱厚さが小さくなり、登り梁の高さを増やすか、下面に付加断熱が必要になります。

　この図では、下面に石膏ボードを張る下地については省略してあります。@ 910mm に登り梁があり、そこに下地を入れて石膏ボードを張ると、この石膏ボードも屋根倍率が生じますが、これについての規定は品確法にはありませんから認められません。

　コストはかかりますが、ここに 12mm の構造用合板を張ってから石膏ボードを張ると、これは認められ、構成により 0.7 〜 2 倍の屋根倍率が付加されます。工法の詳細は、各章で解説します。

　この他に、6-8 節では登り梁を@ 1820mm にする工法、6-9 節では登り梁の下に斜めの天井下地を造り、勾配天井断熱とする工法などを解説します。

　6-4 節〜6-10 節で解説する工法は、全て実際の施工は可能です。しかし、こんなに多くあると、どれを採用すべきかはにわかには判断がつきません。必要とされる床倍率や地域による積雪荷重条件、更には必要とされる屋根断熱厚さ等によって、やがては絞り込まれていくものと思います。

6-4 登り梁＋24mm 合板川の字釘打ち仕様（通気層内蔵）

　登り梁に 24〜28mm 厚物合板を川の字に張る工法です。図 6-4 からもわかるとおり、川の字張りをするためには、合板は千鳥に張るため登り梁は必ず @910 になります。合板受けがないため、合板と断熱材の間に通気層をとることができて、この合板が野地板となり、野地板を二重にする必要が無いのがこの工法の利点です。

　川の字張りということで、屋根の床倍率は表 6-1 から 1.2cos θ となり、表 6-2 の住宅の計算では、一般地の軽い屋根では構造 2〜3 等級を実現できますが、他の条件では難しくなります。これを補強するために火打ち梁は使いたくありません。そこで、登り下面に付加断熱下地などの木桟を、表 6-1 の番号 1〜6 の根太としてこの床倍率を追加できます。このためには、構造用合板 12mm を所定の釘打ちで留め付ける必要があります。この下に石膏ボード 12.5mm を張ることになります。

　この木桟に直接石膏ボードを留めても、床倍率は増えると思うのですが、床の構成ではそのようなことをしないので、規定がないものと思われます。しかし実際は、石膏ボードで剛性は上がります。どの位上がるかを推定すると、壁の合板の壁倍率が 2.5 で、石膏ボードが 0.9〜1.1 です。平均をとって 1.0 とすると 1/2.5 の剛性があることになります。表 7-1 の番号 1〜6 の床倍率を A とすると、1/2.5 = 0.4 ですから、（1.2+0.4A）× cos θ の床倍率が得られるはずです。これが認められると、構造用合板を張る必要が無い場合も出てくることになります。しかし、認められることは無いと思います。

　もう一つの手法として、合板をビス留めにして床倍率を上げる手法があります。シネジック（株）の認定ビス、ネ

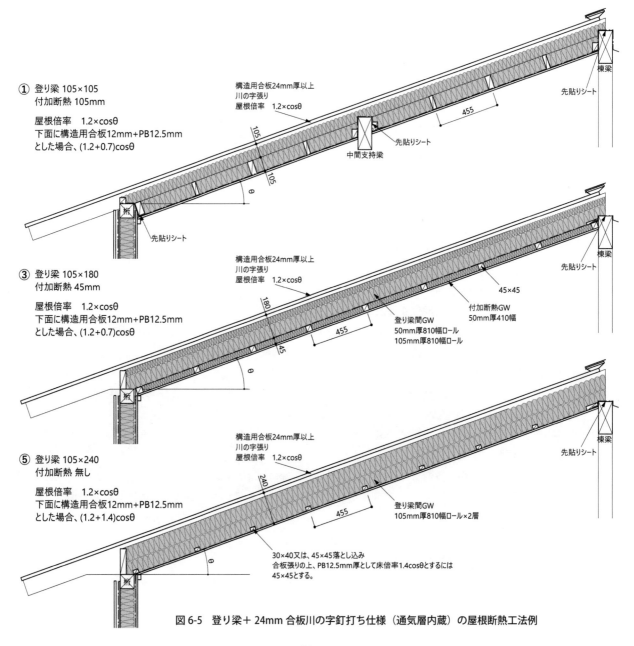

① 登り梁 105×105
　付加断熱 105mm

　屋根倍率　1.2×cosθ
　下面に構造用合板12mm＋PB12.5mm
　とした場合、(1.2+0.7)cosθ

③ 登り梁 105×180
　付加断熱 45mm

　屋根倍率　1.2×cosθ
　下面に構造用合板12mm＋PB12.5mm
　とした場合、(1.2+0.7)cosθ

⑤ 登り梁 105×240
　付加断熱 無し

　屋根倍率　1.2×cosθ
　下面に構造用合板12mm＋PB12.5mm
　とした場合、(1.2+1.4)cosθ

構造用合板24mm厚以上
川の字張り
屋根倍率　1.2×cosθ

中間支持梁

先貼りシート

棟梁

先貼りシート

45×45

付加断熱GW
50mm厚410幅

登り梁間GW
50mm厚810幅ロール
105mm厚810幅ロール

登り梁間GW
105mm厚810幅ロール×2層

30×40又は、45×45落とし込み
合板張りの上、PB12.5mm厚として床倍率1.4cosθとするには
45×45とする。

図6-5　登り梁＋24mm 合板川の字釘打ち仕様（通気層内蔵）の屋根断熱工法例

ダノットを使えば、@ 225 で 1.8cos θ、@ 150 で 2.4cos θとなります。ビス打ちの手間はかかりますが、下面合板張りよりは現実的と言えるでしょう。

図6-5にこの工法の例を示します。またこの直交方向の断面を図6-6に示し、熱貫流率も計算しました。

①は登り梁の最も小さい断面である 105 × 105 の構成です。2 間スパンは持ちませんから、中間に支持梁を入れていますが、集成材を使えば地域によって異なりますが、1 ～ 1.5 間のスパンなら持ちます。この間に、通気層をとって断熱材をはめ込みますが、最大の厚さを確保するために、床に使う 80mm 厚の GW ボードを入れます。通気層を確保するために 24 × 45 の木桟を合板に打ち付けます。3 ～ 7 地域の省エネ基準をクリアするためには、105mm の付加断熱が必要になります。この木桟の施工は、壁の付加断熱と同じです。通気層の厚さが、屋根断熱では 30mm 程度必要とされますが、これは壁に比べて気密シートの欠点があった場合、温度差換気圧力で壁より水蒸気の浸入量が増えることを考慮しています。屋根通気層の入り口と出口の抵抗を少なくなるよう配慮して、気密シートの継手など欠点が生じないようにする必要があります。

②は、登り梁 H150mm の場合で、下面に付加断熱

105mm で 210mm 断熱とした場合です。50mm 付加断熱で省エネ基準はクリアしますが、45mm は不可です。

③は、105 × 180 の登り梁の例です。梁間には HGW16kg50mm と 105mm の 810mm 巾ロールを使います 910mm 巾ロールの時は 810mm に切断して横に使います。30mm 厚の通気層はスペーサーで確保しますが、GW は 155mm を 150mm に圧縮して充填することになります。付加断熱無しでは、わずかに省エネ基準の仕様に足りません。45mm 以上の付加断熱をします。この場合防湿気密シートは登り梁下面に施工することが出来ます。

⑤は、105 × 240 の登り梁の例です。この寸法なら、積雪地でも 2 間スパンが可能です。3 地域以南では、105 × 210 以上なら、付加断熱が不要になりますが、1 ～ 2 地域では、これに 45mm の付加断熱をして、省エネ基準適合です。付加断熱無しの時は、石膏ボード下地として、30 × 40 の野縁を梁に落とし込みで入れれば良いのですが、どうせ下地を作るなら、45 × 45mm を面付けにして GW を入れれば、断熱厚を 45mm 厚くすることが出来ることになります。

いずれにしても、高性能住宅を造るには、省エネ基準よりも厚い断熱を、熱計算で目標を定めて工法を選択することが必要です。

登り梁寸法	登り梁部断熱工法断面図	充填GW仕様	付加断熱厚さ	熱貫流率 (W/m²K)
① 105 × 105	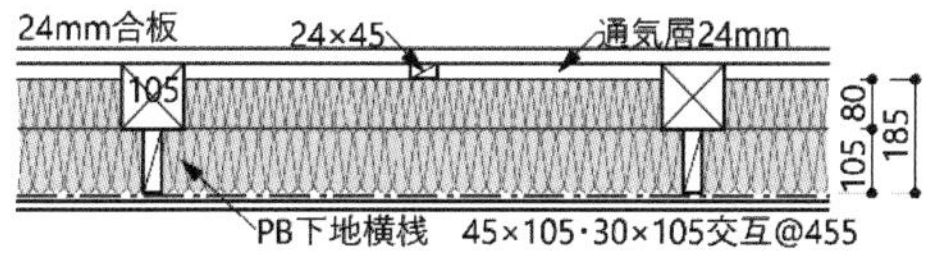 24mm合板 24×45 通気層24mm 105 80 185 PB下地横桟 45×105・30×105交互@455	GWB32kg80mm 805×1,820 ＋HGW16kg105mm 425×2,740	無し	－
			45mm	－
			89mm	－
			105mm	0.211
② 105 × 150	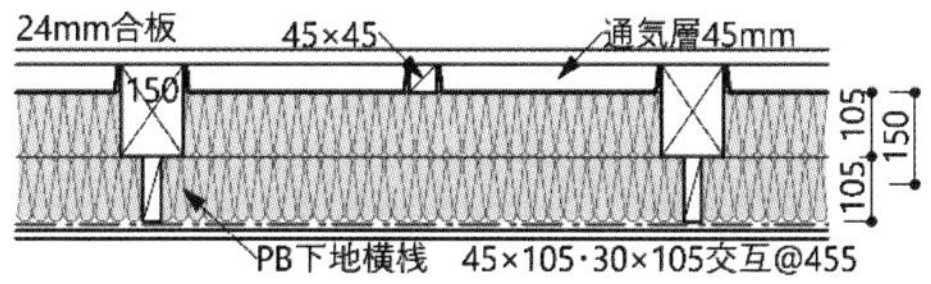 24mm合板 45×45 通気層45mm 105 105 150 PB下地横桟 45×105・30×105交互@455	HGW16kg120mm 425×2740横入れ 又は、HGW16kg105mm 810mm巾ロール ＋HGW16kg105mm 425×2740	無し	－
			45mm	－
			89mm	－
			105mm	0.192
③ 105 × 180	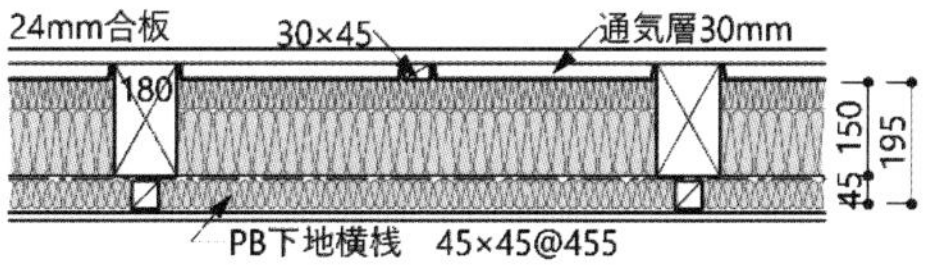 24mm合板 30×45 通気層30mm 45 150 195 PB下地横桟 45×45@455	HGW16kg50mm 810mm巾ロール ＋HGW16kg105mm 810mm巾ロール ＋(付加断熱)HGW16kg50mm 410×2740	無し	－
			45mm	0.204
			89mm	0.168
			105mm	0.158
④ 105 × 210	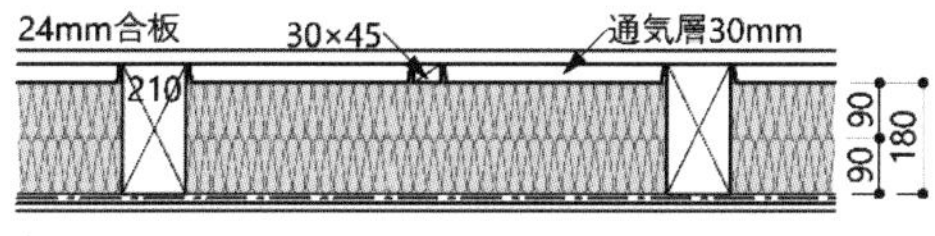 24mm合板 30×45 通気層30mm 90 90 180	HGW16kg90mm 825×1370 2層重ね	無し	0.234
			45mm	0.184
			89mm	0.154
			105mm	0.146
⑤ 105 × 240	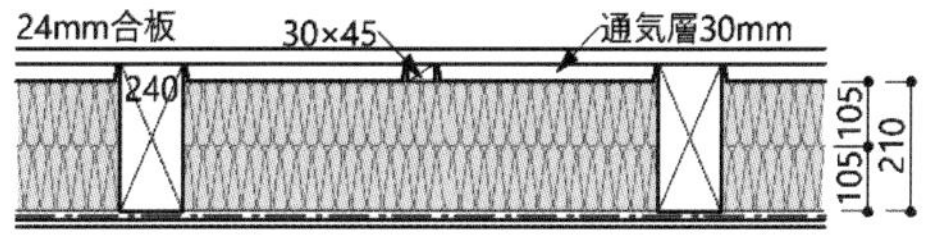 24mm合板 30×45 通気層30mm 105 105 210	HGW16kg105mm 810mm巾ロール 2層重ね	無し	0.205
			45mm	0.165
			89mm	0.140
			105mm	0.133

図には 3 ～ 7 地域省エネ基準適合に必要な付加断熱だけを表示している。

■ 3～7地域で省エネ基準不適合　□ 1～2地域で省エネ基準に適合

図6-6　登り梁＋ 24mm 合板川の字釘打ち仕様（通気層内蔵）の断面図及び熱貫流率

6-5 登り梁＋24mm 合板四周釘打ち仕様（野地板二重）

　登り梁に 24 〜 28mm 合板を、剛床と同じように、四周釘打ち仕様で張る工法です。合板を桁、棟梁にも釘で打ち付けるために、通気層は合板の上に、垂木と野地板でとります。垂木の寸法は、積雪荷重と軒の出をいくらにするかで決まります。

　この工法の屋根の床倍率は、表 6-1 の番号 7 から、3.0cos θ ですが、その上の垂木＋野地板の部分も、野地板に厚さ 9mm 以上の構造用合板を使うと、表 6-1 の番号 16 〜 17 の倍率が得られます。5 寸勾配以下でしたら 0.7 です。従って、この工法の屋根の床倍率は 3.0cos θ＋0.7 となり十分すぎるほどです。表 6-2 の、二階を一つの構造区画としてフリープランとする設計でも、積雪 150cm 地域での 3 等級も満たします。野地板が 2 重になって、し

かも厚い合板を使う効果といえましょう。

　厚合板の継手には、45 × 90 〜 105mm を落とし込みで入れます。105 × 105mm を入れる方法もありますが、ここに入る GW が 105mm 厚の時は、図 6-7 の⑤のように断熱施工は多少楽になりますが、②、④のようにする方が、木部の熱橋が少なくなり、実質の熱貫流率が小さくなります。

　⑤のように 105 × 105mm を入れるのは、登り梁が @ 1820 とするときです。p.83 の図 6-4 右上図です。この工法での断熱工法は、6-8 節で解説します。下地構成が複雑になったり下地木材の断面も大きくなり、結局木材量は @ 910 の登り梁工法とあまり変わらなくなると思われます。

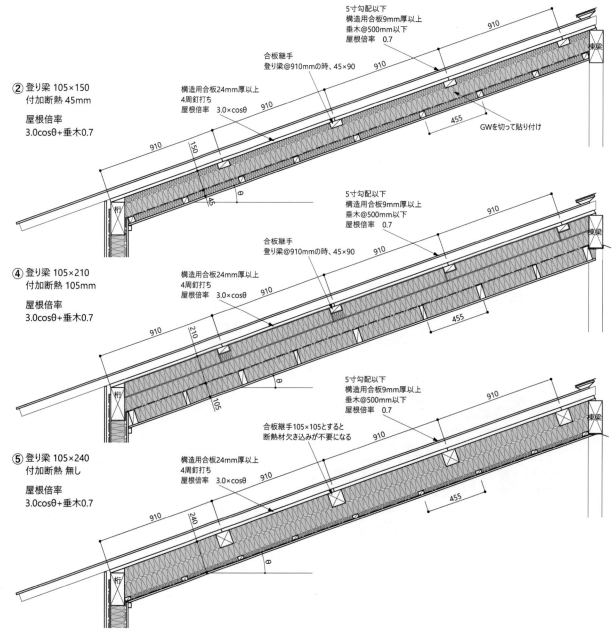

図 6-7　登り梁＋ 24mm 合板四周釘打ち仕様（野地板二重）の屋根断熱工法例

①はスパンの小さい場合に適用出来ます。

②は、HGW16kg50mm、105mm の巾 810 ロールが入手できれば、GW の施工はとても簡単です。合板継手の間に 50mm 厚を充填し、後はその上に 105mm をかぶせて充填します。断熱厚は 150mm となり、3 〜 7 地域の省エネ基準のみなし仕様にはわずか 2mm 不足です。45mm の付加断熱でクリアするのですが、今の省エネ基準は、必ずしも各部の断熱仕様基準をクリアしなくても、住宅全体の UA 値をクリアすれば良いので、このままでも問題ないことが多いのです。それよりも、高性能住宅をローコストに実現するときは、この屋根の付加断熱より、壁の付加断熱にコストを廻した方が、住宅の暖房エネルギーは大幅に削減できます。壁 105mm 厚を付加断熱で 150 〜 200mm にした方が効果が大きいのです。また、この工法では、床倍率は十分ですから、付加断熱下地で床倍率の補強は不要です。付加断熱 89mm というのは 2 × 4 材を使った付加断熱ですが、この場合合板を張っても床倍率は認められませんが、この工法では元々不要ですから 89mm 付加断熱も可能になります。

③の 180mm 断熱の 90mm 断熱材は 2 × 4 工法用で、受注生産品ですから材料の入手が難しいこともあります。

構造計算で登り梁が 180mm で OK でも、断熱厚の 200mm 程度にしたいときは登り梁を 210 にしてしまうと言うような考え方もとれます。

④は、登り梁に 105 × 210 を使う工法で、105mm 厚 GW を 2 層重ねるだけで、最も容易に厚い断熱ができます。一層目は図のように巾 810 長さ 910mm に GW を切断し、端部を合板受け材の分切り取ります。105 × 105mm を合板受けに使えばこの切り取りは不要になります。熱橋はその下に 105mm 厚の GW がありますから、それほど問題にはなりません。図では、更に 105mm の付加断熱で合計 315mm 断熱の図を示しています。

⑤は、240mm の登り梁の場合で、積雪地ではこのくらい必要になります。この場合下面の石膏ボード下地として、30 × 40 を落とし込みで納め、ここに GW ボード 25mm をはめ込みます。5mm 厚さが不足しますが、105mm 厚 2 枚は 10mm 以上膨らみますから問題ありません。熱計算は HGW16kg210mm+GW ボード 32kg25mm で計算します。

登り梁寸法	登り梁部断熱工法断面図	充填GW仕様	付加断熱厚さ	熱貫流率 (W/㎡K)
① 105 × 105	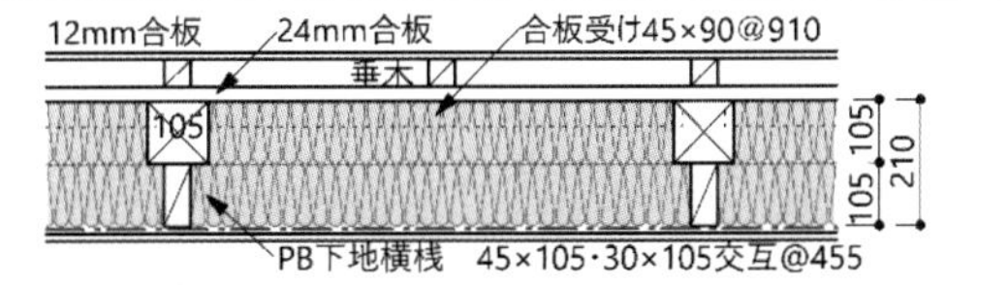 12mm合板 24mm合板 合板受け45×90@910 垂木 105 210 105/105 PB下地横桟 45×105・30×105交互@455	HGW16kg105mm 810mm巾ロール ＋HGW16kg105mm 425×2740	無し	−
			45mm	−
			89mm	0.206
			105mm	0.192
② 105 × 150	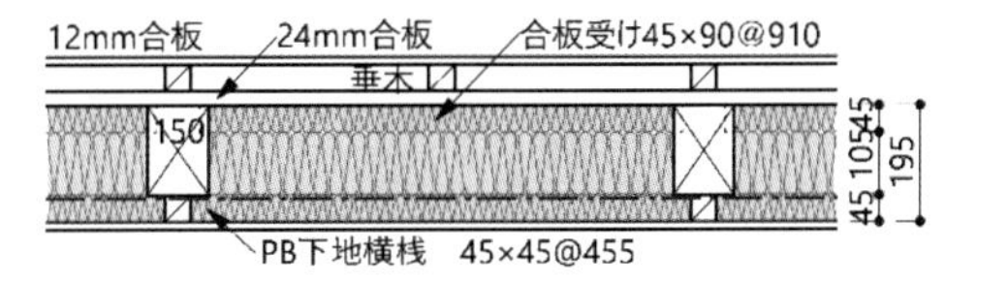 12mm合板 24mm合板 合板受け45×90@910 垂木 150 195 45/105 PB下地横桟 45×45@455	HGW16kg50mm 810mm巾ロール ＋HGW16kg105mm 810mm巾ロール ＋HGW16kg50mm 410×2740	無し	−
			45mm	0.208
			89mm	0.171
			105mm	0.161
③ 105 × 180	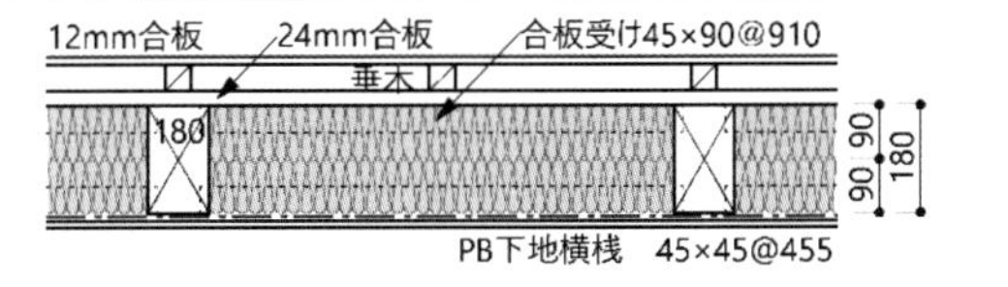 12mm合板 24mm合板 合板受け45×90@910 垂木 180 90/90 PB下地横桟 45×45@455	HGW16kg90mm 825×1370 2層重ね 又はHGW16kg180mm 425×1370 横入れ	無し	0.234
			45mm	0.184
			89mm	0.154
			105mm	0.146
④ 105 × 210	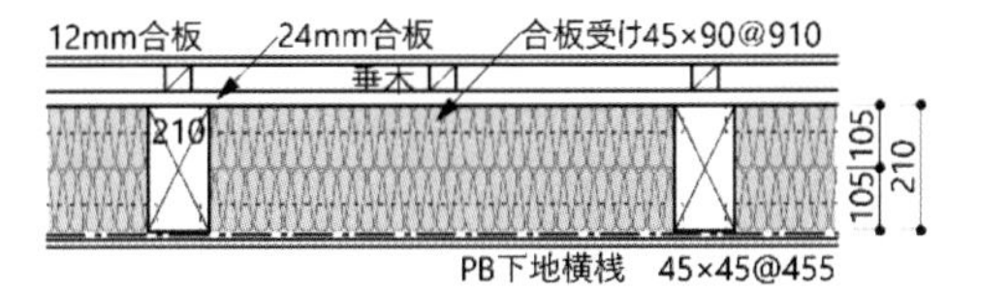 12mm合板 24mm合板 合板受け45×90@910 垂木 210 105/105 PB下地横桟 45×45@455	HGW16kg105mm 810mm巾ロール 2層重ね	無し	0.205
			45mm	0.165
			89mm	0.140
			105mm	0.133
⑤ 105 × 240	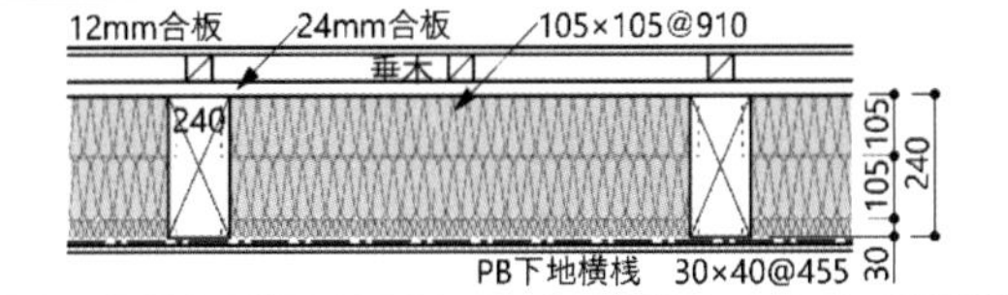 12mm合板 24mm合板 105×105@910 垂木 240 105/105 30 PB下地横桟 30×40@455	HGW16kg105mm 810mm巾ロール 2層重ね ＋GWB32kg25mm 910×1820	無し	0.182
			45mm	0.149
			89mm	0.128
			105mm	0.122

図には 3 〜 7 地域省エネ基準適合に必要な付加断熱だけを表示している。

▨ 3〜7地域で省エネ基準不適合　　□ 1〜2地域で省エネ基準に適合

図 6-8　登り梁＋ 24mm 合板四周釘打ち仕様（野地板二重）の断面図及び熱貫流率

6-6　登り梁＋ 12mm または厚物合板根太張り （通気層内蔵）

　登り梁に、根太を落とし込みで入れて 12mm 構造用合板を張って屋根の水平剛性をとる工法です。根太の下に通気層をとるため、登り梁の断熱材厚さはその分小さくなりますが、屋根の上で張る合板が軽く、根太が足場になって合板張りは施工しやすくなります。また、45 × 90mm の合板受け材を＠ 910mm で落とし込み、その上に厚物合板を四周釘打ちで張る工法も考えられます。

　屋根の床倍率は、12mm 合板の場合は、表 7-1 の番号 1 と 4 が適用でき、それぞれ 2cos θ、1.4cos θ となります。厚物合板の場合は、番号 7 で 3.0cos θ になります。また、6-4 と同じように、登り梁下面に構造用合板を張ることにより補強もできます。

　通気層の取り方は、①、②では、通気層に面する断熱材が GW ボードなので、剛性があるため、根太の下に所定の厚さの木桟をパッキンとして打ち付けています。③は通気スペーサーを使っていますが、④、⑤は、①、②と同じように木桟を入れ、その下面に透湿シートを貼って通気層を確保します。

　この工法では、6-4 節も同じですが、軒の出は登り梁で造ります。このため積雪荷重がある地域で深い庇も、容易に可能です。ただ、登り梁が大きい断面の場合、デザイン的に重くなりますから、登り梁の出の部分を、細く加工したいこともあります。、これをプレカット工場ではできない場合もあり、現場での手加工となることもあります。

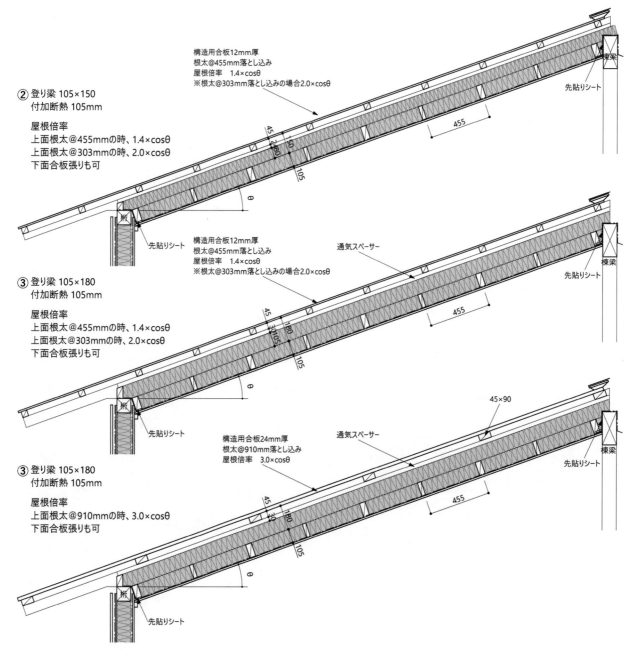

図 6-9　登り梁＋ 12mm 合板根太張り（通気層内蔵）の屋根断熱工法例

①、②のように、登り梁のせいの中に 70mm 以上の通気層のゾーンをとりますから、梁せいが小さいと屋根断熱厚さの半分以上は付加断熱でとることになります。①、②は、GW ボードを充填することでこの薄い断熱を構成し、そこに 105mm の付加断熱を施工しています。それでも、①では、省エネ基準の仕様に少し足りません。それでも 150mm 近くありますから、足りない分を外壁の付加断熱に廻すことも考えられます。

③は、105+105mm で 105mm 付加断熱で厚い断熱がちょうど実現できます。105mm の付加断熱下地は、30 × 105mm と 45 × 105mm を交互に配置し、石膏ボードの留め付けは、屋根剛性を考えなければ、斜め釘打ちでも構いませんが、外壁の付加下地と同じように先穴を開けて 120mm の先ネジビスで留め付ければ、認められてはいませんが石膏ボードも水平剛性に働きます。これで屋根倍率が足りないときは、厚物合板を使う方法が考えられ、それを図 6-9 の下図に示します。

④では、2 × 6 スタッドにはめ込む 140mm 厚の HGW16kg の GW が製品としてありますから、これを使っています。425mm 巾ですから、長さを登り梁間の 805mm より少し長く切断して、きつめに横向きに入れます。これで多少落ちにくくなりますから、付加断熱下地を打ち付けて押さえるという施工で可能だと思います。

⑤の工法には適当な断熱材がなく、通気層を 18mm で、90mm 厚の 825 × 1370 を 2 層で入れるか、180mm425mm 巾を横入れとしています。通気層 18mm をしっかり確保するために根太の下に 18 × 45 の胴縁を @ 303 で打ち付け、その下に透湿シートという構成にしています。これで断熱代は 177mm です。

根太の下で通気層が 18mm ですがそれ以外の場所では 18+45 ＝ 63mm あります。屋根通気の出入り口をきちんと確保して、気密シートの施工には欠点を生じないようにすればこれで結露は心配ありません。どうしても 30mm とりたい場合は、根太の下に打ち付ける木桟を 30mm 厚として長さ 50mm ぐらいのピースで打ち付ければ良いと思います。こうすれば透湿シートがこの部分だけ 30mm 根太から離れ、それ以外の部分では膨らんで GW が 180mm ぐらいになります。

登り梁寸法	登り梁部断熱工法断面図	充填GW仕様	付加断熱厚さ	熱貫流率 (W/m²K)
① 105 × 105	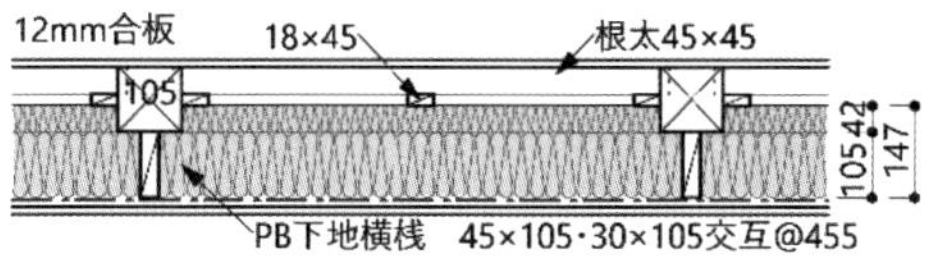	GWB32kg42mm 805×1820 ＋HGW16kg105mm 425×2740	無し	–
			45mm	–
			89mm	–
			105mm	0.264
② 105 × 150	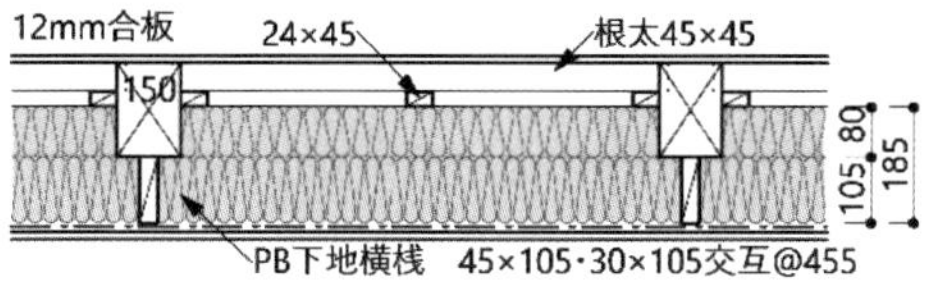	GWB32k80mm 805×1820 ＋HGW16kg105mm 425×2740	無し	–
			45mm	–
			89mm	–
			105mm	0.212
③ 105 × 180	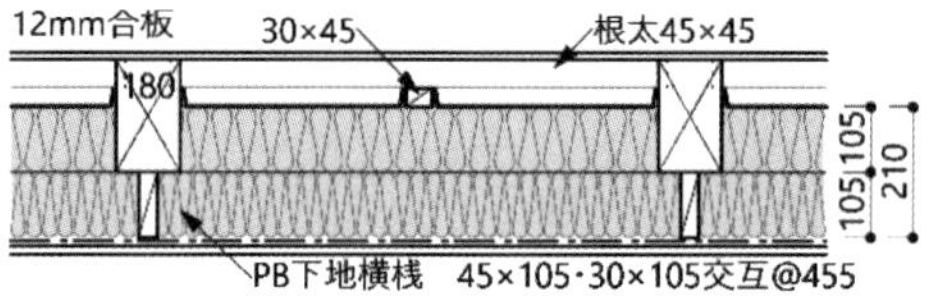	HGW16kg105mm 810mm巾ロール ＋HGW16kg105mm 425×2740	無し	–
			45mm	–
			89mm	0.206
			105mm	0.192
④ 105 × 210	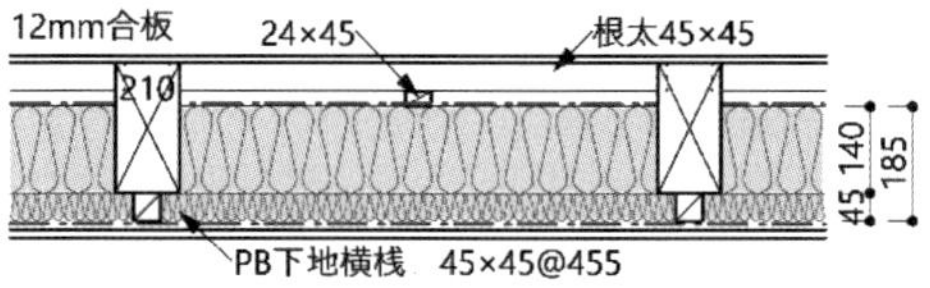	HGW16kg140mm 425×2350横入れ ＋HGW16kg50mm 410×2740	無し	–
			45mm	0.218
			89mm	0.178
			105mm	0.167
⑤ 105 × 240	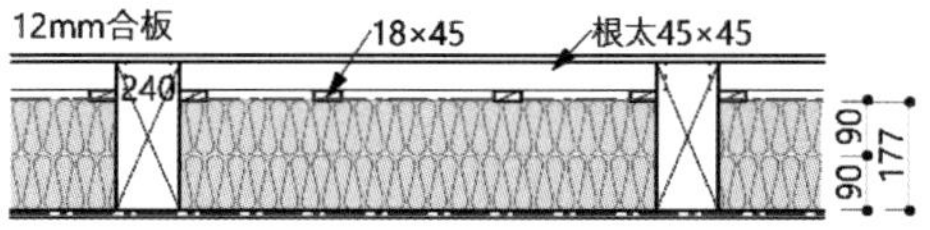	HGW16kg90mm 825×1370 2層重ね 又はHGW16kg180mm 425×1370 横入れ	無し	0.238
			45mm	0.186
			89mm	0.156
			105mm	0.147

図には 3 〜 7 地域省エネ基準適合に必要な付加断熱だけを表示している。

■ 3〜7地域で省エネ基準不適合　　□ 1〜2地域で省エネ基準に適合

図6-10　登り梁＋12mm 合板根太張り（通気層内蔵）の断面図及び熱貫流率

6-7 登り梁＋12mm 合板根太張り （野地板二重）

　この工法は、6-5 の厚合板と 9mm 合板による野地板二重の工法を、厚合板を 12mm 構造用合板とした工法です。

　6-6 と同じように根太落とし込みとして 12mm 構造用合板を張ります。この上に垂木を流し、ここを通気層とします。野地板が二重になりますが、その分、梁せい一杯に断熱材を充填することができます。

　屋根の床倍率は、6-6 と同様で、根太＠ 303mm 落とし込みの時、2.0cos θ、根太＠ 455mm 落とし込みの時、1.4cos θ となります。

　更に。6-5 と同様垂木と野地板で、0.7 が加算できます。この工法も、登り梁下面での構造用合板による加算は考えなくても十分です。もちろん、足りないときは、6-4 で述べたように加算もできます。

　この工法では、梁せい一杯に断熱材を充填するとき、上面の合板を張る下地となる根太、及び下面の石膏ボードを張る下地となる木桟の存在が、断熱材の寸法を選択するためのポイントになります。また、付加断熱をするときは、登り梁下面に下地は不要になるわけです。

　①では、付加断熱が前提になりますから上面の下地だけが問題になり、ここに HGW16kg50mm410mm 巾をはめ込みその下に 50mm810 巾ロールを全面に入れます。

　②ではそれが 105mm810mm 巾ロールになります。

　③では、90mm 厚の GW2 層が入り、3 ～ 7 地域では付加断熱が不要になりますから、1 層目を 90mm とし 45 × 90mm の下地を入れ、2 層目はその下面に 45 × 90mm の下地を縦に入れています。図 6-12 の③には記入してあり

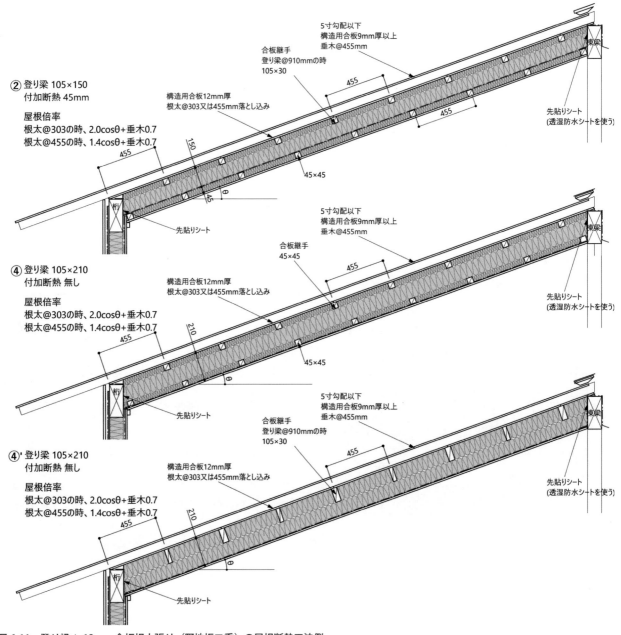

図 6-11　登り梁＋ 12mm 合板根太張り（野地板二重）の屋根断熱工法例

ませんが、1 層目を 45 × 45mm の下地を入れて 50mm の GW を充填し、2 層目に 38 × 140（206 材）を 135mm に落として入れ、140mm 厚の GW を充填する方法も考えられます。断熱厚は合計 190mm になりますが、180mm に圧縮することは可能です。いずれにしても、他の工法でもそうなのですが、90mm 厚の断熱材は 2 × 4 工法用の寸法で、在来工法には少し大きすぎたりで、ぴったりとはいかず、充填してもしわが寄ったりしそうです。

この工法では④、④′の梁せい 210mm が施工しやすいと思います。④は、50+105+50mm で合わせて 205mm にしかなりませんが 3 枚の GW の膨らみでぴったり施工できます。上下面の下地木材がどちらも 45 × 45 ですむのが良い点です。④′は、105mm 2 層でぴったりです。

1 層目は 45 × 105mm と 30 × 105mm を交互に落とし込み根太として入れ、2 層目は登り梁間の中央に縦に

30 × 105mm を下地として入れます。これが図 6-11 の④の図です。1 層目の根太は全部 45 × 105 にする必要があるかどうかは品確法の仕様書では不明です。合板の継ぎ目にならないところは 30 × 105 でも良いと考えました。これに、付加断熱をすると、2 層目の縦下地は不要になり、105mm 厚 810 巾ロールを充填し、気密シートを貼って型付加断熱下地を図 6-12 ④′のように入れます。これで、合計 315mm 断熱となりますから、寒冷地の多雪地域でも十分の断熱暑さとなります。

⑤のように梁せいが 240mm になると、6-5 節の⑤と同じように付加断熱がなければ、30 × 40 の落とし込みの下地を入れ、そこに 25mm 厚の GW ボードを入れます。もちろん、④の 105mm 2 層と同じように 120mm 厚 2 層とする方法もあります。

登り梁寸法	登り梁部断熱工法断面図	充填GW仕様	付加断熱厚さ	熱貫流率 (W/㎡K)
① 105 × 105	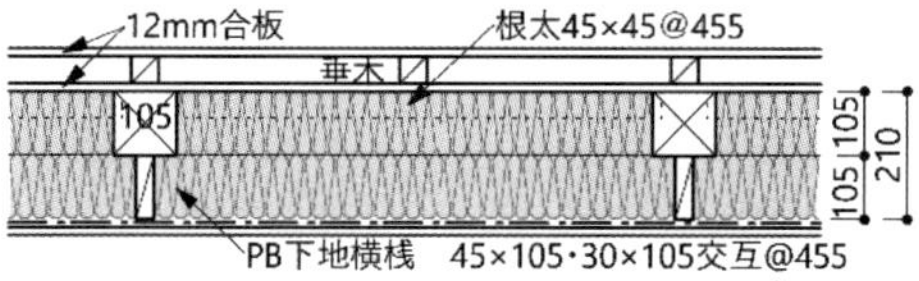	HGW16kg50mm 410×2740 ＋HGW16kg50mm 810mm巾ロール ＋HGW16kg105mm 425×2740	無し	－
			45mm	－
			89mm	0.206
			105mm	0.192
② 105 × 150	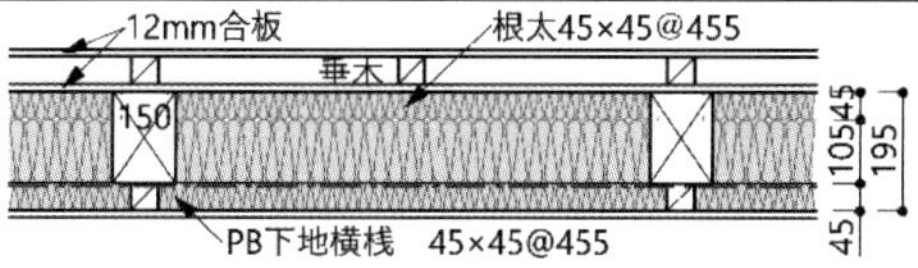	HGW16kg50mm 410×2740 ＋HGW16kg50mm 810mm巾ロール ＋HGW16kg50mm 410×2740	無し	－
			45mm	0.208
			89mm	0.171
			105mm	0.161
③ 105 × 180	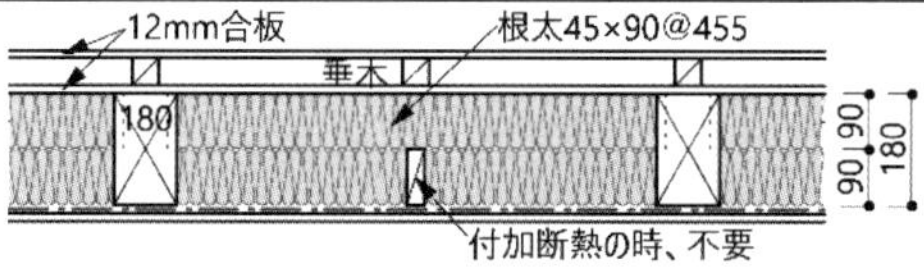	HGW16kg90mm 425×2350 ＋HGW16kg90mm 425×2350 付加断熱有の時 HGW16kg90mm 425×2350 ＋HGW16kg90mm 825×1370 ＋付加断熱	無し	0.234
			45mm	0.184
			89mm	0.154
			105mm	0.146
④ 105 × 210	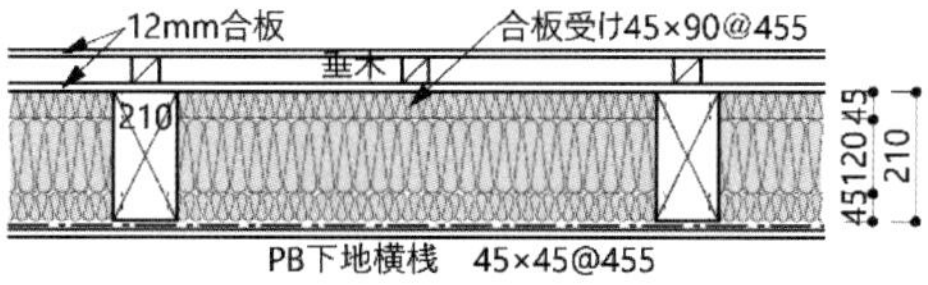	HGW16kg50mm 410×2740 ＋HGW16kg105mm 810mm巾ロール ＋HGW16kg50mm 410×2740	無し	0.205
			45mm	0.165
			89mm	0.140
			105mm	0.133
④' 105 × 210	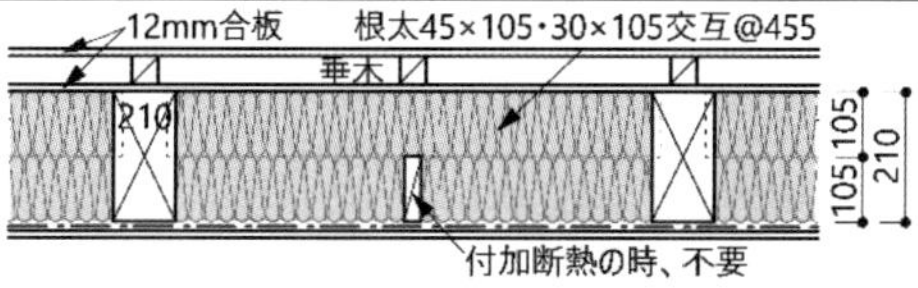	HGW16kg105mm 425×2740 ＋HGW16kg105mm 390×2740 付加断熱有の時 HGW16kg105mm 425×2740 ＋HGW16kg105mm 810mm巾ロール＋付加断熱	無し	0.205
			45mm	0.165
			89mm	0.140
			105mm	0.133
⑤ 105 × 240	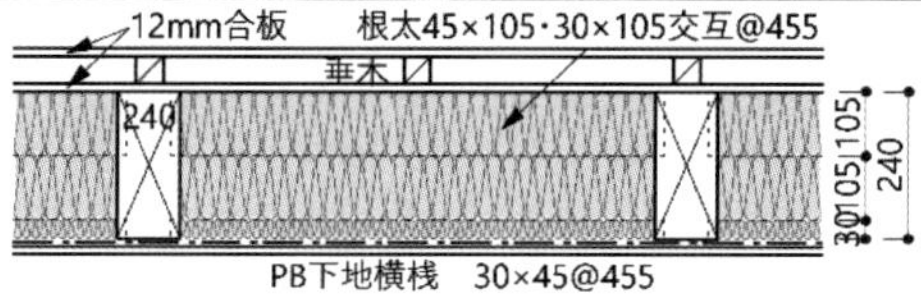	HGW16kg105mm 425×2740 ＋HGW16kg105mm 810mm巾ロール ＋GWB32kg25mm 910×1820	無し	0.182
			45mm	0.149
			89mm	0.128
			105mm	0.122

図には 3 ～ 7 地域省エネ基準適合に必要な付加断熱だけを表示している。

3 ～ 7 地域で省エネ基準不適合 　 1 ～ 2 地域で省エネ基準に適合

図 6-12　登り梁＋ 12mm 合板根太張り（野地板二重）の断面図及び熱貫流率

6-8　@1820登り梁屋根断熱工法

　登り梁を@1820とすると、通気層内蔵型で野地板一枚の構成はできません。合板を四周釘止めとして屋根剛性を確保するため、その下地木材と野地板が密着するためです。6-5節と6-7節の構成が@1820とすることができます。

　また、@1820とすることで荷重巾が2倍になるため、最大スパンも小さくなります。表6-6がそのスパン表です。かなり余裕を持たせた計算ですが、地域により異なりますが3640スパンで180mm〜270mmになります。

　断熱層の構成からすると105mmのGWを2層で210mm厚が断熱工法としては施工しやすくなり、105×180mmで良い場合でも210にサイズアップする方が良いでしょう。野地合板として12mmの構造用合板を採用する場合と24〜28mm合板を採用する場合では、下地構成

が変わります。①上図は12mm合板の場合で、スパン1820に対して45×105の下地が入ります。

　①下図は24mm合板の場合で、105×105mmの角材が@910mmに入ります。当然それによって、入れる断熱

表6-6　@1820登り梁の梁せいによる最大スパン

集成材梁せい	一般地域		多雪地域	
	積雪50cm	積雪100cm	積雪100cm	積雪150cm
150	2,730	2,275	2,275	1,820
180	3,640	3,185	2,730	2,275
210	4,095	3,640	3,185	2,730
240	4,550	4,095	3,640	3,185
270	5,005	4,550	4,095	3,640

検定条件：梁巾105、加重負担巾1820mm、短期たわみ制限比1/300以下
杉材：無等級、集成材：赤松E120-F330、断面欠損：両側大入れ

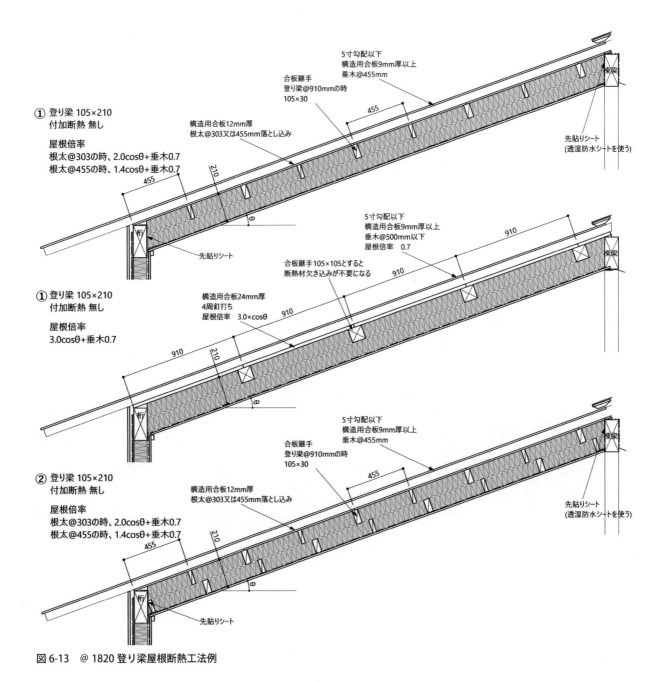

図6-13　@1820登り梁屋根断熱工法例

94

材も変わりますが、厚さ105mmは標準ですから色々なものがそろっています。

　下面の下地は、①では縦に@455で入れています。②は、下地も横に@455で入れていますが、上の下地とは自然にずれて熱橋にはなりません。プレカット工場で登り梁には大入れの溝が加工されてきますから、現場はこの方が楽かもしれません。

　③、④の縦断面図は図6-13にはありませんが、図6-14を見てください。石膏ボード下地としてもう1層30×40@455の下地を入れて、中間の下地は@910mmで一本にしています。ここには910mm巾ロールから登り梁とこの下地間の寸法より少し大きめに切断したGWを充填します。30×45の下地ゾーンには25mm厚のGWボードをはめ込みます。5mm足りませんが、中間のGWが膨らみますから問題ありません。

登り梁寸法	登り梁部断熱工法断面図	充填GW仕様	付加断熱厚さ	熱貫流率 (W/㎡K)
① 105 × 210	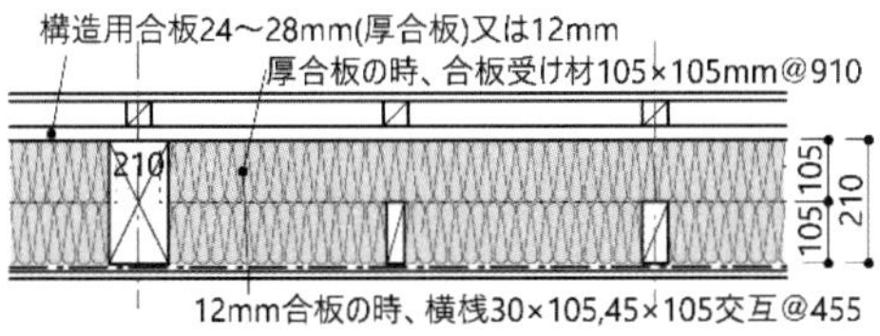 構造用合板24〜28mm(厚合板)又は12mm / 厚合板の時、合板受け材105×105mm@910 / 210 / 105 105 210 / 12mm合板の時、横桟30×105,45×105交互@455	構造用合板24〜28mm張りの時 HGW16kg105mm 810mm巾ロール ＋HGW16kg105mm 425×2740（縦） / 構造用合板12mm張りの時 HGW16kg105mm 425×2740（横） ＋HGW16kg105mm 425×2740（縦）	無し	0.205
			45mm	0.165
			89mm	0.140
			105mm	0.133
② 105 × 210	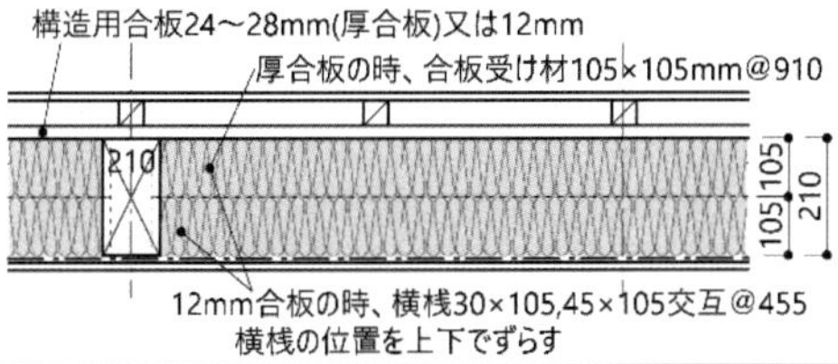 構造用合板24〜28mm(厚合板)又は12mm / 厚合板の時、合板受け材105×105mm@910 / 210 / 105 105 210 / 12mm合板の時、横桟30×105,45×105交互@455 / 横桟の位置を上下でずらす	構造用合板24〜28mm張りの時 HGW16kg105mm 810mm巾ロール ＋HGW16kg105mm 425×2740（横） / 構造用合板12mm張りの時 HGW16kg105mm 425×2740（横） ＋HGW16kg105mm 425×2740（横）	無し	0.205
			45mm	0.165
			89mm	0.140
			105mm	0.133
③ 105 × 240	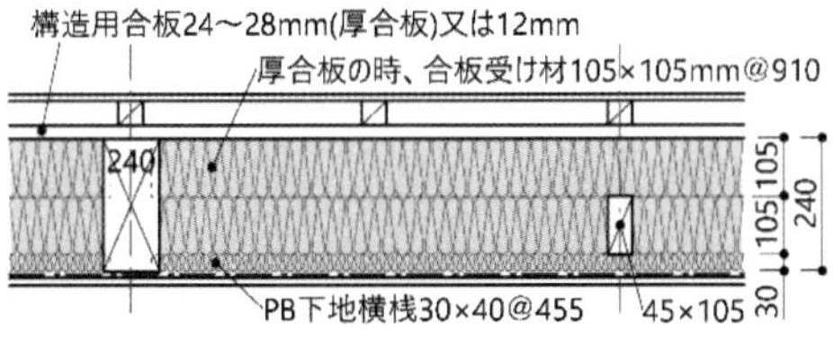 構造用合板24〜28mm(厚合板)又は12mm / 厚合板の時、合板受け材105×105mm@910 / 240 / 105 105 240 / PB下地横桟30×40@455 / 45×105 30	構造用合板24〜28mm張りの時 HGW16kg105mm 810mm巾ロール ＋HGW16kg105mm 910mm巾ロール / 構造用合板12mm張りの時 HGW16kg105mm 425×2740（横） ＋HGW16kg105mm 910mm巾ロール / 両方とも ＋GWボード32kg25mm厚	無し	0.182
			45mm	0.149
			89mm	0.128
			105mm	0.122
④ 105 × 270	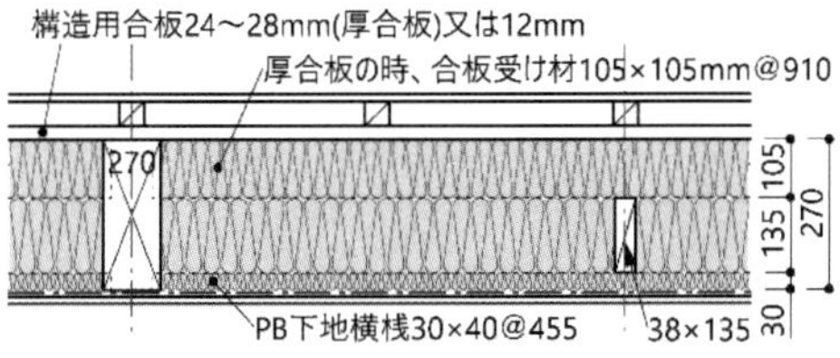 構造用合板24〜28mm(厚合板)又は12mm / 厚合板の時、合板受け材105×105mm@910 / 270 / 135 105 270 / PB下地横桟30×40@455 / 38×135 30	構造用合板24〜28mm張りの時 HGW16kg105mm 810mm巾ロール ＋HGW16kg140mm厚425×2645横入れ / 構造用合板12mm張りの時 HGW16kg105mm 425×2740（横） ＋HGW16kg140mm厚425×2645横入れ / 両方とも ＋GWボード32kg25mm厚	無し	0.163
			45mm	0.136
			89mm	0.119
			105mm	0.113

□ 1〜2地域で省エネ基準に適合　熱貫流率の計算では登り梁間の木部は無視した（天井断熱と同

図6-14　@1820登り梁屋根断熱工法の断面図及び熱貫流率

6-9　勾配天井下地による屋根断熱工法

　登り梁に下地を打ち付け GW を充填する工法について解説してきましたが、もう一つの断熱工法として、登り梁から吊り木で傾斜天井下地を作り、天井断熱工法で断熱する工法も考えられます。工法的には、5 章で解説した天井断熱工法ですが、天井下地を屋根なりに斜めにする点が異なります。結果は、これまで解説してきた屋根断熱工法と同じになります。登り梁部分は、全体を通気層とすることができますから、合板受けや根太があっても構いません。また登り梁の断面寸法が大きい場合は 6-6 のように登り梁間に断熱材を充填出来ますが、ここではシンプルに登り梁間には断熱材を充填しない工法で解説します。そう考えれば、できるだけ登り梁は小さな断面の方が、建物の高さがあまり高くならず有利です。

　①には、登り梁 105 × 150mm で、根太を落とし込んでいれ、12mm 構造用合板を張った工法です。屋根倍率は 6-6 の工法と同じになります。登り梁に直角に天井吊り

木を打ち付け、登り梁下面に透湿シートを貼ります。これは GW の上面を押さえるためです。吊り木受け材を留め、後は 6 章の解説を参照してください。断熱をブローイング工法で行うことも可能です。斜め天井の場合、ブローイング GW が振動でずり落ちてきますから、普通より密度高く充填することが必要です。吹き込んだ GW を押し込んで密度を上げます。また、登り梁下面にも根太を入れ、12mm の構造用合板を張れば屋根倍率は 2 倍になります。この上に木桟を打って、そこに吊り木を留めれば良いと思います。

　②は最小の登り梁 105 × 105mm で 24mm 合板を四方釘止めにした工法です。105 × 105 では中間に支持梁が必要になりますが、厚い天井断熱でこの支持梁を全部カバーするように納めると、すっきりした工法になります。

　支持梁廻りの GW 充填は丁寧に行う必要があります。

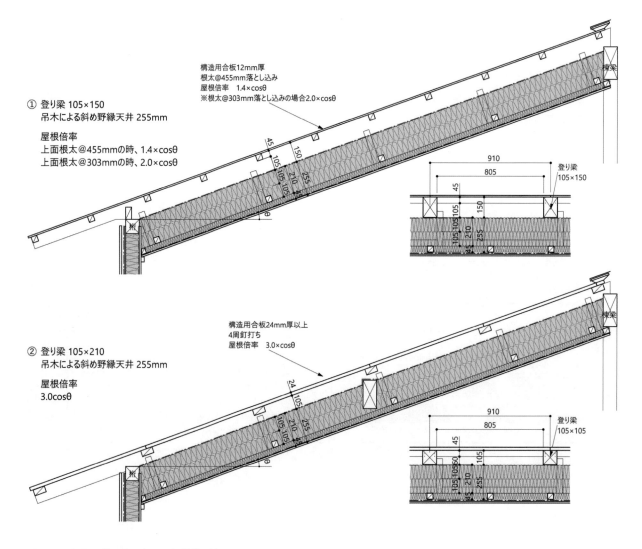

図6-15　勾配天井下地による屋根断熱工法

6-10　母屋・垂木による小屋組の屋根断熱工法

　表6-1の番号16では、垂木屋根で屋根の床倍率0.7が
とれますから、構造等級2を目指すのでなければ、これで、
比較的簡単に屋根断熱ができます。小屋梁に束を建てて母
屋を乗せ、この上に垂木を流す普通の小屋組で、母屋を梁
として大きくして、小屋梁、束を無くしてしまい、図
6-16のような屋根断熱とするのです。しかし、表6-2の
モデルプランの設計例でも、0.7では足りません、普通は
火打ち梁で補強するのですが、この工法では火打ち梁を設
置しようがないのです。

　したがって、この工法で住宅全体を屋根断熱とすること
は難しいようです。しかし、部分的な屋根断熱なら、可能
性が残ります。小屋裏収納を作ったら、そこに床合板を床
倍率が高くなるように張ったり、天井断熱部で火打ち梁で
補強したりして、クリアすることができる場合もあります。

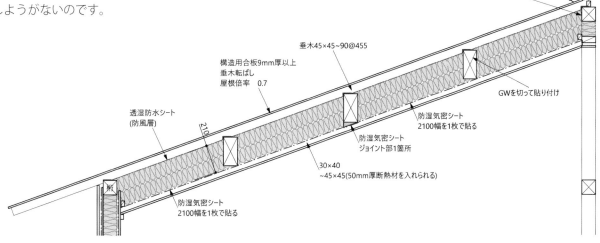

図6-16　母屋・垂木による小屋組の屋根断熱工法

6-11　ツーバイ材による垂木屋根断熱工法

　長い間、図6-17のようなツーバイ材で210材（38×
235mm）を、桁から棟梁に掛けて、200mmの断熱材を
充填して残り35mmを通気スペーサーで通気層とする工
法です。2×4工法住宅はこれで屋根倍率が十分と見なさ
れているのですから、在来工法住宅でも安全なはずです。
しかしこの工法は、現在の品確法では床倍率ゼロです。構
造等級2～3等級が必要となる場合、品確法では全くこ
の設計は通りません。基準法レベルの住宅で、この工法を
採用し火打ち梁を適当に入れれば、建設は可能です。

　できればこの工法を、実験で床倍率を検証し、構造認定
がとれれば良いと思います。次ページに、その設計例を紹
介します。210の垂木を使うと、そのまま軒先にすると、
庇が厚すぎて、重い印象になります。しかし、垂木を全部
先を小さくするのは、かなり面倒です。この設計例では、
二重破風として、破風板の厚みがあまり気にならないよう
に納めています。

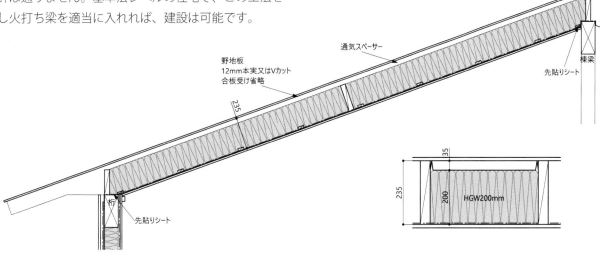

図6-17　ツーバイ材による垂木屋根断熱工法

■垂木屋根詳細図

　屋根廻り（垂木、破風、鼻隠し、転び止め）の納まり詳細を示します。

　垂木と下破風の接合位置が、けらば裏の軒天ボードを納めるために重要なため、施工の際には注意する必要があります。垂木の合板受け用欠き込みの上下は、27 × 45mm の受け材を斜め方向から取付けることができるように余裕をもった欠き込み寸法となっています。

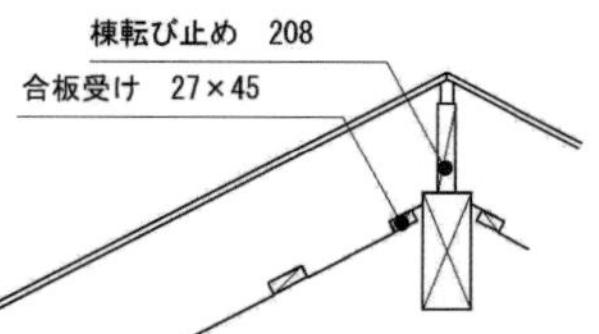

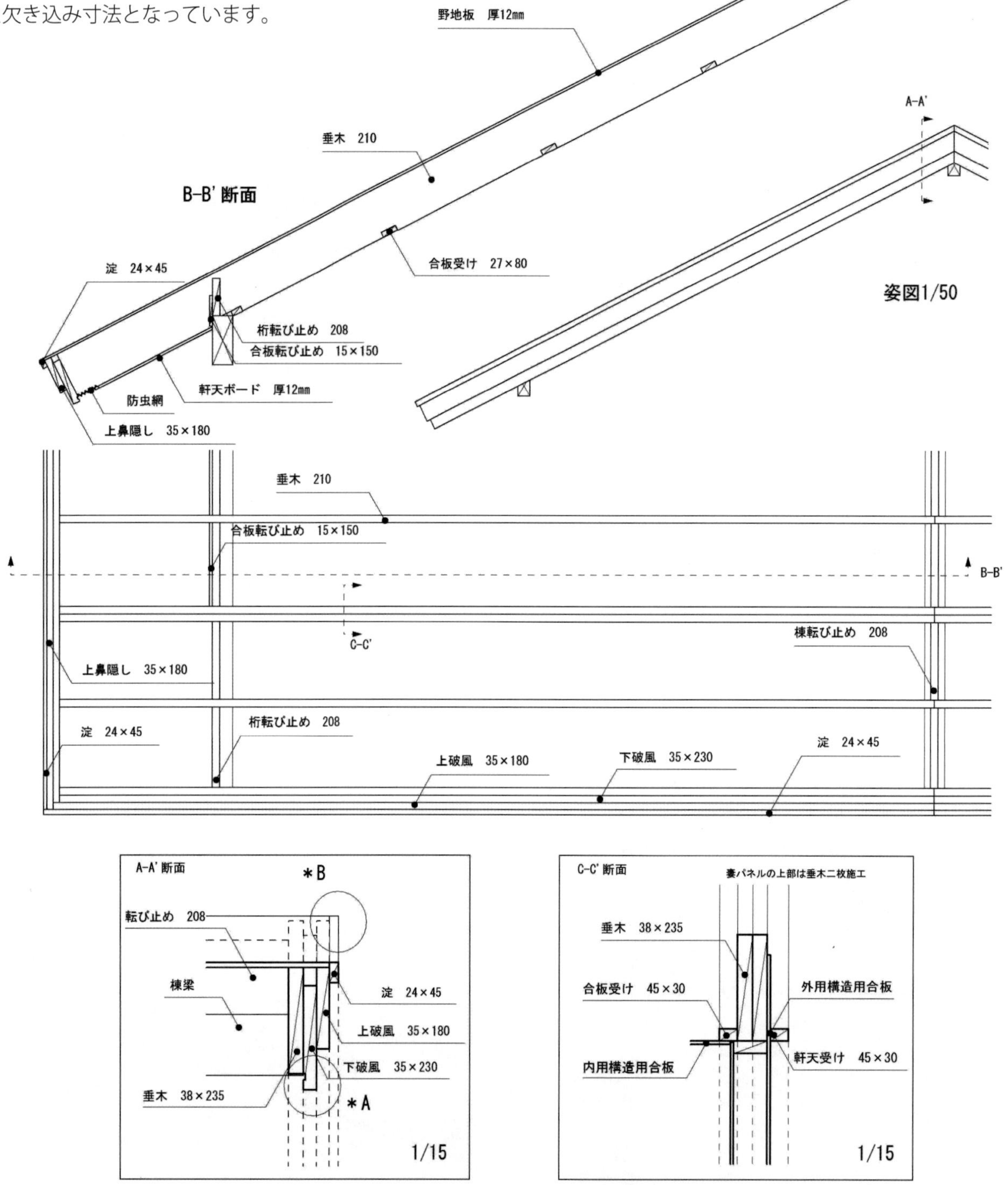

棟転び止め　208
合板受け　27×45

野地板　厚12mm

A-A'

垂木　210

B-B'断面

合板受け　27×80

姿図1/50

淀　24×45

桁転び止め　208
合板転び止め　15×150

軒天ボード　厚12mm

防虫網

上鼻隠し　35×180

垂木　210

合板転び止め　15×150

B-B'

C-C'

棟転び止め　208

上鼻隠し　35×180

淀　24×45

桁転び止め　208

上破風　35×180

下破風　35×230

淀　24×45

A-A'断面
*B

転び止め　208

棟梁

淀　24×45

上破風　35×180

下破風　35×230

垂木　38×235

*A

1/15

C-C'断面
妻パネルの上部は垂木二枚施工

垂木　38×235

合板受け　45×30

外用構造用合板

内用構造用合板

軒天受け　45×30

1/15

　＊A　垂木と下破風の下端の差が30mmとなるように接合し、軒天ボードを納める。

　＊B　淀は野地板の上端と合わせる。

図6-18　ツーバイ材による垂木屋根断熱工法設計例

第 7 章

基礎の断熱工法とその施工

7. 基礎の断熱工法とその施工

7-1 基礎の断熱工法の概要

　基礎断熱工法は、30数年前、北海道で始まりました。外周基礎の外側に地中まで発泡断熱材を打ち込む工法で、ヨーロッパで行われている基礎断熱が土間コンクリートを含めて外側から断熱材ですっぽりくるむ工法とは違っていたのです。提案者の北大の荒谷先生は、床下地盤の大きな熱容量を室内に取り込み室内温度の安定に役立てようとしたのでした。

　この基礎断熱工法には、床下の水道引き込みや給湯、給水、暖房配管の凍結を防ぐという大きなメリットがありました。住宅に3〜4箇所設置される水抜き栓も、1箇所で良くなり、北海道では急速に普及しました。一方、当時普及し始めた高断熱住宅の中で、外張り工法は、この基礎断熱を取り入れ、難しかった発泡断熱材を根太間にはめ込む工法を解消しました。その後、この外張り工法が、本州に普及し始め、一時は高断熱住宅の代名詞となって、高断熱住宅には基礎断熱工法を採用する人たちが増えたようです。しかし、床下での水道凍結のない地域で、基礎断熱は必ずしも必要ではなかったはずです。

　その後、基礎断熱工法の1つの欠点である、一階床表面温度が床断熱住宅よりも低くなると言う現象を改善するために、床下暖房が開発され、今では、この床下暖房、さらには床下冷房などを実現する工法として、採用されています。

■床下暖房時の問題点

　近年、高断熱住宅の高性能化が進み、省エネ基準住宅を遙かに超える住宅が数多く建設されるようになり、こうした住宅に床下エアコンを設置する住宅で、エアコンが停止すると床下の温度が急速に15℃ぐらいまで低下するという現象が起きるようになりました。その原因は、外周のみの基礎断熱工法にあるようです。図7-1に、外周基礎断熱住宅の等温線図を示します。熱は、この等温線に直角に流れます。土間コン下に断熱材がないため、床下の地盤はかなり高い温度になっています。しかし、この図は、十分に熱が流れた平衡状態の図で、この状態になるためには床下の地盤に大量の熱を供給する必要があります。ところが高性能住宅の暖房は熱量も少なく、運転時間も短いため、床下地盤がこの図のような温度にはならず、上記のような現象が起こるようです。これは、土間コン下に断熱材を敷き込むことで解消します。

■基礎内断熱での熱橋

　基礎断熱を外断熱とすると、断熱材がシロアリの食害を受けると言うことから、温暖地では、内断熱とすることが多いようですが、内断熱では、外周基礎に間仕切り基礎がつながるところで大きな熱橋が生じます。

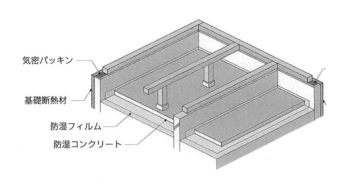

図7-1　布基礎外断熱の等温線図

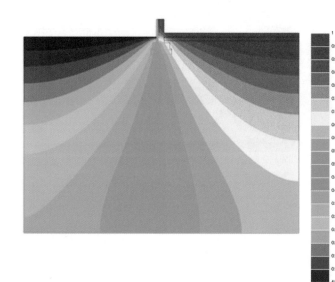

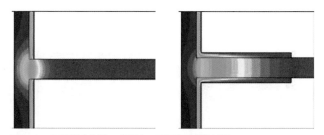

図7-2　布基礎内断熱の間仕切り基礎の断熱補強

　図7-2は、その部分の等温線図です。等温線が間隔が狭いと急速に熱が流れます。左図を見ると、間仕切り基礎の温度が交差部付近で低くなっていることがわかります。ここで結露が生じカビなどが発生します。これを避けるには右図のように、断熱材を間仕切り基礎の立ち上がり、及び土間コン上に貼り付けます。これを断熱補強と言います。巾は450〜900mmで、寒冷地ほど広くします。これによって基礎からの熱損失も少なくなります。

7-2　基礎断熱工法の熱損失

外周基礎断熱は、床下地盤面に断熱材が施工されないため、熱損失がどうしても大きくなります。その分簡便であまりコストもかからないため普及してきました。この熱損失を軽減し、寒冷地での凍結深度を浅くできるスカート断熱が導入されました。これは、凍結深度のない温暖地では、熱損失を軽減する手法として重要でした。それでもやはり、床断熱と比べると熱損失は大きかったのです。

表 7-1 に床断熱の熱損失、表 7-2 に基礎断熱の熱損失の計算結果を示します。住宅のプランは、p.15 の図 2-9 に示す 120m² モデルプランです。床断熱では通常の玄関土間と浴室を基礎断熱とする方法と、2-12 節で紹介した、水回り全体を基礎断熱とする新しい床断熱工法の計算結果を示しています。基礎断熱部が広くなる新しい床断熱工法の方が、若干熱損失が大きくなっていますが、表 7-2 の住

宅全体を基礎断熱とする場合に比べて、基礎断熱の方がかなり大きいことがわかります。また、基礎断熱でも土間下全面断熱とすると、床断熱にかなり近くなります。布基礎断熱では、両側断熱の土間下全面断熱が一番損失が少なくなります。またベタ基礎断熱では内断熱スカート断熱無しが、極めて熱損失が大きいのですが、土間上で全面断熱をすると、熱損失はかなり小さくなります。この場合は間仕切り基礎の断熱補強は必須条件です。

これからの高断熱住宅で、性能の高い住宅を目指し、床下暖冷房を行う場合は、土間全面断熱が必要といえます。また、温暖地で、床下の配管凍結の心配のない地域では、高性能住宅では床断熱の方が、コストも安く熱損失を低減しやすいといえます。

表 7-1　床断熱住宅の断熱仕様別熱損失（2.5 間×6 間総二階プロトタイプ住宅）

床断熱部 従来床断熱：43.89㎡ 新床断熱：31.46㎡	基礎断熱部（5.79㎡）			基礎断熱部（18.22㎡）		
	従来の床断熱工法 玄関・浴室のみ基礎断熱			新しい床断熱工法 広く水回りを基礎断熱		
	PSF3種 50mm	PSF3種 75mm	PSF3種 100mm	PSF3種 50mm	PSF3種 75mm	PSF3種 100mm
Gwボード32kg 80mm	18.86	17.58	16.63	19.25	17.04	15.39
HGW16kg105mm	16.77	15.49	14.54	17.75	15.54	13.90
HGW16kg105mm ＋GWボード32kg50mm	12.83	11.56	10.61	14.93	12.72	11.08

表 7-2　基礎断熱住宅の断熱仕様別熱損失（2.5 間×6 間総二階プロトタイプ住宅）

2.5間×6間総二階 プロトタイプ住宅の 基礎熱損失係数 基礎断熱面積：49.69㎡ （断熱材押出法PSF3種bA）		布基礎外断熱	布基礎両断熱	布基礎内断熱＊4	ベタ基礎外断熱	ベタ基礎両断熱	ベタ基礎内断熱＊4
断熱材 50mm厚 両側断熱は 25＋25mm	立ち上がりのみ スカート断熱無し	36.03	26.05	28.54	30.46	28.70	40.06
	同上＋外スカート巾450	26.19	23.50	23.75 ＊1	26.48	26.65	28.52 ＊1
	同上＋土間下全面	22.75	17.27	19.37 ＊2	20.00	17.24 ＊3	17.96
断熱材 100mm厚 両側断熱は 50＋50mm	立ち上がりのみ スカート断熱無し	25.82	21.97	23.93	25.05	23.39	34.63
	同上＋外スカート巾450	21.75	19.09	18.24 ＊1	20.71	20.92	21.83 ＊1
	同上＋外スカート巾450 ＋土間下全面	17.62	11.44	12.26 ＊2	12.74	10.53 ＊3	11.82

＊1：内スカート断熱　＊2：外スカート無し　＊3：全面断熱はスラブ下面　＊4：内断熱では熱橋となる間仕切り基礎を巾450mm厚さ25mm程度の断熱補強をする

7-3 基礎断熱工法の施工

1. 基礎断熱工法に使用する断熱材

一般的には、押し出し発泡ポリスチレン断熱材や、ビーズ発泡ポリスチレン断熱材が使われています。吸水性が小さいものが適しています。一方密度 32 ～ 64kg/㎥ ぐらいの撥水加工された GW ボードは、吸水しても流下するため、下部に砂利を敷込み排水をよくして使うこともできます。リフォームの基礎断熱では、断熱材が基礎表面の不陸にも追随性が良く、乾式工法で施工可能なため、とても良い工法です。

発泡断熱材は、普通はコンクリート型枠にセットし打ち込み工法で施工しますが、後張りするときは、モルタル系の接着剤で団子張りします。このとき注意すべきは、断熱材とコンクリート面に隙間ができ、ここを空気が流れないように、四周はモルタルを帯状に連続させます。

2. 基礎～土台の気密化

基礎断熱工法で、最も欠陥になりやすいのが、基礎と土台の間の隙間です。ほんの少しの隙間でも、住宅全体の一番下の部分で、冬場は温度差換気で、隙間から外気が流入して、床表面の温度が低下してしまいます。これを防ぐために、土台と基礎上面の間に基礎パッキンを施工します。この基礎パッキンを施工しても、隙間が発生することがあり、これは基礎天端の不陸が大きいことによります。基礎パッキンは、せいぜい数 mm の不陸しか吸収できません。このため、基礎の天端均しは、通常より精度を高める必要があります。セルフレベリングモルタルなどを用いて不陸を数 mm 以下に納めることが重要です。

3. 基礎断熱

基礎断熱は、温暖地ではシロアリの被害を防止するために内断熱とすることが多くなりました。このとき注意する必要があるのが、床下での基礎天端の結露です。内断熱では、基礎コンクリートは外気の温度に追随し、基礎天端が断熱材で覆われないため、結露が発生します。これが土台にしみ込み、床下の温度を低下させます。これを防ぐため、基礎天端から土台内側に、現場発泡ウレタンを施工します。このウレタンを基礎～土台の気密を兼ねさせてはいけません。現場発泡ウレタンは硬化収縮を起こし、コンクリートや木材から剥離しやすく、気密材にはなりません。

4. シロアリ対策

色々な仕様書にあるように、シロアリの侵入を防ぐために、基礎コンクリートを一体打ちにすることなどが推奨されています。7-5 節で紹介するような、基礎断熱工法でも、一体打ちができる構成になっています。

ここでは、断熱材についてのポイントを述べます。断熱材の食害を防ぎ、シロアリの侵入を食い止めるために、有効な手段として、防蟻剤入りの発泡断熱材があります。これに関して注意が必要な点は、有機系の薬品を含む防蟻断熱材は、10 ～ 15 年ぐらいしか効果を発揮しません。ホウ酸などの無機系薬剤を含ませたビーズ法発泡ポリスチレン断熱材は、効果が半永久的と言われています。また、GW ボードも防蟻効果が高いと言われています。

7-4　代表的な基礎と断熱形式の検討

　平成 12 年の基準法改正以来、木造住宅の基礎は、地盤調査をして地耐力が 2t 未満では地盤補強が要求され、2 ～ 3t でベタ基礎、3t 以上で布基礎と基礎の形式が地盤強度で決まるようになりました。北海道では , 地盤補強を 200 Φの PC 地盤改良杭で行われ、その上に布基礎形状の基礎を作るのが普通で、本州以南では柱状地盤改良が行わ

れその上にベタ基礎で基礎が造られることが多いようです。ここでは布基礎とベタ基礎について、基礎断熱の形式別に特徴をまとめてみました。また、今後床下地盤の断熱も行っていくとしたら、どのような形式が良いかについても検討しています。

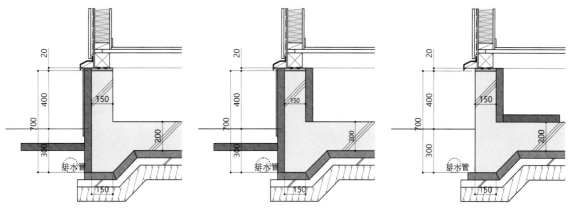

図 7-3　ベタ基礎の断熱形式

■左図はベタ基礎外断熱の一般的な断面図です。シロアリ問題から本州ではこの形式は少ないようです。温暖地では断熱材の深さが浅いため、スカート断熱は必須です。基礎全体をすっぽり断熱材でくるむためにはこの形式が一番良く、基礎コンクリートの熱容量も断熱の中に取り込むことができます。外周基礎の下面と地盤のテーパー部に断熱を入れることはあまり行われないようです。

■中図の両側断熱は、断熱型枠工法です。ベタ基礎工法では外断熱に比べても熱損失はあまり変わりません。

■右図の内断熱が、今一番普通に行われています。断熱材の外装が不要になり、断熱材も打ち込みではなく後張りとなることが多いようで、コスト的に一番安くなります。しかし、この工法でスカート断熱がないか、あっても巾 450mm 程度では一番熱損失が大きくなります。図面からも熱が流れる熱橋が一番大きくなることがわかります。この工法で土間上全面を断熱材で覆ってしまうと、熱損失が一番小さくなります。この場合、間仕切り基礎の立ち上がり部も多少薄い断熱材で良いから全面覆うことが前提で、基礎天端の断熱も必要になります。

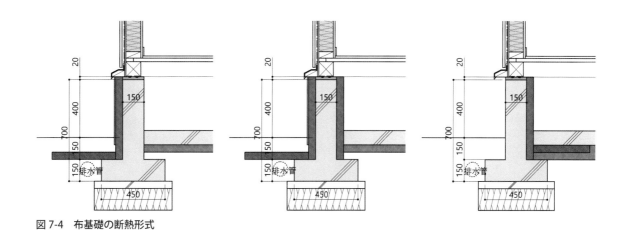

図 7-4　布基礎の断熱形式

　一方布基礎では、中図の両側断熱が一番熱損失が少なくなります。基礎立ち上がりが両側から断熱材で覆われ、ベースが熱橋としてここを流れる熱量が減り、土間コンも基礎立ち上がりと縁が切れることによると思われます。土間

コン下に断熱材を全面引き込んでも、この形式が一番熱損失が少ないようです。いずれにしても、布基礎型は、ベースが熱橋になることは、図から見ても明らかで、基礎をすっぽりくるむことは難しい形式です。

103

7-5 ベタ基礎形状の断熱型枠を使用した 合理化工法

　全国的に、木造新築住宅が建設される宅地の地盤強度は
2t 未満で、地盤改良が必要とされることがとても多くなっ
てきています。本州では柱状地盤改良、北海道では PC
地盤改良杭による地盤補強が行われていますが、この上に
布基礎やベタ基礎を造るというのは、よく考えるとおかし
なことです。一般的には @1820 で改良杭が設置されたな
ら、その上に梁状の構造物が載ればそれで良いことになり
ます。それを習慣的に、一般的に行われている形状の基礎
を造っているだけなのです。そこで、梁状の構造物を
150mm 巾、高さ 600 程度の RC 梁とし、1820 × 1820 の
土間スラブで構成する基礎を、断熱捨て型枠を使った工法
として構成したのが、図 7-5、図 7-7 の 2 つの工法です。
両者は、基本的には同じ構成で、型枠を固定する部材の仕
組みが異なるだけです。

　ベタ基礎の地中へのリブ状の
突起をなくし、基礎下面を平ら
にして、地盤転圧やその他の作
業性を向上させ、断熱材で基礎
全体をすっぽりくるむ形状とし
ています。立ち上がりの型枠と
鉄筋組み立てを行い、コンクリ
ート打設を 1 回ですむように
なっています。図 7-5 は土間ス
ラブがダブル配筋となっていま
すが、構造的には 150mm 厚シ
ングル配筋で可能になっていま
す。基礎工事の労務量は大幅に
少なくなり、型枠の設置、解体
の重労働がなくなり、基礎工事
は大幅に合理化されます。熱損
失も、表 7-2 に示すように大き
く削減され、150mm 級の床断
熱とほぼ同じになります。今は、
まだ地盤改良が必要な場合にし
か適用できていませんが、スパ
ン表で基礎設計が可能で、構造
計算も不要になるという利点も
持っています。

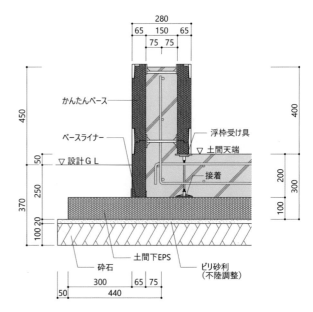

図 7-5　（株）ダンネツの断熱型枠による合理化基礎断熱工法

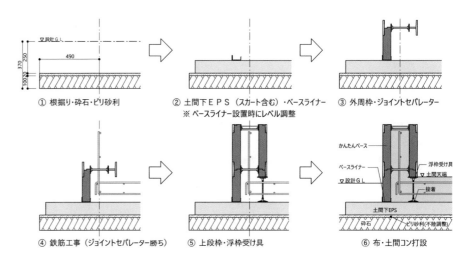

図 7-6　（株）ダンネツの断熱型枠工法の施工手順

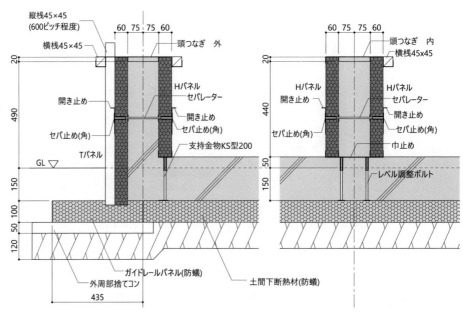

図 7-7　東北資材工業（株）の断熱型枠による合理化基礎断熱工法

第8章

断熱・耐震同時改修の
計画と施工

8-1 断熱改修の基本手法

　1973年（昭和48年）のオイルショックを契機として、日本では1979年（昭和54年）に省エネ法が制定され、全ての新築住宅に、日本中の殆どの地域で床・壁・天井に10kg/m³のGW50mm以上の施工が義務づけられました。

　北海道などの寒冷地では、オイルショック前から断熱材の施工が始まり、省エネ法施行時点には、すでに壁には100mm、床、天井には200mmもの断熱材の施工が始まっていました。これらの住宅では、断熱材を大量に増やしたにもかかわらず、暖房用灯油の節約にはつながらないばかりか、なみだ茸の発生で急速に木材が腐るという現象も起こりました。全国的にも断熱材施工しても断熱材の効果を実感出来ないまま時が流れてきたのです。

　この現象を改善すべく研究を始め、断熱材が性能を発揮し、気密性・省エネ性に優れた住宅工法の提案を行ったのは、1984年（昭和59年）でした。1987年には構法マニュアルを公開し、1989年（平成元年）、新住協の前身である新在来木造構法普及研究協議会（新在協）が発足しました。

　その後、国は高断熱住宅の普及を踏まえ、私達の工法提案を取り込んで、1992年（平成4年）新省エネ基準、1999年（平成11年）次世代省エネ基準を制定し、住宅の省エネ化を図ってきたように見えますが、いずれも推奨基準で、義務基準ではないため、普及は遅々として進みませんでした。

　このように断熱材が効かず、隙間風の多い日本の住宅が建ち続ける原因は、日本の在来木造構法の基本的な構成に根ざしています。図8-1にそれを図解します。

　土台の上に柱を立て、その上に横架材を乗せたり、柱間に渡したりする構成は、軸組工法の特徴です。壁は、戦前は全て土塗り壁でした。床は土台の上に根太を乗せ板を張り、天井は野縁組を梁から吊るし、壁の上部に留めます。戦後になって、合板や石膏ボードなどの薄い大きなボードが生産されるようになり、壁が土塗り壁から、内部が中空の間柱工法の壁に変わってきました。この壁の中空層は、床下と天井裏に開放されることになりました。ここにGWという断熱材が導入されたのです。

　断熱材が必要になったのは、室内を灯油ストーブなどで暖房するようになったことによります。昔のように火鉢やコタツによる採暖の生活から、部屋全体を暖房する生活に変わったのです。このため断熱材で暖房の熱を逃がさないようにする必要が生じました。しかし、暖房によって暖められた空気は軽くなって上昇します。色々な隙間から天井裏に逃げていきます。壁の中の中空層も暖められ同じことが起きます。残念なことに断熱材が壁厚さよりも薄く、外側に押しつけられて施工したため、断熱材の室内側を空気が上昇し、その分床下から冷たい空気が入ってきます。

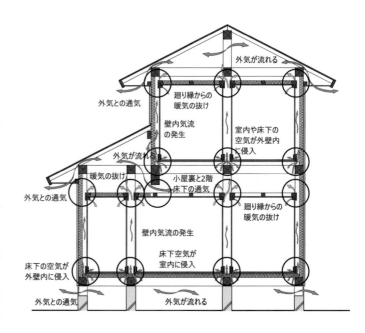

図8-1　断熱材が効かず、隙間だらけの在来木造住宅

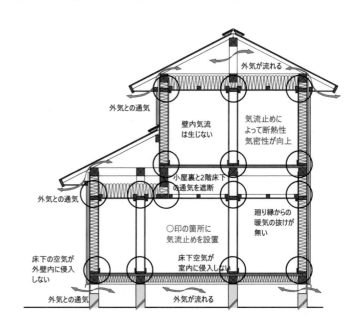

図8-2　気流止めを設置し、改良を加えた高断熱住宅

　断熱材の内側を冷気流が流れ、断熱材は殆ど効かない状態なのです。こうして日本の住宅は長い間断熱材が効かない状態で建設されてきました。（図8-1）

　これを、気流止めによって断熱材を効くようにしたのが高断熱工法であり、本書のGWS工法です（図8-2）。気流止めを、壁の下部は剛床工法で、上部は木材を柱間に渡したり、石膏ボードを横架材まで張り上げることによって実現しています。新築住宅でこうした高断熱工法を実現することは容易に出来ます。本書はそれを解説しています。しかし、既存住宅の改修で実現することはなかなか困難でした。改修と言っても、住宅全体を解体して軸組材を残すような大改修では、新築と同じようにして出来ますが、普通はできるだけ壊さずに改修は行われます。

壊せば壊すほどコストがかかっていきます。予算は限られているため、できるだけ壊したくないのです。この条件で、新築と同じように気流止めを設置することはなかなか難しかったのです。

工法のイメージは、図8-3です。このイメージで、できるだけ壁や天井などをばらさずに気流止めを設置出来れば、住宅の性能は大きく向上します。基本的には改修対象住宅の多くは、床、壁、天井に50mm程度の断熱材が施工されています。外壁の性能は、現状ではGW10mm分ぐらいしか性能がないのに対して、50mm分の性能がきちんと発揮されます。

壁から天井裏に逃げていた熱が殆ど止められるため、天井部の断熱も効いてきます。天井の断熱材の上に更に厚い断熱材を敷き込むことは比較的簡単です。図8-3では、床の断熱改修は基礎断熱で行っていますが、床下に入って作業出来るだけの広さがあれば、床断熱の補修をしながら、壁下部の気流止めで床下から室内、壁内に入る冷たい空気を止められます。床の断熱を下方から追加することも可能です。

更にこの気流止めで、住宅の気密性能の向上も期待出来ます。これによって住宅の躯体の断熱・気密性能が大きく向上します。

最初に試みたのは、天井裏に入って、壁上部から天井付近に何か詰め物をしようとしたのですが、壁の石膏ボードを留める釘が壁の中に出ていて、詰め物が簡単には入っていきません。また、天井裏が低いと、軒先の方は手も届きません。そこでいろいろ考えたのは、詰めるときは薄くて、設置後膨らんでくれる詰め物です。具体的には、弾力性の高い高性能GWを布団圧縮袋のようにポリ袋に詰めて掃除機で圧縮するという方法です。

色々実験してみると、16kg/㎥のHGWで、厚さは空隙の厚さの1.5倍程度が良く、ポリ袋は薄く滑りの良い高密度PEの45ℓのものが良いと言うことがわかりました。HGWには2×4工法で使う140mmの厚さの製品があります。巾は425mmですが。これを390mmぐらいの長さに切ってポリ袋に充填し圧縮GWの板を作ると、柱一間柱間と間柱一間柱間の両方に対応出来ます。（図8-4、8-5）こうした気流止めが住宅1棟で数百枚必要になりますから、現在ではあらかじめ袋に入れて50mm厚位に圧縮されて出荷される製品が開発されています。（図8-6）

こうして、基本的な工法が完成しました。後は住宅の状況に応じてこの気流止めを設置する方法を検討する必要があります。

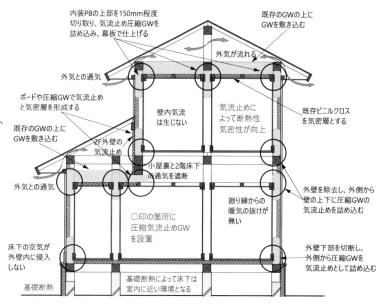

図8-3　床、天井の取り合い部の壁に気流止めを設置する改修工法

圧縮GWの気流止めの作り方

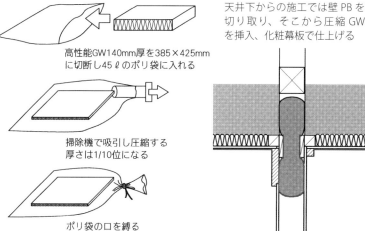

高性能GW140mm厚を385×425mmに切断し45ℓのポリ袋に入れる

掃除機で吸引し圧縮する厚さは1/10位になる

ポリ袋の口を縛る

図8-4　圧縮GW気流止めの作り方

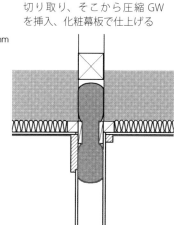

天井下からの施工では壁PBを切り取り、そこから圧縮GWを挿入、化粧幕板で仕上げる

図8-5　間仕切り壁上部に圧縮GWを設置した状態

製品の開梱状態（50mm厚位）

膨らんだ状態（140mm厚）

圧縮した状態（約15mm厚）袋の口は通常は縛る

自由に折曲げが可能で、狭いところにも入れやすい

図8-6　ボトルネック状の袋に入れた製品（パラマウント硝子工業）

■気密層の連続を確保

図8-7の赤丸印の箇所に気流止めを設置したことにより、壁の上下の大きな隙間がなくなりました。したがって、この壁内の空洞につながる巾木廻りや額縁廻りの細かな隙間は同時に塞がれたことになります。室内の天井面は普通はビニルクロスなどの仕上げによって殆ど隙間はありません。これらを気密層と見なすと、断点となっている赤丸印のところが気流止めによって気密化されれば天井の気密化が出来たことになります。

壁の気密化も内装の石膏ボードにビニルクロスと、天井と同じように見えますが、階間部では石膏ボードが張られていないため、むしろ外装のモルタルやサイディング壁は下地の防水紙と合わせて考えれば殆ど隙間はありませんから、これを気密層と見なして、やはり赤丸印のところでの気流止めによって天井気密層と連続します。図8-7では基礎断熱による改修を想定していますから、土台と基礎の間、床下換気口などの隙間を基礎断熱時にしっかり気密化します。床断熱で改修出来る場合は、間仕切り壁の下部にしっかり気流止めを入れて床面を気密層と見なします。ただし、間仕切り壁の下部には床下から気流止めを詰め込むことがなかなか難しいのです。間柱が@455mmで、根太が@303mmとなっていて下からは施工しにくく、間仕切り壁の幅木部の石膏ボードを切り取り、上から施工する必要があります。

こうして気密層の連続を意識して、住宅全体に気密層を想定して、隙間を塞いでいくと、住宅のC値は2〜3㎠/㎡以下には出来るようです。

■通気層が設置出来ない

外装を剥がさずに気流止めを中心とした断熱改修の場合は、通気層を設けることが出来ません。しかし、気流止めの設置により、壁内部に浸入する水蒸気量は大幅に少なくなっています。壁内気流により室内の空気や、床下の空気が壁の中に吸い込まれることがなくなるからです。したがって、通常のモルタルリシンの壁やサイディングの壁は少し透湿しますから、殆ど壁の内部結露は生じません。（図8-8）

しかし、透湿抵抗の高い吹き付けタイルや、モルタルタイル壁の場合は、結露が生じてしまう恐れがありますから、既存の外壁の上から付加断熱をして新しい外装材を施工することによって、壁内部の温度を露点以下に下げて内部結露を少なくすることができます。

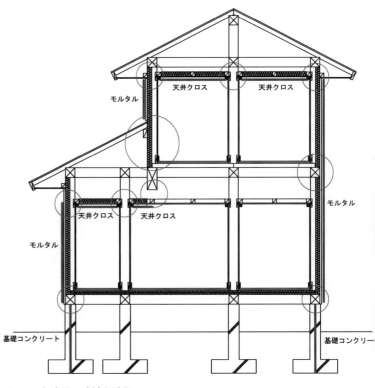

図8-7　気密層の連続を確保

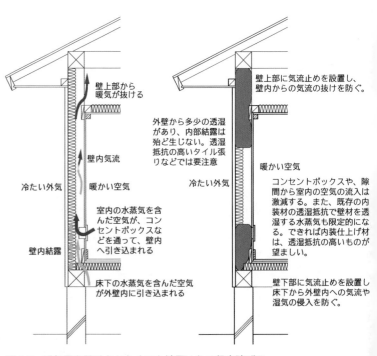

図8-8　通気層を設けられなくても結露はある程度防げる

108

8-2 圧縮GW気流止めの設置工法

圧縮グラスウールによる気流止めは、図8-9のA〜F等の箇所に設置する必要があります。それぞれの箇所でいくつかの施工方法が考えられます。その代表的な工法を紹介しますが、改修対象住宅をよく調査して各部にどの方法を採用するかを決め、工程計画をきちんと立てて施工すれば、居住しながらの改修施工も可能になります。小屋裏からの充填は、小屋裏が広ければ一番簡単です。床下も同じです。しかし、狭くて人が入れない場合は、色々工夫する必要が生じます。下屋部の小屋裏も同様に工夫が必要ですが、ここは天井を壊さざるを得ないようです。このようにして、できるだけ壊さないように全体の計画を立てることがローコストで改修するためには必要とされます。

1. 外壁軒先部の気流止め設置工法

耐震改修をする場合は、軒天を解体し、外壁上部の筋交いや柱と桁の接合補強を行いますから、同時に外部から気流止めを詰め込みます。接合補強は合板張りも可能ですが、軒天下地をできるだけ壊さないようにするなら、金物で補強する方が良いでしょう。(図8-10)

耐震改修をしない場合や他の条件で室内から気流止めを設置する場合は、回り縁を外し、石膏ボードを150〜

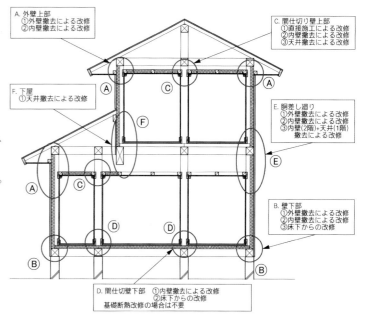

図 8-9　圧縮 GW 気流止めを設置する必要箇所

200mm程度切断して剥がし、気流止めを詰め込みます。その際、既存のGWは下に押し込み、GWが膨らんだとき、周囲の木部に密着するように上下に揺すると良いようです。また、ポリ袋の切り込みは上部に入れ天井裏に解放します。(図8-11)

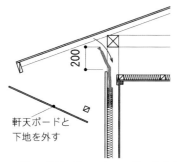 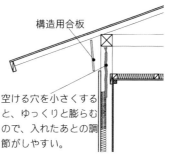 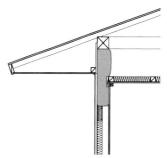

①軒天井材を外し，軒天下地は作業上必要なだけばらす。柱や筋交いの緊結を金物で行う場合は，先に施工する。既存のGWを下方に押し込み圧縮GW気流止めを差し込む。

②なるべく上の方で圧縮GWに穴を空ける。構造用合板12mm幅300mmを当て，耐震改修として必要な釘を打つ。

③軒天井下地及び軒天井を再建する。

図 8-10　外壁軒先部の気流止め施工 (外部からの施工)

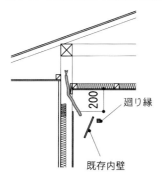 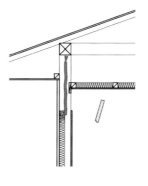 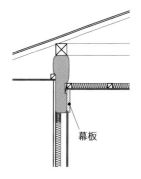

①廻り縁をはずし、内装材を200mmほどはがす。既存GWを押し込み、圧縮GWを詰め込む。

②なるべく上の方で圧縮GWに穴を空ける。

③天井野縁廻りをコーキングなどで気密化し、塗装済み幕板などで塞ぐ。

図 8-11　外壁軒先部の気流止め施工 (内部からの施工)

2. 外壁下部の気流止め設置工法

　一階外壁下部は、外部から施工することを基本とします。土台や柱、間柱の端部が腐っていないか、金物接合がきちんと行われているかの確認が出来るからです。外壁を土台下端から300mm切断し、気流止めを詰め込みます。膨らんで周囲の材に密着したら合板を次節で解説する方法で釘止めします。これで金物による補強は不要になります。床を基礎断熱で改修する場合は、図8-12のように基礎断熱外装をこの位置まで立ち上げます。床断熱改修の場合は、合板の上に適当な幕板を設置して化粧とします。

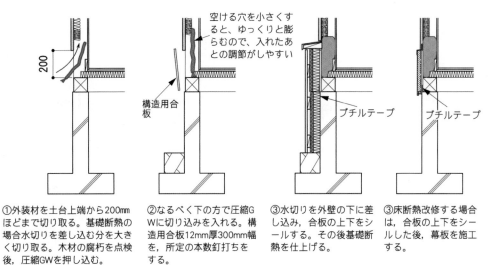

①外装材を土台上端から200mmほどまで切り取る。基礎断熱の場合水切りを差し込む分を大きく切り取る。木材の腐朽を点検後、圧縮GWを押し込む。

②なるべく下の方で圧縮GWに切り込みを入れる。構造用合板12mm厚300mm幅を，所定の本数釘打ちをする。

③水切りを外壁の下に差し込み，合板の上下をシールする。その後基礎断熱を仕上げる。

③床断熱改修する場合は，合板の上下をシールした後，幕板を施工する。

図8-12　外壁下部の気流止め施工

3. 間仕切り壁への気流止め設置工法

　上階に床がある、一階間仕切り壁の上部気流止めは不要です。天井断熱と取り合う間仕切り壁上部は小屋裏から詰め込むことが出来れば問題ありません。それが難しいときは外壁の上部と同じように壁上部の石膏ボードを切り取り、下から挿入します。この際、壁と天井の石膏ボードの取り合い部は、コーキングで隙間を塞ぎます。石膏ボードを切り取る反対側も、回り縁を外して同様に気密化します。化粧済みの幕板で塞ぐと完成です。

　一階床断熱と取り合う間仕切り壁下部も必要な場合は、巾木を外し同様に施工します。

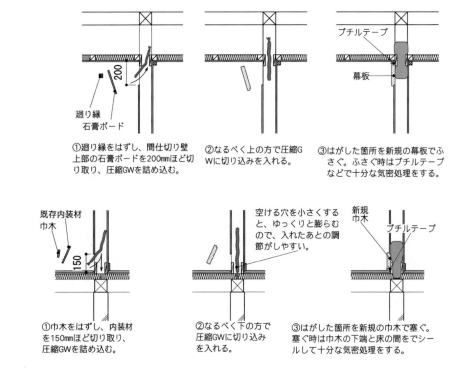

①廻り縁をはずし、間仕切り壁上部の石膏ボードを200mmほど切り取り、圧縮GWを詰め込む。

②なるべく上の方で圧縮GWに切り込みを入れる。

③はがした箇所を新規の幕板でふさぐ。ふさぐ時はブチルテープなどで十分な気密処理をする。

①巾木をはずし、内装材を150mmほど切り取り、圧縮GWを詰め込む。

②なるべく下の方で圧縮GWに切り込みを入れる。

③はがした箇所を新規の巾木で塞ぐ。塞ぐ時は巾木の下端と床の間をでシールして十分な気密処理をする。

図8-13　間仕切り壁の気流止め施工

4. 階間部外壁の気流止め設置工法

階間部外壁は、やはり、外からの施工と室内からの施工の2つの方法がありそうです。外からの施工では外壁を切り取り気流止めを挿入しますが、切り取る巾をできるだけ小さくした方が、デザイン的には納めやすいと思います。柱、筋交いと、胴差しとの緊結を合板張りでとる場合は

500mm巾必要になりますが、金物で行えば350mmぐらいあれば可能でしょう。

室内側からの施工は、サニタリーや台所があると難しくなるので、条件によって総合的に判断して工法を決める必要があります。

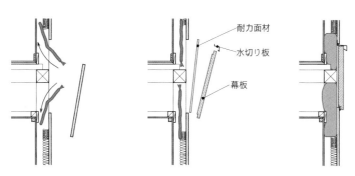

①外装材を500mmほど切り取り、既存GWを押し込み、圧縮GWを詰め込む。

②1階上部は上の方、2階下部は下の方で圧縮GWに穴を空ける。構造用合板12mm厚500mm幅を所定の釘打ちをする

③さらに耐力面材の上から幕板でふさぐ。ふさぐ時はブチルテープなどで十分な気密処理をする。

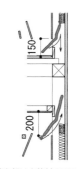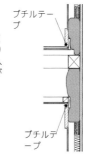

①1階上部は内装材を200mmほど、2階下部は内装材を150mmほどはがす。既存GWを押し込み圧縮GWを詰め込む。

②1階、2階のどちらとも圧縮GWの外側に小さい切り込みを入れに素早くはめ込む。

③はがした箇所を幕板でふさぐ。ふさぐ時はブチルテープなどで十分な気密処理をする。

空ける穴を小さくすると、ゆっくりと膨らむので、入れたあとの調節がしやすい。

図8-14　階間部外壁の気流止め施工

5. 下屋部小屋裏の気流止め設置工法

下屋部は、図8-15のように3箇所に設置する必要があり、そのため、天井の一部を、解体する必要が生じます。二階外壁の下部は、下屋の垂木が壁に留め付けてある部分とその下の空隙からの空気を止めるため、普通より大きな

気流止めが必要になります。これは現場で作成します。気流止めを挿入して、ボードを張り気流止めを完成させます。その下の天井との間も同様に厚さ、巾をよく検討し気流止めを作って挿入します。

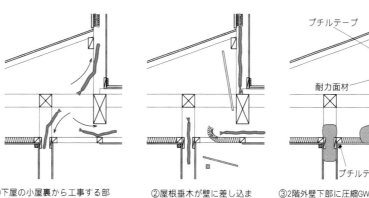

①下屋の小屋裏から工事する部分を見定めて、必要な範囲の天井をはがし、上図の部分の気流止めを設置する。

②屋根垂木が壁に差し込まれている部分まで気流止めを差し込むようにする。圧縮GWへの切り込みは、小屋裏に面する部分で行う。

③2階外壁下部に圧縮GWの垂れ下がりをふせぐためと、耐震改修もかねて耐力面材をはる。はがした箇所の天井をふさぐ。ふさぐ時はブチルテープなどで十分な気密処理をする。

図8-15　下屋部小屋裏の気流止め施工

8-3　気流止め設置断熱改修工法の効果

これまでの解説は、既存の断熱材には触れずに気流止めを設置するというシンプルな工法です。この改修で住宅の性能がどの程度改善されるかを見てみます。QPEXで計算した結果ですが、前提条件は、既存住宅は外壁の断熱材が厚さが実際に充填されているGWの1/5の厚さ分の性能と見なし、換気回数を1.5回/hと想定します。これでほぼ実際の住宅の性能になるようです。住宅のプランは120㎡モデルプランです。

図8-16は、東京練馬で床・壁・天井10kg/㎥50mm厚と100mm厚が施工されている住宅を想定しています。それぞれ気流止めの設置で、外壁の断熱性能が復活し、気密性が改善されたことにより、換気回数が0.5回/hとなります。暖房エネルギーは18℃全室暖房の想定です。

熱損失係数が約2/3に低減されるのに比べて、暖房エネルギーは、約1/2近くに大きく削減されることがわかります。5〜7地域の省エネ基準はアルミサッシでも良いことになっており、そのため、省エネ基準住宅でも開口部が非常に大きな割合を占めています。このため改修住宅で、床と天井の断熱を付加し、外壁には付加しなくても、開口部を内窓などで改善すれば、開口部の熱損失が省エネ基準住宅より大分少なくなりますから、省エネ基準住宅ぐらいの性能にすることは簡単にできます。

実際の改修事例では、省エネ基準相当ぐらいまで改善された住宅で、二階はあまり使わないので家全体を暖房しないで一階のみの暖房とすると、これまでと殆ど暖房費は変わらず、遙かに快適になった事例もあります。

次頁の図8-17は札幌での計算です。温暖地の東京のプランに比べて、開口部の面積を少し小さく設定しているため床・壁・天井50mmのもでるの熱損失係数が東京の計算より少し小さくなっています。寒冷地の住宅は、東北地方のかなり古い住宅でアルミサッシ＋ガラス1枚の住宅がありますが、殆どの住宅で開口部が2重になっているのが特徴です。また断熱材もかなり厚く施工されている住宅が多いので、気流止めの効果はとても大きくなります。

床、天井の断熱材を少し付加し、ペアガラスの入った内窓に交換するなどすれば省エネ基準住宅レベルには十分改修出来ます。開口部の気密性が悪くなっていますから、外側のアルミサッシを残し、ペアガラスのできるだけ気密性の良い内窓をつけます。内窓の気密性はあまり良くないので、普通の外窓用PVCサッシのつば等を切り落とし設置する場合もあるようです。これで気密性を確保し、また最新の高性能ガラスも使うことが出来ます。1〜2地域の省エネ基準は、かなりの性能ですから、改修としては必要とされる一つのレベルは達成されると思われます。

寒冷地では、熱交換換気の効果が温暖地に比べて高くなりますから、改修に当たっては気密化に十分留意し、熱交換換気の採用は効果の高い方法です。ダクト配管を極力少なくなるような設置を試みます。また、家族数が少ない場合は省電力の第3種換気とし、換気回数を0.3回程度にする方法もあります。気密性能は改修によってC値が2.0c㎡/㎡位にはなるようです。

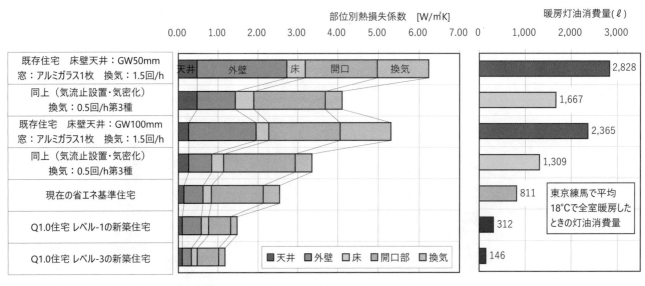

図 8-16　気流止め設置による熱損失係数と暖房エネルギーの低減効果（温暖地：東京練馬）

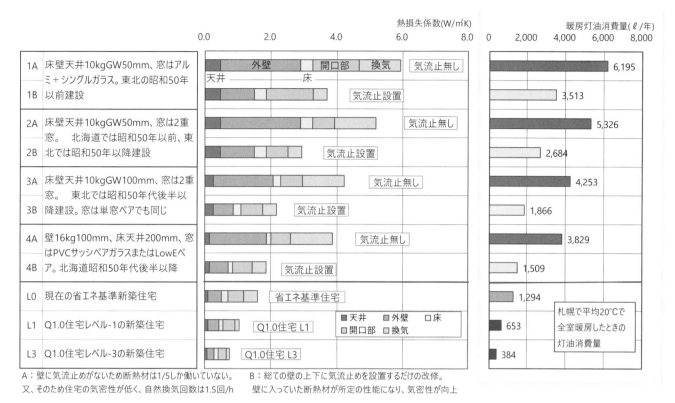

		熱損失係数(W/m²K)	暖房灯油消費量(ℓ/年)

A：壁に気流止めがないため断熱材は1/5しか働いていない。 B：総ての壁の上下に気流止めを設置するだけの改修。
又、そのため住宅の気密性が低く、自然換気回数は1.5回/h 壁に入っていた断熱材が所定の性能になり、気密性が向上

図 8-17　気流止め設置による熱損失係数と暖房エネルギーの低減効果（寒冷地：札幌）

■ Q1.0 住宅を目指した改修工法

　気流止めを設置し、外壁や屋根をできるだけ壊さずにローコストな改修を行う場合、性能向上には、どうしても限界があります。例えば 50mm 断熱の住宅では、床天井の断熱は強化出来ますが、外壁の断熱材は付加することが出来ません。

　そこで開発したのが p.115 で解説する、モルタル壁の上から木桟を留め付け付加断熱を行う工法です。モルタルを残すことでモルタル解体の費用をなくし、更にモルタルが耐力面材として効くようになります。

　また、屋根の張り替えも必要な場合は、図 8-18 のように、外壁・屋根を外張り工法によって大改修を行い、サッシも交換すれば、新築の Q1.0 住宅と全く同じ性能を目指すことも出来ます。この場合基礎断熱とすれば、気流止めの設置は全く不要になり、外壁の 50mm の断熱は外側の断熱材とともにきちんと効きます。天井・床の断熱材は不要になりますが、そのままにしておきます。

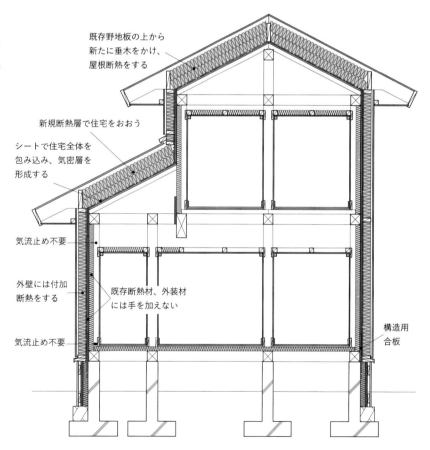

図 8-18　屋根外壁を外張り工法によって厚い断熱を新設し Q1.0 住宅を実現する

8-4 耐震改修の基本

1980年（昭和55年）に住宅の耐震性能に関して、建築基準法の大きな改正がありました。耐力壁量を大幅に増やし、更に筋交い、柱と土台や桁との接合部についても強化する改正でした。いわゆる新耐震基準です。これが当時の金融公庫の仕様書に反映されたのは1982年（昭和57年度）からですが、この基準はこの仕様書以外では殆ど周知されませんでした。そのためか普及も遅々としたものになったのです。その後、1995年（平成7年）1月に阪神大震災が起こり、多くの住宅が倒壊しましたが、国は災害調査報告で、この新耐震基準に適合する住宅、即ち建築確認申請に合格して普通に建てられた住宅に、大きな被害がなかったとして、この基準が有効だったとしました。その後、建築基準法は2000年（平成12年）に大改正が行われましたが、木造住宅については耐力壁をバランス良く配置するなどの軽い改正にとどめました。

したがって、木造住宅はこの新耐震基準以前の住宅には耐震改修が必要とし、色々な補助金も実施され、一方新耐震基準以降の住宅、即ち1982年以降に確認申請を取得した住宅は安全だという建前から、補助金の対象になりませんでした。そして、新耐震基準以前の住宅の耐震改修は難しくお金もかかるためか、殆ど進んでいません。

安全と見なされたはずの新耐震基準ですが、図8-19のような金物補強が義務づけられましたが、1982年以降の住宅で一斉に金物が使われ始めたかというと、2000年（平成12年）まで少しずつ普及してきたというのが正直なところで、2000年にこれが条文化され確認審査が厳格化して、急に金物の出荷量が増えたという事実があります。つまり、今既存住宅改修の中心である20〜40年前の建物の大半は耐震性が大幅に不足している可能性が高いのです。

図8-19で示すように、金物補強で筋交いの効果は2倍近くになります。表8-1の昭和55年新耐震の改正は、壁量を24cm/㎡から33cm/㎡に増やされたように見えますが、実際は筋交いの強度を2倍近くに引き上げていますから、新耐震以前の壁量で言えば33cmの2倍くらいの数値に引き上げられたことになります。それなのに新耐震以前の施工がずっと行われてきたことになります。

このことから、耐力壁量は大幅に足りないのですが、耐力壁の数はある程度確保されていますから、この金物補強を住宅に施せば55年基準を満たす可能性は高いのです。一般的には、既存の住宅を金物補強するためには、建物を一部壊す必要があり、困難です。したがって、耐震改修工法と言えば、鉄骨ラーメンを建物に抱かせたり、鉄筋ブレースを開口部に設置したりとびっくりするような、そしてコストのかかる工法があふれているようです。

そこで、これまで述べてきた断熱改修と同時にこの金物補強を行えば、耐震改修が容易に出来ることに気付かれる

表8-1　耐震基準の変遷

建築基準法	在来木造住宅耐震基準の内容	必要耐力壁長さ(cm/㎡)	
		1階	2階
昭和25年制定	必要耐力壁量・壁倍率・筋交い寸法などを指定	16	12
昭和34年改正	柱の太さ強化、必要耐力壁量の強化	24	15
昭和55年改正	必要耐力壁量の強化、柱・筋交い端部の接合強化	33	21
平成12年改正	耐力壁の配置バランスなど	33	21

注）2階建て多雪地域の場合

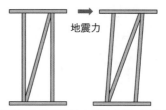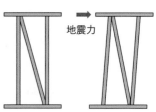

筋交いには引張り力が働くが、端部の固定強度が弱いため殆ど効かない

筋交いには圧縮力が働き、端部に押し込まれるようにして効く

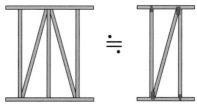

筋交いと柱の両端を接合金物で補強することによって、両方向からの地震力に対して効き2倍近い耐力になる

図8-19　筋交い、柱上下端部の金物による強化

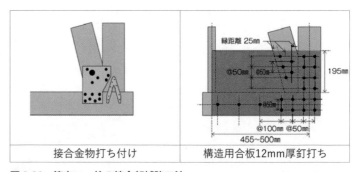

接合金物打ち付け　　　構造用合板12mm厚釘打ち

図8-20　筋交い、柱の接合部補強工法

と思います。図8-20の左図のように改修用の薄い金物も販売されていますが、断熱改修で土台廻りの外壁を切断し、そこに気流止めを設置後、合板で塞ぐことに目を付け、この合板を釘を沢山打つことで金物補強と同等になる工法を開発しました。これが図8-20の右図です。

断熱改修と並行して耐震改修を行えばローコストに工事が出来ることに気付き、北海道の北方建築総合研究所に共同研究を申し入れ色々な実験を行い、大きな成果を上げる

ことが出来ました。実験は2つのアイデアに基づいて行われました。

　一つは土台や桁、胴差し等の横架材と柱、筋交いとの接合補強を合板張りで行うというものです。図8-21に示すように、断熱改修として横架材付近に圧縮GW気流止めを外部から詰め込む場合は、そこに必ず合板を張りますから、その合板による接合強度を金物接合と同等にするためにはどのような釘を何本打てば良いかというテーマです。結果は図8-22に示します。

　もう一つは、改修で外壁を張り替える必要がある場合、既存のモルタル壁を剝がさずにその上から木桟を留め付け付加断熱を行う工法です。アイデアは、木桟をどのように打ち付け、どのように釘止めすると、モルタル壁が耐震面材として働くのではないかという点です。図8-23にその概要を示します。結局、通気胴縁のように縦に木桟を、長いビスでモルタルを貫通して、柱、間柱に留め付ければ良いという結果が得られました。ビスは付加断熱などに用いる先ネジタイプの長いものを使います。これで壁倍率に換算すると2倍弱の耐力が得られます。これらについて道庁が建防協の認定を取り、誰でものこの認定が使えるようになっています。

　これらの技術の詳細については、北海道立総合研究機構のホームページから、技術仕様・年報のページでダウンロード出来るようになっています。資料名は「住宅の性能向上リフォームマニュアル　耐震・断熱改修方法編」で、35ページのリーフレットです。図8-22はこの文献からの引用です。

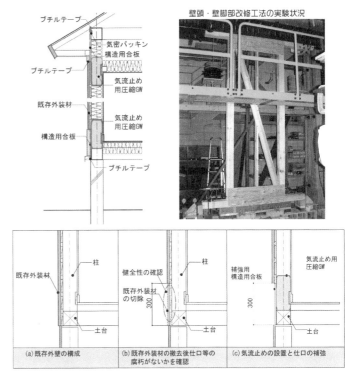

図8-21　筋交い、柱と横架材を合板張りで接合する実験

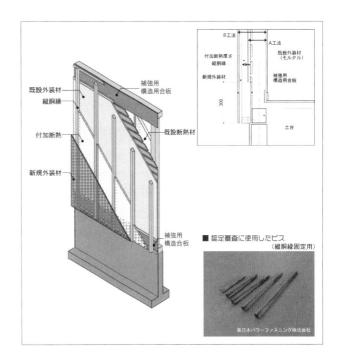

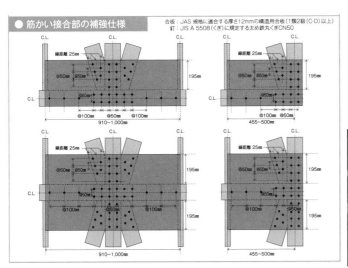

図8-22　筋交い、柱と横架材を合板張りで接合する実験

図8-23　筋交い、柱と横架材を合板張りで接合する実験

附　録

新住協パンフレット

最新の新住協紹介パンフレット

　新住協（一般社団法人新木造住宅技術研究協議会）は、今から31年前の1989年に新在協（新在来木造構法普及協議会）として発足しました。当時、オイルショックで灯油価格が暴騰し30円/ℓ位だったのが80円/ℓにもなりました。北海道では一般家庭で年間2,000リットルもの灯油を消費していましたから、大変なことでした。北海道では木造住宅に50mmのGWを施工していましたが、この灯油の値上がりを受けて、新築住宅の断熱厚さは、一気に壁100mm、床・天井200mmが普通になりました。しかしその結果は、暖房費の節約は殆ど出来ず、更には、床下の木材が急速に腐朽して、床が抜け落ちてしまうという事例が多発しました。昭和50年代のことです。

　私は、1977年（昭和52年）に室蘭工業大学建築工学科に赴任して丁度この混乱の中に飛び込んだ形になりました。色々断熱工法についてそれまでの北海道の研究蓄積などを学びながら、そこに色々な矛盾があり、実際の現場を調査してみると、断熱工法がおかしなことになっていることに気付きました。防湿層が施工されていなかったり、床の断熱材の下に非透湿材料を施工して床下地盤からの湿気を防ぐという指導が行われていたりしているのです。通気層工法はすでに建築学会北海道支部の寒地住宅研究委員会から提案されていましたが、道庁の組織である寒地建築研究所は通気層工法の採用に反対していました。そこで私は、大学構内に10坪ほどの東西に長い実験建物を建て、北側の壁を色々な工法で施工してみて、壁内の湿度や温度を測定し、真冬に壁を解体して中を観察したりというプリミティブな研究を始めました。しかし2〜3年続ける内に解決方法が見えてきて、透湿防水シートを使う通気層工法や、断熱・気密性能が大幅に向上する改良軸組工法を建築学会北海道支部で発表したのです。1984年頃の話です。この工法の住宅は、著しい省エネ効果と住宅の快適化を実現し、大きな反響がありました。

　そして、この工法を採用してその効果を確認した工務店や地場のハウスメーカー、さらには、遠くは長野、新潟、東北の工務店の人たち、関連するメーカー、建材店の人たちが集まり、その工法の普及と改良を目指す「新在協」が設立されたのです。私の研究室は、この新在協から研究費の寄付を頂きながら、研究を進め色々な改良に努めました。その後、1995年に名称を新木造住宅技術研究協議会（新住協）と改め、2004年にはNPO法人化、2014年に一般社団法人になり、全国に約800社の会員を擁する団体になりました。

　本書は、ここ10数年のQ1.0住宅の新しい工法について、各地の会員の声を取り入れながら、とりまとめたものですが、本書の執筆と並行して、新住協の活動とQ1.0住宅を紹介するパンフレットを製作し、丁度同時にできあがりました。パンフレットには、技術を新住協の会の外部に対してもオープンに公開し、会員とともに技術開発を続けてきた歴史と、その成果としてのQ1.0住宅の概要がまとめられています。本書の断熱工法の設計と施工に関する内容を読み、理解していただいた読者の皆さんには、本書であまり触れられなかったQ1.0住宅に対するガイダンスの役を果たすのでは無いかと思い、ここにそのパンフレットをご紹介します。

　数ヶ月後に本書の続編として、「Q1.0住宅　データから導く計画マニュアル」（仮称）を出版する予定です。是非本書に引き続きこの続編もお読み頂き、日本に、本当の意味で「省エネで快適な住宅」を根付かせていきたいと思います

誰もが良質な住宅を求められる社会環境をめざして

わたしたちの家づくり

民間の高断熱住宅技術研究機関
一般社団法人
新木造住宅技術研究協議会

はじまりは1985年。「日本の住宅はなぜ寒い」
高断熱住宅技術の研究開発・実践・検証・改良・共有

在来木造住宅を省エネで暖かく快適に改善した新住協は、民間の高断熱技術研究機関

「日本の住宅はなぜ寒い」その原因と改良工法がはじめて発表されたのは昭和59年（1984年）日本建築学会北海道支部の研究報告会でした。発表者は当時室蘭工業大学の助教授だった鎌田紀彦代表理事。改良工法は驚くほどの成果を発揮し、新在来木造構法と名付けられ工務店から工務店へ、瞬く間に北海道全域から東北、新潟、長野に広がりました。それが新住協のはじまりです。以後、産学官が一体となり研究、開発、実践、検証が繰り返し行われ、今日の高断熱・高気密住宅が確立されました。その技術は北海道から東北、関東、中部東海、さらに西日本まで広がり、現在その母体である新住協は、住宅の設計・施工に関与する全国800社余りから民間の高断熱技術研究機関として支持されています。

私たちのすべての技術はオープンです

新住協は特定の企業や団体に偏向することなく、また、その技術はフランチャイズにすることもなく、すべてオープンな技術として公開しています。そうすることで、最終的にはユーザーの誰もが良質な住宅を求められる社会ができると考えるからです。

目標はQ1.0住宅が日本の標準に

私たちが今取り組んでいるのは、さらなる省エネです。機械や設備に頼ることなく、住宅本体の断熱性能を高め、豊富な日射エネルギーを有効活用し、暖房エネルギーを可能な限り削減しようと考えています。このような住宅をQ1.0住宅と呼んでいます。Q1.0住宅が日本の標準になった時、人と地球の未来はより確かなものになると信じています。

	1980(S55)	1985(S60)	1990(H2)	1995(H7)
社会のできごと	1981 中国残留孤児初来日 1982 東北、上越新幹線開業 1983 東京ディズニーランド開園 1984 日本海中部地震M7.7 1984 男女平均寿命が世界一	1985 NTT、JT民営化 1987 JR民営化、バブル経済はじまり 1989 昭和天皇崩御平成へ 1989 消費税3%スタート 1989 株価史上最高値38,915円	1990 銀行合併はじまる 1991 バブル景気終焉 1993 北海道南西沖地震 1993 細川内閣成立 1994 松本サリン事件	1995 阪神・淡路大震災M7.3 1995 超円高1ドル80円を記録 1997 消費税5%に増税 1997 拓銀・山一證券破綻 1999 平成の大合併はじまる
住宅関連法制度	1979 住宅省エネ法施行 1981 新耐震基準施行	1985 公庫断熱基準改定	1990 北海道北方型住宅 1992 新省エネ基準	1999 次世代省エネ基準
新住協組織・会員		1989 新在来木造構法普及協議会 （新在協発足）	1990 会員数：269社	1995 新住協に改名 1995 会員数：660社
新住協の技術開発 （技報：技術情報として 第53号まで発刊）	1984 タイベック通気工法の提案 1984 改良木造構法の提案 （室蘭工業大学・鎌田研究室）	1987 新在来木造マニュアル	1991 技報〜新在来マニュアル 1993 技報〜何故気密化するのか	1995 技報〜PFP工法 1995 技報〜夏を涼しく 1997 技報〜PFP-II工法 1997 技報〜断熱改修 1997 技報〜エコハウス

在来木造工法住宅の高断熱・高気密構法を構築した『新在来木造構法』

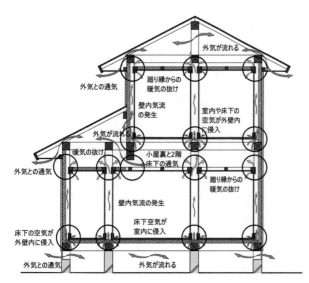

在来木造工法は、戦後大きく工法が変わり壁の中が空洞になりました。この空洞部は床下、天井裏につながっています。この空洞部を室内の暖かい空気や、床下、外気の冷たい空気が流れます。せっかくの断熱材が効かず、隙間風も多く寒い家になるのです。

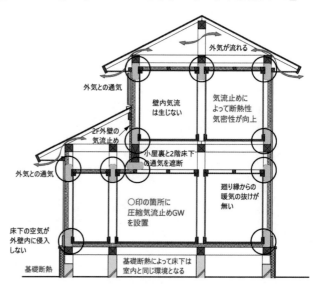

壁の上下に気流止めを設置して、壁内の気流や天井裏に抜ける空気を遮断し、壁の中で結露しないように通気層工法を採用して、左図の欠陥をなくしたのが高断熱在来木造工法です。断熱材は計算通りの効果を発揮し、隙間風もなくなり、木材も腐らなくなりました。

誰もが良質な住宅を求められる社会を目指して
新住協は民間の高断熱技術研究機関

今、日本では、ゆっくりと住宅革命が進行している

一般社団法人新住協代表理事

室蘭工業大学名誉教授
鎌田　紀彦

　時は40年前です。石油危機による灯油価格の急上昇中に、北海道では分厚い断熱材を施工した住宅の中で、寒さをしのぐために大きなストーブを焚き、年間2000ℓ近くの灯油を消費していました。私は、大学の構内に実験建物を造り研究をはじめ、やがて在来木造住宅の改良工法を提案しました。これにより、断熱材が同じでも、暖房面積あたりの灯油消費が1/5に大きく削減されました。何よりも家中で寒くなくなり、また木材が腐ることもなくなりました。これが住宅革命のはじまりです。

　この工法は、北海道・東北など寒冷地の工務店、ハウスメーカーに衝撃を与え、急速に広まりはじめました。当初は寒冷地の技術だと、温暖地の人達から相手にされないこともありましたが、やがて夏の冷房にも大きな効果があることがわかり、今ではエアコン1台で快適な全室冷暖房ができる技術も開発され、ゆっくりと全国に広まりつつあります。

　住宅を建てるとき、人はデザインや材料にこだわります。しかしできた住宅に住みはじめて、一番の価値を、「暖かさ、涼しさ、快適さ」に見いだすようです。住人はその性能に驚き、感動しておられます。

　省エネ基準住宅では足りない、圧倒的な性能を持つ住宅が、それほどお金を掛けなくても可能になっているのです。まさに「住宅革命」です。家は一生の財産であり、毎日の暮らしを支えるものです。革命の果実を十分味わってほしいと思います。

2000(H12)	2005(H17)	2010(H22)	2015(H27)	2020(R2)
2000 鳥取県西部地震 2001 小泉内閣成立 2003 株価最安値7,603円 2004 新潟県中越地震 2004 年金問題勃発	2005 郵政民営化法案成立 2005 構造計算書偽造問題 2007 新潟県中越沖地震 2008 リーマンショック 2009 鳩山内閣成立	2011 東日本大震災M9.0 2011 福島第一原発事故 2012 安倍内閣成立 2014 消費税8%に増税 2014 関東甲信で豪雪	2015 北陸新幹線金沢開通 2016 熊本地震M7.3 2017 森友、加計学園問題 2018 大阪府北部地震M6.1 2018 北海道胆振東部地震M6.7	2019 令和へ改元 2019 京都アニメーション放火殺人事件 2019 房総半島台風 2019 消費税10%に増税 2019 東日本台風
2000 品確法施行 2003 シックハウス新法施行	2009 長期優良住宅促進法	2014 省エネ基準改定 （一次エネルギー消費量評価）	2016 H28省エネ基準 （省エネ基準義務化宣言）	2020 省エネ基準説明義務化
2004 NPO法人新住協 2000 会員数：760社	2005 会員数：654社	2010 会員数：674社	2014 一般社団法人新住協 2015 会員数：700社	会員 全棟Q1.0住宅建設を目標 2020 会員数：807社
2000 PFP-III工法 2002 新在来木造構法マニュアル 2002 技報〜民家再建 2002 技報〜パッシブソーラー 2004 QPEX Ver1発表	2005 Q1.0住宅提案 2005 技報〜住宅のCO$_2$発生量 2007 技報〜壁体内検証 2008 QPEX Ver2 2009 技報〜シロアリ対策	2010 技報〜断熱・耐震改修 2011 技報〜Q1.0住宅BOOK 2011 技報〜東北大震災レポート 2012 QPEX Ver3.1(冷房計算)	2016 技報〜Q1.0住宅の仕様 2017 技報〜新しい標準工法 2019 QPEX Ver3.7	2020 Q1.0住宅設計マニュアル(予定) 2020 QPEX Ver4(予定)

これまでの主な研究開発　新住協から生まれた技術

防湿シートを気流止め・気密層とする 高断熱工法（シート気密工法）

1984年に提案。H11次世代省エネ基準に標準工法として取り入れられ、現在も、国の省エネ技術講習テキストに掲載されている。

燃費半分以下で快適に暮らせる Q1.0住宅

日本の省エネ基準はH11年からまったく変わらず、快適に暮らすと暖房費は増える。これを半分以下にするQ1.0住宅を提案。

床下を利用する エアコン1台の快適冷暖房システム

基礎断熱の床下や、床断熱の2階床下をエアコンの温冷風を各室に回すチャンバーとして利用。エアコン1台で、快適な全室冷暖房を実現。

床・外壁の下地ボードを気密層とする 高断熱工法(ボード気密工法)

2002年に提案。以降この工法に徐々に移行してきた。これからの標準工法としてマニュアルを本年刊行予定。硝子繊維協会はGWS工法と命名。

暖冷房エネルギーを計算できる QPEXプログラム

2004年のVer.1以降のバージョンアップで、今では冷房エネルギーの計算も可能になり、全室冷房もこれで実現した。入力が簡単で広く使われている。

FFストーブや温水による 快適な床下暖房システム

基礎断熱住宅は、1階の床表面温度が低くなるのを、床下に暖房設備を設置することで改善。床暖房以上の快適性を実現した。

透湿防水シートを使った通気層工法

タイベックという透湿防水シートがデュポン社からアメリカで発売され、これを通気層の防水・防風・透湿シートとして使うことを提案した。

在来木造の柱梁現しの同面真壁工法

在来木造の伝統的なデザインである柱梁現しで、高断熱住宅を実現する工法を考案。土塗り壁の高断熱工法にも発展した。

高断熱住宅の夏を涼しくする 住宅設計手法

徹底した日射遮蔽と住宅の上下に通風をとることで、夜間通風による冷却を利用。日中は逆に窓を閉めることで、エアコン無しの涼しさを実現。

床・壁・天井・屋根の GWによる厚い断熱工法

住宅各部の厚い断熱工法は、新住協の会員と現場の大工さんとの共同作業から改良が進み、ローコストで最大の性能を発揮する工法を開発してきた。

既存住宅のローコスト 断熱・耐震同時改修工法

圧縮GWを気流止めとして使い、施工方法を工夫することで、断熱・耐震同時改修をローコストに実現。北海道庁との共同研究の成果でもある。

熱交換換気システムの 住宅への導入と改良

高断熱住宅に熱交換換気を導入すると、大幅な暖房費削減が可能になることを実証。設備の効率やメンテナンス性をメーカーとともに改良した。

断熱性能と気象データに基づいて計算する省エネ住宅

省エネの理論を追求したQ1.0住宅

断熱性能を高めるには、どこに重点を置けばよいか、日射をどのようにコントロールするか。理論的に、そして経済的な手法を採用していく。これがQ1.0住宅の設計の基本です。

暖房時・冷房時の熱収支と暖冷房エネルギーの計算

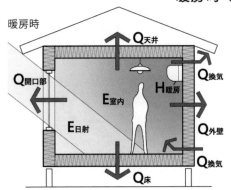

暖房時

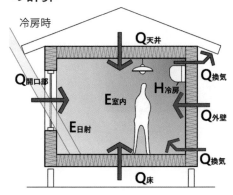

冷房時

図のQは、内外温度差1℃の時の各部位を移動する熱量を示します。

Q部位＝部位の熱貫流率×部位の面積
換気だけは次式になります。

Q換気＝0.35×住宅の気積×換気回数

移動する熱量は全部でQ全部＝Q天井＋Q外壁＋Q床＋Q開口部＋Q換気となり、これに内外温度差を掛けたものが暖房時は家から逃げていく熱、冷房時は外から入っていく熱です。

暖房時は、逃げる熱と暖める熱が同じなら室温が保たれますから、Q全部＝H暖房＋E日射＋E室内発生熱となります。
したがってH暖房＝Q全部－（E日射＋E室内発生熱）となります。
このことから、暖房エネルギーを減らすには

1. 断熱材を厚く施工してQを小さくする
2. 換気の熱回収をする
3. 日射熱を増やす（陽当たりの良い南の窓を大きくする）

冷房時は、室内を暖める熱とエアコンで冷やす熱が同じなら室温が保たれますから、H冷房＝Q全部＋E日射＋E室内発生熱となります。暖房時とは逆にEは冷房負荷を増やします。この他に水蒸気潜熱負荷も冷房時は加わります。このことから、冷房エネルギーを減らすには

1. 断熱材を厚く施工してQを小さくする
2. 換気の冷熱回収をする
3. 日射熱を減らす（東西の窓を減らす、日除けをする）

快適に暮らすとお金がかかる省エネ基準住宅

省エネ基準住宅は高断熱住宅とはいいますが、実はかなり低いレベルの住宅です。右図は各地域の省エネ基準住宅で、冬は20℃、夏は27℃で家全体を暖冷房したときの暖冷房費です。これまで夏冬の暑さ寒さを我慢しながら払ってきた暖冷房費に比べて、北海道以外では1.5～2倍にもなります。これでは増エネ住宅です。これからの住宅は、大幅に省エネ性能を上げる必要があるのです。

開口部・外壁・換気の熱損失を削減する

日本の省エネ基準はこの20年以上全く変わっていません。義務化が提唱されましたが結局見送られました。この遅れた省エネ基準住宅の熱損失Qを部位別に示したのが右図です。みなし仕様と呼ばれる各部位熱性能の最低基準で、120㎡のモデルプランで計算しました。このQを小さくするためにはどうするか。右図を見れば一目瞭然です。4～7地域の開口部の熱損失の大きさが際立っています。その他の地域でも開口部は大きく、そして外壁、換気の順です。これらの部位の熱損失を削減する必要があるのです。

省エネ基準住宅の暖冷房費

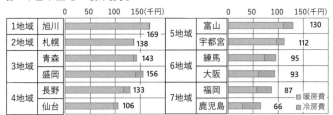

地域		暖冷房費(千円)	地域		暖冷房費(千円)
1地域	旭川	169	5地域	富山	130
2地域	札幌	138		宇都宮	112
3地域	青森	143	6地域	練馬	95
	盛岡	156		大阪	93
4地域	長野	133	7地域	福岡	87
	仙台	106		鹿児島	66

□暖房費　□冷房費

下の省エネ基準住宅をQPEXで計算して暖冷房エネルギーを算出。暖冷房をエアコンで行うこととし、暖房時のCOPを1～3地域で2.5、3～7地域で3.0、冷房時のCOPは全地域4.0と想定して、消費電力に換算し、30円/kWhで計算した。

省エネ基準住宅の部位別熱損失内訳（みなし仕様）

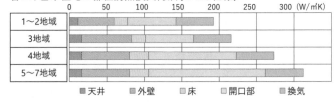

（W/㎡K）

地域
1～2地域
3地域
4地域
5～7地域

■天井　■外壁　□床　□開口部　■換気

開口部～ガラスを賢く選ぶ

空気層16mmにアルゴンガスを封入したペアまたはトリプルガラスが標準です。これを断熱サッシにはめ込んで採用すると、上記の省エネ基準住宅で暖房費が、5～7地域で40％、4地域で20％、1～3地域で8％位削減されます。ガラスの性能で熱損失を小さくするほかに、日射熱の透過率の高いガラスを採用することも、上記のE日射を大きくする意味で重要です。陽当たりの良い南の窓にはガラス面積の比率の高い大きな窓を設けることも重要なポイントです。

外壁～210mm断熱外壁の威力

1～3地域で、暖房エネルギーを削減するためには、壁いっぱいの105mm断熱では全く足りず、さらに105mmを外に付加する210mm断熱工法が開発されました。上記のみなし仕様モデルに、この外壁工法を適用すると、3～7地域では、床天井の断熱材を少し増やして、20％以上の暖房費が削減できます。1～2地域では元々が厚いので13％程度ですが、これ以上の性能の外壁も開発されています。私たちは、この付加断熱工法をローコストに実現することを可能にしています。

換気～熱交換換気は掃除を楽に

Q換気を小さくするには、熱交換換気を採用します。換気のために排気する暖かい空気と、外から取り込む冷たい新鮮な空気との間で熱と水蒸気を移動させ、回収するのです。この設備を使うに当たっては、フィルターの定期的な清掃が必要です。この清掃を容易に行える壁掛形の機器をメーカーに働きかけ、開発しました。この機器を使うと、4～7地域で20％、1～3地域では30％近い暖房費の削減が可能になります。

Q1.0住宅を日本のスタンダードに。全棟Q1.0住宅をめざして

年間暖冷房費を半分以下にするQ1.0住宅

Q1.0住宅とは、燃費半分で暮らす家、それでいて、冬は全室暖房、夏は全館冷房が楽々可能な住まいです。

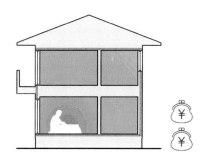 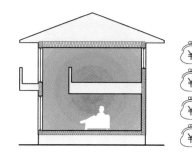 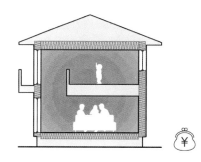

■これまでの一般住宅
壁の中を冷たい気流が流れ、断熱材が効かず、気密性の悪いこれまでの住宅は、暖房もあまり効きませんでした。暖房費を節約しながら寒さをしのぐため、こたつで暖まる家も多かったと思います。

■省エネ基準住宅
断熱材も効くようになり気密性も高くなりましたが、断熱材の厚さが不十分で、窓の性能も低い基準のため、家全体を暖める快適な暮らしをしようとすると、これまでの家の暖房費より大幅に増えてしまいます。

■Q1.0住宅
断熱材の厚さを十分に、窓の性能も高め、南の窓をできるだけ大きくとり、熱交換換気設備の採用で暖房費は大きく減り、これまでの半分以下で済むようになります。冷房費も窓の日射遮蔽を見直すことで大きく削減します。

Q1.0住宅では、U_A値ではなく暖房エネルギーで4つのレベルを決めています。

■U$_A$値の小さな住宅が、必ずしも省エネ住宅ではない

U$_A$値とは、床壁天井と窓の部位面積を掛けて、加重平均を求めた平均熱貫流率です。従って、凹凸の大きな設計の建物で外表面積の大きな建物でも、断熱材の厚さが変わらなければU$_A$値は同じになりますが、暖房エネルギーには大きな違いが生じます。また、換気の熱損失を含みませんから、20〜30%も暖房エネルギーを削減する熱交換換気設備を使っても、やはりU$_A$値は同じです。さらに、窓にトリプルガラスを使うとU$_A$値は小さくなりますが、ガラスが1枚増えて15%ほど日射侵入率が低下し、温暖地ではあまり暖房エネルギーが変わらないということも起きています。このように住宅の省エネルギー性能を評価する指標としては不適当な数値なのです。

■暖房エネルギーの計算結果で住宅の省エネ性能を判断する

私たちは、最初から暖房エネルギー計算プログラムQPEXを使って、暖房エネルギーそのものを指標として住宅の省エネルギーレベルを定めてきました。当初、北海道で暖房エネルギーを半分にする住宅の熱損失係数Qが1.0程度で、本州でも2.0以下だったことから「Q1.0住宅」という名前が使われはじめました。

Q1.0住宅には、気候区分に応じてそれぞれ4つのレベルを定めています。それが下表のようになります。

	Q1.0住宅の暖房エネルギー			
	レベル1	レベル2	レベル3	レベル4
1〜2地域	55%	45%	35%	25%
3地域	50%	40%	30%	20%
4地域	45%	35%	25%	15%
5〜7地域	40%	30%	20%	10%

室温20℃の全室暖房で、120㎡モデルプラン住宅において、省エネ基準住宅の暖房エネルギーを計算し、それに比べて対象住宅のQPEX計算値が、表のパーセンテージ以下であることでレベルを決めている。

■最低でも全棟Q1.0住宅レベル-1での建設を

新住協会員には最低でもQ1.0住宅レベル1で全棟建設を目指し、その上100年住宅を考え、できればQ1.0住宅レベル3を実現しようと呼びかけています。これが私たちの目標です。

■120㎡モデルプランのQPEXによる計算結果

下のグラフはQPEXによる暖冷房費の計算結果です。実際の住宅も、QPEXの計算結果とほぼ同等の結果が得られています。

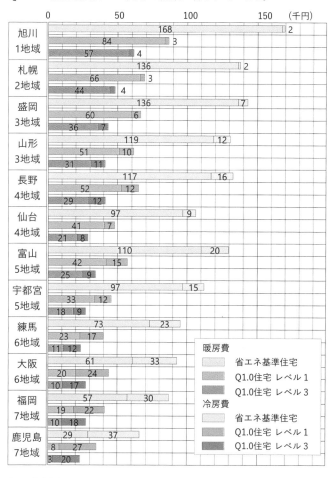

省エネ基準住宅の夏の日射遮蔽は、東西南の窓にレースのカーテンを設置。Q1.0住宅は、東西南の窓に外ブラインドを設置する想定。

住宅設計に必須の燃費計算 QPEX計算書(例)

住宅それぞれの設計、立地条件、外気温、日射量などに対して、QPEXは、その熱性能を計算します。条件を変えると即座に結果を修正します。QPEXはまさに設計の道具です。

○○○様邸 性能計算結果（暖冷房エネルギー）（6地域 練馬）

各性能値、自然温度差等計算結果

Q値	1.04	[W/㎡K]
UA値	0.37	[W/㎡K]
ηA値	0.8	[-]

	暖房期	冷房期
デグリーデー	386	593
自然温度差	10.60	6.55
日射取得熱	771	263

※練馬のデグリーデー
暖房DD D_{18-18}：1742
冷房DD D_{27-27}：630

住宅の熱損失

Q値比：省エネ基準住宅 2.65／当該住宅 1.04
UA値比：省エネ基準住宅 0.87／当該住宅 0.37

■天井,屋根 ■外壁 ■床,基礎 ■開口部 ■換気

断熱仕様と暖冷房設備

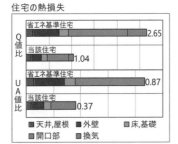

換気設備	熱交換換気
外壁	HGW16K 105&105mm
床・基礎	HGW16K 105mm + GWB32K 50mm

天井・屋根	吹き込みGW 13K・18K 300mm
サッシ枠	樹脂2（YKK APW330）
ガラス	断熱 ニュートラル Ar16

暖房設備：ヒートポンプ 効率3　　冷房設備：ルームエアコン 効率4

各月の平均外気温と平均室温

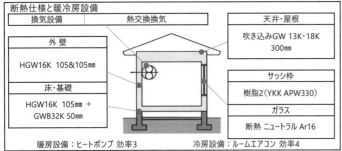

冷房設定：16.3 17.3 18.4 23.8 25.9 28.5 32.5 33.7 28.6 25.0 22.2 17.5
自然室温：4.8 5.4 8.2 14.5 19.2 22.1 26.2 27.0 22.3 18.5 11.8 7.2
（1月〜12月）　冷房DD／暖房DD

—◆— 平均気温　—◆— 自然室温

※自然室温：空調なしでの、日射取得と室内発熱による月平均室温です。
暖冷房負荷は熱損失と上記暖房（冷房）DDより計算します。

暖冷房負荷計算結果 （冷房は冷房必須期間負荷を表示）

	住宅全体		1㎡あたり	
暖房負荷	1124	[kWh]	9.4	[kWh/㎡]
冷房負荷	1424	[kWh]	11.9	[kWh/㎡]

Q1.0住宅のレベル判定

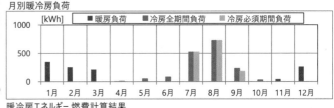

L4 L3 L2 L1　基準
0 20 40 60 80 100 120 [kWh/㎡]

Q1.0住宅地域区分　6地域

Q1.0住宅レベル基準	熱負荷(kwh以下)	灯油(ℓ以下)
	1㎡あたり	住宅全体
省エネ基準 100%	62.3	855
準 Q1.0 50%以下	31.1	428
Q1.0 L1 40%以下	24.9	342
Q1.0 L2 30%以下	18.7	257
Q1.0 L3 20%以下	12.5	171
Q1.0 L4 10%以下	6.2	86

省エネ基準住宅モデルに対して
15.0%
この住宅は
Q1.0住宅Level- 3

月別暖冷房負荷

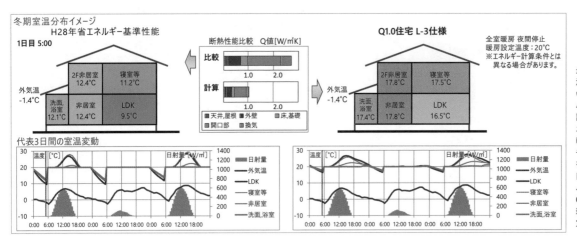

■暖房負荷　■冷房全期間負荷　■冷房必須期間負荷
（1月〜12月）

暖冷房エネルギー,燃費計算結果

	省エネ基準住宅[kWh]	当該住宅						
		熱負荷[kWh]	使用熱源	消費量		効率	単価[円]	燃費[円]
暖房	7,479	1,124	電気	375	kWh	3.00	30	11,250
冷房	2,647	1,424	電気	356	kWh	4.00	30	10,683
合計	10,125	2,548	-					21,933

暖冷房設定：全館連続運転 暖房設定室温20℃ 冷房設定室温27℃ 湿度60%
気象データ ：拡張アメダス気象データ2000年版 標準年気象データを使用

QPEXを設計ツールとしてQ1.0住宅を計画する

　QPEXに断熱材の種類や厚さを入力すると、即座にその部位の熱貫流率や暖冷房エネルギーが、入力中のシートに表示されます。住宅設計中のある段階で、QPEXを使って住宅の暖冷房エネルギーを想定できます。これを元に予算の許す範囲で最高のレベルの省エネ性能を設定できます。熱交換換気設備は採用してもUA値は変わりませんが暖房エネルギーは大きく削減されます。南の窓を大きくするとUA値は増えますが、陽当たりの良い窓なら暖房エネルギーは減ります。こうしたこ

とは、QPEXを使ってみないとわからないことなのです。
　QPEXには全国の800地点以上の気象データが搭載されています。日本海側の地域では、冬の日射量が少ないため、温暖地でもPVCサッシを使うほうが良く、レベル-3のQ1.0住宅ではトリプルガラスが必要になります。逆に太平洋側ではレベル-3もArLowEペアガラスで十分実現できます。このような計算に基づくノウハウが、QPEXを使う設計者には蓄積されています。

冬期室温分布イメージ

H28年省エネルギー基準性能
1日目 5:00

2F非居室 12.4℃／寝室等 11.2℃
外気温 -1.4℃
洗面,浴室 12.1℃／非居室 12.4℃／LDK 9.5℃

断熱性能比較 Q値[W/㎡K]
比較 1.0 2.0
計算 1.0 2.0
■天井,屋根 ■外壁 ■床,基礎 ■開口部 ■換気

Q1.0住宅 L-3仕様

全室暖房 夜間停止
暖房設定温度：20℃
※エネルギー計算条件とは異なる場合があります。

2F非居室 17.8℃／寝室等 17.5℃
外気温 -1.4℃
洗面,浴室 17.4℃／非居室 17.8℃／LDK 16.5℃

最新バージョンのQPEXには、室温の近似計算機能も搭載されています。1月の最寒日、日射の最小日、最大日の3日間の室温予測計算を行います。左図のように省エネ基準住宅と、設計住宅の比較もできますし、設計中の2つのモデルの比較もできます。夜暖房を止めた際の朝の最低室温や、日中の日射による室温のオーバーヒートを知ることができます。QPEXは、近々気象データの最新のアメダスデータに変更する予定です。

代表3日間の室温変動

日射量[W/㎡]／温度[℃]
■日射量　—外気温　—LDK　—寝室等　—非居室　—洗面,浴室
0:00 6:00 12:00 18:00

リフォーム新時代！断熱耐震同時改修を

リフォームで暖かく、さらに安心に
断熱耐震同時改修

これまでの家はなぜ寒いのか、なぜ断熱材が効かないのか、原因は壁の中にありました。高性能GWを圧縮して、気流止めとして壁の上下に充填し、同時に耐震補強も行います。

　在来木造住宅は壁内の冷気流により、外壁の断熱材はほとんど効いていません。また住宅の気密性が悪く、自然換気が1.5回/hも起きているといわれます。(A)

　このような住宅に圧縮GWによる気流止めを、図のように、できるだけ建物を壊さずに設置する構法を考案しました。この気流止めにより、既存の50mmのGWが効くようになり、住宅の断熱・気密性が一気に向上します。(B)

　壁を壊さずに断熱材の厚さを増やすことはとても難しいので、壁はそのままに、床天井の断熱材を増やします。開口部にガラス1枚の内窓を設置します。(C)

　この(A)(B)(C)の3つのモデルの熱損失を計算すると、下のグラフのようになります。(A)に比べて(B)は、気流止め設置によって、外壁と換気の熱損失が大きく減ります。さらに床天井、開口部の補強によってこれらの熱損失が大きく減り、住宅全体ではなんと5〜7地域の省エネ基準住宅より良くなります。

　この暖房費を、東京練馬で計算すると、家全体を20℃・24時間暖房したとして(A)では25万円(実際にはありえないが)もかかり、(B)で14万円弱に下がります。(C)では、6万7千円になります。実際はリフォーム後の生活は、例えば1階でしか生活しなかったりするのでこれより少ない暖房費で、快適に暮らすことができるようです。この構法では、耐震改修も同時にでき、200万円ほどで可能となるようです。Q1.0住宅レベルまで性能を上げようとすると相当費用がかかりますが十分可能です。

　改修工事は現場の状況に臨機応変に対応しながら、その場で作業法、工法を決める必要があります。ここで経験を積んだ新住協会員の力が発揮されるのです。

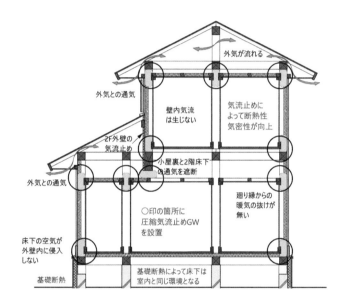

（A）（B）（C）の3つのモデルの熱損失係数

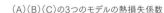

Q1.0住宅の夏

　北海道から始まった高断熱の家づくりは、まもなく関東の高崎の暑さに直面しました。一般の家より暑くなるのです。私たちは高崎の家を10件ほど詳細な調査をして、平面的な通風ではなく上下の通風によって効率良く住宅の排熱をし、通風を確保するために開け放しでも防犯になり、風雨も避けられる窓を付けることで、夜の間に家中を涼しくして、朝になると窓を閉め切るという手法をつくり出しました。日射をしっかり遮蔽すると、日中は高断熱のおかげで外より低い温度を保つことができました。

　しかし、高断熱住宅が西の方に広がり、次元の異なる暑さに再度直面しました。右のグラフを見てください。福岡、大阪は北関東の前橋に比べて、夜中の12時でも28℃以上の日が34〜40日もあり、前橋や東北の福島、秋田の7〜13日に比べて3倍もあるのです。外気温が28度を超えて、しかもほとんど風の無い状態では、窓を開けても通風しませんし、室内は内部発生熱で2〜3度高くなりますから、こうした日は朝までエアコンをつけていないと暮らせません。もちろん日中は30度を超えているので一日中エアコンが必要な日が40日もあることになります。ここから、ローコストに家全体を快適に冷房する手法の開発がはじまりました。今ではエアコン1台で全室冷房を実現できるようになりました。

QPEXの標準気象データによる6/1〜9/30の122日間の外気温分類

福岡	45	29	14	14	20
大阪	35	29	18	19	21
前橋	59	20	30	11	2
福島	65	24	20	11	2
秋田	76	24	15	5	2

■ 一日中28℃以下　□ 18:00まで28℃以上　■ 21:00まで28℃以上　■ 24:00まで28℃以上　■ 24:00以降も28℃以上

大阪府堺市の住宅
若夫婦が堺市の女性建築士に依頼して建てたこの住宅では、高断熱よりむしろデザインや材料にこだわって家づくりがスタートしました。建築士が密かにQ1.0住宅レベルで設計。住みはじめて若夫婦は、やがてエアコンを付け放しにすると快適であることに気付き、しかも電気代はあまり変わらないことから、全室冷房の暮らしをはじめたという。室内は室温27〜28℃、湿度50〜55％に保たれ、猛暑の夏でもサラサラ涼やかな暮らしを送られているようです。詳細は、「この家にしてよかった」Vol.3 市ヶ谷出版に掲載

堺の家：日射侵入防止が必須対策

新住協には誰でも参加できます。
会員と本部の共同で技術開発を推進します。
そして、その技術をオープンに提供しています

　新木造住宅技術研究協議会（略称 新住協）は、「快適な省エネ住宅をローコストに供給する」を信条に集まった、工務店、設計事務所、ハウスメーカーによる技術開発集団です。このような住宅を日本の標準にすべく、普及を目指したユーザー向けの啓蒙活動も行っています。北海道で設立されて31年（2020年現在）、今では東北から九州まで全国800社以上の会員で構成されています。15年前に「Q1.0住宅」を提唱し、全室暖房を基本とした快適で省エネな住宅を全棟建設することを会員に呼びかけて、すでに1万棟以上のQ1.0住宅を建設してきました。今では関東以西で全室冷房住宅も標準化してきています。

　本年、これまでの蓄積を元に「Q1.0住宅設計マニュアル」を発刊の予定です。新住協はこれからも研究開発を続けていきます。

	支部名	一般会員	推進会員	計		支部名	一般会員	推進会員	計
北海道	札幌	28		28	本州	長野	30		30
	旭川	21	4	25		関東	60	1	61
	函館	11	1	12		東京	55		55
	胆振	8	1	9		中部東海	84	1	85
	十勝	33	1	34		関西	73	2	75
	広域推進会員		24	24		中四国	30		30
本州	青森	40	6	46		九州	12		12
	岩手	27		27		広域推進会員		50	50
	秋田	49	1	50	その他	市民会員			18
	宮城	25	3	28		研究会員			4
	山形	39	5	44		賛助会員			2
	福島	24		24		合計	680	103	807
	新潟	31	3	34					

・一般会員：設計事務所・工務店など
・推進会員：メーカー、建材販売店、設備工事業など

新住協が編集・発行した書籍資料一覧表

書名	著者等	判形・頁数	発行年月	内容
新在来木造構法マニュアル　2002	監修　鎌田研究室（室蘭工業大学建設システム工学科）	A4判・154頁	2002年10月	新在来木造構法の改良と，新しい新在来木造構法の提案
新住協　技術情報	新住協			1号〜53号まで刊行。会員に配布する技術資料
燃費半分で暮らす家（増補版）	鎌田紀彦　監修・執筆	A4判・168頁	2017年1月	高断熱住宅　家づくり教本52項目
本音のエコハウス	鎌田紀彦　著	A5判・288頁	2018年7月	高断熱住宅の設計施工について専門家向けに解説
この「家」にしてよかった。Vol.1	会澤健二　著	A5判・208頁	2018年2月	高断熱住宅がよくわかる
この「家」にしてよかった。Vol.2	会澤健二　著	A5判・208頁	2018年5月	Q1.0住宅がよくわかる
この「家」にしてよかった。Vol.3	会澤健二　著	A5判・208頁	2019年2月	夏の暮らしがよくわかる
この「家」にしてよかった。Vol.4 断熱リフォーム編	会澤健二　著	A5判・200頁	2019年11月	断熱リフォームがよくわかる
マンガ　新住協の高断熱住宅「新築編」	新住協	A5判・48頁	2015年3月	マンガで易しく解説。ユーザー向け啓蒙書＆資料
マンガ　断熱リフォーム物語	新住協	A5判・60頁	2017年11月	マンガで易しく解説。ユーザー向け啓蒙書＆資料
北関東の高断熱住宅	新住協	A4判・112頁	2015年1月	第1号〜第7号刊行
東海北陸の高断熱住宅	新住協	A4判・112頁	2017年9月	第1号〜第3号刊行
南東北の高断熱住宅	新住協	A4判・112頁	2018年4月	第1号〜第3号刊行
北東北の高断熱住宅	新住協	A4判・112頁	2019年7月	第1号刊行
Q1.0住宅　設計・施工マニュアル 2020	鎌田紀彦　著	A4判・136頁	2020年9月	Q1.0住宅の設計・施工についての技術を集成
Q1.0住宅　計画マニュアル 2023	鎌田紀彦　著	A4判・216頁	2023年8月	Q1.0住宅の計画についての技術を集成

一般社団法人 新木造住宅技術研究協議会

〒980-0014 宮城県仙台市青葉区本町1丁目3-9 第六広瀬ビル2F
TEL:022-796-7501　FAX:022-796-7502　ホームページ http://shinjukyo.gr.jp

[執筆者] **鎌田紀彦** Norihiko Kamata

1947 年　岩手県盛岡市生まれ
1971 年　東京大学工学部建築学科卒業
1977 年　東京大学大学院博士課程修了
1978 年　室蘭工業大学建築工学科助教授
2004 年　室蘭工業大学建築工学科教授
2015 年　室蘭工業大学名誉教授

現在
　室蘭工業大学名誉教授
　一般社団法人　新木造住宅技術研究協議会〔新住協〕代表理事
　高断熱・高気密住宅の第一人者であり、地域の工務店、設計事務所と高
　断熱住宅の設計・施工を重ね、現場に精通。「良質な住宅をより安価に」
　をモットーに新住協の指導等でも活躍。

[図版協力者]

　　　久保田 淳哉　Jyunya Kubota

　　　　新木造住宅技術研究協議会　理事

Q1.0住宅　設計・施工マニュアル　2020

2020 年 9 月 25 日　初 版 発 行
2023 年 9 月 21 日　初版第 3 刷

執 筆 者　鎌　田　紀　彦
発 行 者　澤　崎　明　治
印刷・製本 ／ 大日本法令印刷
装　　丁 ／ 加藤 三喜

発行所　　株式会社 市ヶ谷出版社
　　　　　東京都千代田区五番町 5（〒102-0076）
　　　　　電話　03-3265-3711（代）
　　　　　FAX　03-3265-4008
　　　　　ホームページ　http://www.ichigayashuppan.co.jp

ISBN978-4-87071-995-8

市ケ谷出版社発行　新住協の本

監修・執筆　鎌田紀彦
A4 判・168 頁
本体価格 1500 円
ISBN978-4-87071-606-3

鎌田紀彦　著
A4 判・136 頁
本体価格 3000 円
ISBN978-4-87071-995-8

鎌田紀彦　著
A4 判・216 頁
本体価格 3800 円
ISBN978-4-87071-996-5

高断熱住宅がよくわかる

会澤健二　著
A5 判・208 頁
本体価格 900 円
ISBN978-4-87071-607-0

Q1.0 住宅がよくわかる

会澤健二　著
A5 判・208 頁
本体価格 900 円
ISBN978-4-87071-608-7

夏の暮らしがよくわかる

会澤健二　著
A5 判・208 頁
本体価格 900 円
ISBN978-4-87071-609-4

断熱リフォームがよくわかる

会澤健二　著
A5 判・200 頁
本体価格 900 円
ISBN978-4-87071-628-5

市ケ谷出版社

〒102-0076　東京都千代田区五番町5
TEL (03) 3265-3711　FAX (03) 3265-4008
出版情報はホームページをご利用下さい。
http://www.ichigayashuppan.co.jp